한번에 합격!

新 HSK 실전모의고사

저자 **쟈오위메이(焦毓梅), 위펑(于鵬)**

해설 박은영, 쑨치엔(孫倩)

문제집

3급

J PLUS
Language Publishing Co.

한어수평고사(HSK)는 전 세계에 중국어를 모국어로 쓰지 않는 사람을 대상으로 중국어의 종합적인 수준을 표준화, 규범화, 과학화된 방법으로 평가하는 가장 권위 있는 시험이다. 1990년에 중국 내에서 정식으로 실시되었고, 1991년에는 해외에서도 실시되어 오늘날까지 만 20년이 되었다. 한어수평고사는 중국어 학습자의 새로운 요구를 만족시켜주기 위해 중국국가한판조직(中国国家汉办组织)에 속한 중외한어교육, 언어학, 심리학, 교육통계학 등의 전문가들이 새로운 국제한어능력표준화시험(신 HSK)을 개발하였다. 이 시험은 해외의 실질적인 중국어 교육 상황에 관한 충분한 조사와 이해를 바탕으로 기존 HSK의 장점을 그대로 살리고 국제 언어 시험 연구의 최신 성과를 참고했으며 《국제한어능력표준》을 근거로 하여 2010년 3월부터 실시되었다.

신 HSK는 기존에 기초, 초중등, 고등 세 단계 총 11개 등급으로 나뉘던 시험을 6등급으로 바꿨다. 또한 필기시험과 구술시험이 따로 분리되어 독립적으로 실시된다. 필기시험은 1급에서 6급까지 있으며, 구술시험은 초등, 중등, 고등시험으로 나뉜다. 신 HSK는 기존 시험의 객관적인 평가를 그대로 유지하며, 그 성적은 유학생의 반 편성, 입학, 졸업, 채용 등에서 중요한 평가기준이 된다.

신 HSK는 국제적인 중국어능력표준화시험으로, 중국어를 모국어로 하지 않는 수험생의 생활, 학습, 업무에서의 중국어 활용능력을 중점적으로 평가한다. 신 HSK는 기존 시험과는 다르게 현재 국제적으로 행해지는 중국어 교육상황이나 교재들을 충분히 반영하고 있다. 이로 인해 문제 유형과 출제 포인트 등이 기존의 시험과는 비교적 큰 차이를 보인다. 시험을 앞둔 수험생들은 대개 시험의 핵심 포인트를 정확하게 짚어주고 실전 연습을 통해 과학적이고 효율적으로 시험에 대비할 수 있도록 도와주는 학습서를 필요로 한다. 이 책은 그런 수험생들을 위해 만들어졌다.

이 책의 특징은 다음과 같다.

① 실전과 같은 문제 이 책에는 신 HSK 3급의 필수 어휘와 핵심 문법이 담겨 있다. 풍부한 이론과 실전 경험을 바탕으로 중국어교육 일선에서 직접 학생들을 가르치며 단독 혹은 공동으로 중국어 교재나 HSK 수험서를 내신 선생님들에 의해 편집되었다. 또한 고등 HSK 시험 듣기 부분 녹음에 참여했던 전문 원어민이 직접 녹음해서 실제 시험과 같은 모의고사를 쳐볼 수 있다.

② 독창적인 내용 이 책은 과학적이고 정확하며 다양한 문제로 구성했으며 불필요한 중복은 피했다. 시험 대비와 학습을 결부시켜, 수험생이 정곡을 찌르는 모의고사를 통해서 중국어의 수준을 올릴 수 있게 했다. 책 속에 포함된 책 속의 책 기능을 통해 각각의 내용은 독립적으로 분리되면서도 서로 연관되어 있으므로, 수험생이 필요에 따라 참고서 혹은 문제집으로 사용할 수 있다.

언어라는 것은 배운다고 다 되는 것이 아니라 연습을 통해 터득할 수 있다. 이 책이 시험을 준비하는 과정에서 생기는 수험생들의 어려움을 해결해주고 순조롭게 HSK 3급 시험을 통과하는 데 도움이 되길 바란다.

저자

편역자의 글

중국의 경제 규모가 커지면서, 중국어의 중요도도 점점 높아지고, 중국어 수요가 급증하고 있는 지금, 중국어 능력 테스트도 새로운 변화에 부응하기 위해 구 HSK에서 신 HSK로 발전과 변화를 거듭하고 있습니다.

새로운 형식의 신 HSK는 중국어 구사 능력뿐만 아니라, 중국의 사회와 문화에 대한 전반적인 이해가 있어야 문제에 보다 쉽게 접근할 수 있습니다. 이는 중국이 정책적으로 신 HSK를 통해 중국의 문화들을 세계에 알리고, 친 중국파를 많이 만들고자 하는 의도로 파악됩니다. 그러므로 중국어를 사랑하고, 알고자 하는 마음가짐으로 공부하는 것이 중요하다고 할 수 있습니다. 물론 시험이 중요하나, 시험에만 급급해서 문제를 풀지 말고, 여기에 엄선된 내용들은 중국의 특색 있는 중국문화 전파 의도가 반영되어 있음을 이해하고, 이런 각도에서 이 문제집을 풀어본다면 분명 일거다득의 소득이 있을 것이라 장담합니다.

본 교재는 100% 신 HSK 형식에 맞추어 문제가 출제되었으며, 정식 시험 응시 전에 충분한 연습을 할 수 있도록 5세트가 수록되었고, 이에 해당하는 정확한 해석, 자세한 해설 및 단어를 수록하고 있습니다. 여러분들께서 신 HSK를 준비하는 데 있어 만반의 준비를 다 할 수 있을 것이라 여겨집니다.

본 교재 번역은 문법을 묻는 문제들은 직역 위주로 번역하고, 그 외의 부분들은 의역을 하였습니다. 정확한 중국어 단어의 뜻, 하나하나의 의미파악을 위해서는 직역이 필요하고, 전반적인 문맥의 의미를 알기 위해서는 의역이 도움이 되기 때문입니다. 그래서 기초일수록 직역 위주로 번역하였고, 고급일수록 의역을 위주로 하였습니다. 즉 3급에서 6급으로 갈수록 의역을 많이 하였습니다. 고유 명사 표기 부분에서 우리에게 많이 알려진 내용들은 한자어 독음으로 표기하였고, 그 이외에는 음역을 하되 발음은 정부방안을 기준으로 하였습니다. 번역뿐만 아니라 해설에서도 십분 심혈을 기울였습니다. 수험생이 쉽게 범할 오류를 지적해 내고, 수험생의 눈에서 이해하기 쉽도록 잘 설명하려 많은 애를 썼습니다. 다른 보기들이 왜 답이 안 되는지도 확인하고 넘어가는 그런 깐깐함이 필요하므로 수험생들은 이 부분의 설명들을 잘 공부하여 많은 수확을 얻기 바랍니다.

중국의 대외한어 분야에 교학 지도 경험이 풍부하시고, 기초 HSK에서 고등 HSK까지 많은 책을 집필하신 저명한 于鹏, 焦毓梅, 孙倩 교수님들과 같이 작업을 할 수 있는 기회를 얻게 되어서 영광스럽게 생각하며, 저도 많이 배우는 기회가 되었습니다. 더불어 이런 기회를 만들어 준 제이플러스 출판사 이기선 실장님과 편집부 식구들에게도 감사의 말씀을 전하고 싶습니다. 그리고, 제게 전폭적인 지지를 해 주시는 順利通 HSK 학회장 찐순지 선생님, 한국외국어대학교 통번역대학원 송근호님께도 감사의 말씀을 전합니다.

마지막으로 제 일이라면 만사 제쳐놓고 도와주시는 친정어머니와 시어머님 및 가족들, 그리고 제 삶의 활력소인 남편, 세상에서 엄마가 제일 예쁘다는 아들 정현이와 이 교재 탄생의 기쁨을 같이 하고 싶습니다.

번역 및 해설 박은영

● HSK 3급은 응시자의 중국어 응용능력을 평가하는 시험이다. 이 시험의 수준은 《국제중국어능력기준》 3급과, 《유럽공통언어참조프레임(CEF)》B1급에 해당한다.

● HSK 3급에 합격한 응시자는 중국어로 일상생활, 학습, 업무 등 각 분야의 상황에서 기본적인 회화를 진행할 수 있다.
또한 중국여행 시 겪게 되는 대부분의 상황들을 중국어로 대응 할 수 있는 수준에 해당한다.

① 응시 대상

· HSK 3급은 매주 2–3시간씩 3학기 (120–180시간) 정도의 중국어를 학습하고, 600개의 상용어휘와 관련 어법지식을 마스터한 학습자를 대상으로 한다.

· 방과 후 수업을 통해 기초 중국어를 학습한 학생(초등학생 또는 중학생)

· 제2외국어가 중국어인 고등학생

· 기업 내 기초 중국어 학습을 하는 직장인

· 중국어전문학원 또는 독학을 통해 중국어를 시작한 학습자

② 시험 내용

HSK 3급은 총 80문제로 듣기/독해/쓰기 세 영역으로 나뉜다.

시험 내용		문항수(개)		시험 시간(분)
1. 듣기	제1부분	10	40	약 35
	제2부분	10		
	제3부분	10		
듣기 영역에 대한 답안지 작성 시간				약 5
2. 독해	제1부분	10	30	약 30
	제2부분	10		
	제3부분	10		
3. 쓰기	제1부분	5	10	약 15
	제2부분	5		
총계		80		약 85

총 시험 시간은 약 90분이다. (응시자 개인정보 작성 시간 5분 포함)

③ 성적 결과

● HSK 3급 성적표에는 듣기, 독해, 쓰기 세 영역의 점수와 총점이 기재된다.

● 각 영역별 만점은 100점 만점이며, 총점은 300점 만점이다. ※ 총점이 180점 이상이면 합격이다.

● HSK 성적은 시험일로부터 2년간 유효하다.

1_듣기

▶第一部分

共10题。每题听两次。每题都是一个对话，试卷上提供几张图片，考生根据听到的内容选出对应的图片。

- -

제1부분은 총 10문항이다. 모든 문제는 하나의 대화로 이루어져 있으며, 두 번씩 들려준다. 응시자는 시험지에 주어진 여러 그림 중 들려주는 대화 내용과 일치하는 것을 선택한다.

- -

〈例如〉

录音 1. 男：喂, 请问张经理在吗？

女：他在开会, 您半个小时以后再打, 好吗？

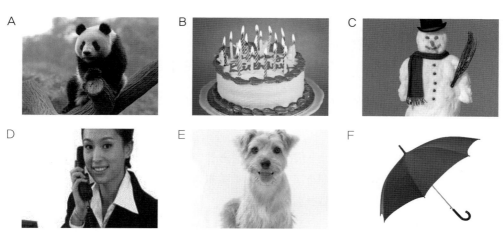

答案 1 [A] [B] [C] [■] [E] [F]

▶第二部分

共10题。每题听两次。每题都是一个人先说一小段话, 另一人根据这段话说一个句子, 试卷上也提供这个句子, 要求考生判断对错。

- -

제2부분은 총 10문항이다. 모든 문제는 두 번씩 들려준다. 모든 문제에는 한 사람이 한 단락의 문장을 읽은 다음, 다른 한 사람은 그 문장과 관련된 문장을 제시한다. 시험지에도 이 문장이 제시되어 있으며, 응시자는 들려준 단문의 내용과 맞는지 판단한다.

- -

录音 **11.** 为了让自己更健康，他每天都花一个小时去锻炼身体。

　　　★ 他希望自己很健康。

12. 今天我想早点儿回家。看了看手表，才5点。过了一会儿再看表，还是5点，我这才发现我的手表不走了。

　　　★ 那块儿手表不是他的。

答案 **11** ［■］　［×］

答案 **12** ［√］　［■］

▶ **第三部分**

　　共10题。每题听两次。每题都是两个人的两句对话，第三个人根据对话问一个问题，试卷上提供3个选项，考生根据听到的内容选出答案。

　　제3부분은 총 10문항이다. 모든 문제는 두 번씩 들려준다. 모든 문제는 두 사람의 대화로, 두 문장으로 구성되어 있다. 세 번째 사람이 이 대화와 관련된 질문을 한다. 응시자는 시험지에 주어진 3개의 선택항목 중에서 정답을 고른다.

〈例如〉

录音 **21.** 男：小王，帮我开一下门，好吗？谢谢！

　　　女：没问题。你去超市了？买了这么多东西。

　　　问：男的想让小王做什么？

　　　A 开门　　　　　B 拿东西　　　　C 去超市买东西

答案 **21** ［■］　［B］　［C］

▶ **第四部分**

　　共10题。每题听两次。每题都是两个人的4到5句对话，第三个人根据对话问一个问题，试卷上提供3个选项，考生根据听到的内容选出答案。

　　제4부분은 총 10문항이다. 모든 문제는 두 번씩 들려준다. 모든 문제는 두 사람의 대화로, 4–5문장으로 구성되어 있다. 세 번째 사람이 이 대화와 관련된 질문을 한다. 응시자는 시험지에 주어진 3개의 선택항목 중에서 정답을 고른다.

〈例如〉

录音 31.　女：晚饭做好了，准备吃饭了。

男：等一会儿，比赛还有三分钟就结束了。

女：快点儿吧，一起吃，菜冷了就不好吃了。

男：你先吃，我马上就看完了。

问：男的在做什么？

A 洗澡　　　　B 吃饭　　　　C 看电视

答案　31　[A]　[B]　[■]

▶第一部分

共10题。提供20个句子，考生要找出对应关系。

제1부분은 총 10문항이다. 응시자는 주어진 20개 문장 중, 주어진 내용과 서로 상응하는 문장들을 연결시킨다.

〈例如〉

A 爷爷教了我很多次。

B 作业遇到不会的词语时，你用铅笔在旁边记一下。

C 我还以为你忘了呢，你真好！

D 决定了没？去还是不去？

E 当然。我们坐公共汽车，然后换地铁。

F 你先吃个苹果吧，我去给你做面条儿。

41.　　你知道怎么去那儿吗？　　　　　　　（　　）

答案 41　[A]　[B]　[C]　[D]　[■]　[F]

▶第二部分

共10题。每题提供一到两个句子，句子中有一个空格，考生要从提供的选项中选词填空。

제2부분은 총 10문항이다. 문제는 1~2개의 문장으로 구성되어 있으며, 문장 가운데에는 하나의 빈칸이 있다. 응시자는 선택 항목 중 빈칸에 들어갈 알맞은 단어를 선택한다.

〈例如〉

第51~55题

　　A 比较　　B 给　　C 还是　　D 旁边　　E 声音　　F 遇到

51.　　她说话的(　　)多好听啊！

答案 51　[A]　[B]　[C]　[D]　[■]　[F]

第56~60题

　　A 明白　　B 角　　C 爱好　　D 被　　E 办法　　F 甜

56.　　A 你有什么( )？

　　　　B 我喜欢体育。

答案　**56**　[A]　[B]　[■]　[D]　[E]　[F]

▶第三部分

　　共10题。提供10小段文字，每段文字带一个问题，考生要从3个选项中选出答案。

- -

　　제3부분은 총 10문항이다. 10문항은 모두 하나의 단문과 하나의 질문으로 구성되어 있다. 응시자는 시험지에 주어진 선택 항목 3개 중에서 정답을 고른다.

- -

〈例如〉

61.　　您是来参加今天会议的吗？您来早了一点儿，现在才八点半。您先进来坐吧。

　　　　★会议最可能几点开始？

　　　　A 8点　　　　　B 8点半　　　　　C 9点

答案　**61**　[A]　[B]　[■]

▶第一部分

共5题。每题提供几个词语，要求考生用这几个词语写一个句子。

- -

제1부분은 총 5문항이다. 모든 문제는 여러 개의 단어가 제시되어 있다. 응시자는 주어진 단어를 사용하여 하나의 문장을 만든다.

- -

〈例如〉

71.　　小船　　上　　一条　　河　　有

答案　**71**　　　河上有一条小船。

▶第二部分

共5题。每题提供一个带空格的句子，要求考生在空格上写正确的汉字。

- -

제2부분은 총 5문항이다. 모든 문제는 빈칸이 들어간 문장으로 구성되어 있다. 응시자는 빈칸에 들어갈 알맞은 한자를 쓴다.

- -

〈例如〉

76.　　没(　guān　)系，别难过，高兴点儿。

答案　**76**　　关

차례

해설집

* 답안카드 5회분

新汉语水平考试

HSK
3级

模拟试题

新汉语水平考试
HSK(三级)

一、听力

第一部分

共10题。每题听两次。每题都是一个对话，试卷上提供几张图片，考生根据听到的内容选出对应的图片。

第1-5题

A 　　B 　　C

D 　　E 　　F

例如：　男：喂，请问张经理在吗？

　　　　女：他在开会，您半个小时以后再打，好吗？　　　　　　 C

1 　　　　　　　　　　　　　　　　　　　　　　　　　　　　　□

2 　　　　　　　　　　　　　　　　　　　　　　　　　　　　　□

3 　　　　　　　　　　　　　　　　　　　　　　　　　　　　　□

4 　　　　　　　　　　　　　　　　　　　　　　　　　　　　　□

5 　　　　　　　　　　　　　　　　　　　　　　　　　　　　　□

第6-10题

A

B

C

D

E

6 ☐

7 ☐

8 ☐

9 ☐

10 ☐

第二部分

共10题。每题听两次。每题都是一个人先说一小段话，另一人根据这段话说一个句子，试卷上也提供这个句子，要求考生判断对错。

第11-20题

例如：为了让自己更健康，他每天都花一个小时去锻炼身体。

    ★ 他希望自己很健康。   （ ✓ ）

今天我想早点儿回家。看了看手表，才5点。过了一会儿再看表，还是5点，我这才发现我的手表不走了。

    ★ 那块儿手表不是他的。   （ × ）

11 ★ 他弟弟是我的老师。   （   ）

12 ★ 大象不是世界上最大的动物。   （   ）

13 ★ 我很喜欢听这首歌。   （   ）

14 ★ 小王说这个电影不太好。   （   ）

15 ★ 他工作的地方没有空调。   （   ）

16 ★ 他要找公司经理。   （   ）

17 ★ 我们要去中国北方旅行。   （   ）

18 ★ 来中国以后我开始学汉语。   （   ）

19 ★ 我要表演汉语节目。   （   ）

20 ★ 小明对这次考试很满意。   （   ）

第三部分

共10题。每题听两次。每题都是两个人的两句对话，第三个人根据对话问一个问题，试卷上提供3个选项，考生根据听到的内容选出答案。

第21-30题

例如：男：小王，帮我开一下门，好吗？谢谢！

女：没问题。你去超市了？买了这么多东西。

问：男的想让小王做什么？

A 开门 ✓   B 拿东西   C 去超市买东西

21	A 7:00	B 7:30	C 8:00
22	A 学习	B 睡觉	C 听音乐
23	A 家	B 商店	C 学校
24	A 晴天	B 风很大	C 要下雨
25	A 身体不好	B 明天有事	C 今天很累
26	A 家	B 商店	C 饭馆
27	A 她没有时间	B 她不懂汉字	C 她不认识男的
28	A 已经结婚了	B 找到了女朋友	C 还没有女朋友
29	A 高兴	B 生气	C 难过
30	A 房间没有电话	B 房间的电话坏了	C 房间变了电话号码

第四部分

共10题。每题听两次。每题都是两个人的4到5句对话，第三个人根据对话问一个问题，试卷上提供3个选项，考生根据听到的内容选出答案。

第31-40题

例如：女：晚饭做好了，准备吃饭了。

男：等一会儿，比赛还有三分钟就结束了。

女：快点儿吧，一起吃，菜冷了就不好吃了。

男：你先吃，我马上就看完了。

问：男的在做什么？

A 洗澡   B 吃饭   C 看电视 ✓

31	A 书店	B 超市	C 图书馆
32	A 身体不好	B 喝了几杯	C 觉得很累
33	A 两个	B 三个	C 四个
34	A 星期三	B 星期四	C 星期五
35	A 冬天	B 春天	C 秋天
36	A 5:00	B 5:30	C 6:30
37	A 周五	B 周六	C 周日
38	A 坐出租车	B 坐汽车	C 骑自行车
39	A 衬衫太贵	B 颜色不好	C 衬衫太瘦
40	A 女的最近搬家了	B 女的请男的去她家	C 男的不想去女人的家

二、阅读

第41-45题

A　迟到不了，现在八点还不到，让我再睡一会儿吧。

B　小王，听说你换了工作？怎么样，在新公司还好吧？

C　听说小张病了，我们去他房间看看吧。

D　小王觉得自己唱得很好，其实很一般。

E　当然。我们先坐公共汽车，然后换地铁。

F　小张要结婚了，你说我送他什么礼物呢？

例如： 你知道怎么去那儿吗？　　　　　　　　　　　　　　　　（ E ）

41　这还不简单，问问他喜欢什么不就可以了。　　　　　　　　　（　）

42　病什么呀，我刚才还看见他在运动场上踢球呢。　　　　　　　（　）

43　谁说的，他唱得真的不错，还得过唱歌比赛的第一名呢。　　　（　）

44　时间不早了，你快点儿起吧。　　　　　　　　　　　　　　　（　）

45　因为刚去，还有点儿不习惯，可能时间长了就好了。　　　　　（　）

第46-50题

A 你别听他们的，我只是喜欢玩电脑游戏。

B 你今天能来我家，我真是太高兴了！

C 知道了，放心吧。

D 经理怎么还没来？还有五分钟就要开会了。

E 我给你介绍的那个女朋友怎么样？

46 先别着急，我马上给他打电话，问问他到哪儿了。 （ ）

47 人很漂亮，工作也不错，但是对我一点儿也不热情。 （ ）

48 大家都说你的电脑水平特别高，有时间教教我吧。 （ ）

49 明天早上8点在学校门口见，别迟到。 （ ）

50 今天是你的生日，我当然要送个蛋糕呀。 （ ）

第二部分

共10题。每题提供一到两个句子，句子中有一个空格，考生要从提供的选项中选词填空。

第51-55题

A 比较	B 给	C 还是	D 旁边	E 声音	F 遇到

例如：她说话的 （ E ） 多好听啊！

51　我是201，她住202，她的房间在我的（　　　）。

52　我们学校早上8点上课，（　　　）早。

53　今天在超市（　　　）一个中学时的同学，我们已经有十多年没见面了。

54　您看一下，这是我们校长（　　　）我写的介绍信。

55　下雪天你只穿这么两件衣服，你是为了美呢，（　　　）真的不怕冷？

第56-60题

| A 像 | B 应该 | C 爱好 | D 年轻 | E 时候 | F 满意 |

例如： A：你有什么（ C ）？

B：我喜欢体育。

56 A：照片上的这个女人是谁？

B：是我奶奶，这是她（   ）时候的照片，那时候她还不到20岁呢。

57 A：这次检查身体，医生说我太胖了，要我少吃一点儿。

B：你是（   ）注意了，每天少吃一点儿，而且要多运动。

58 A：我如果有了孩子，一定不会让他天天看书学习，要给他玩儿的时间。

B：等着看吧，到（   ）你就不这样说了！

59 A：就让客人住这家宾馆吧，这里环境不错，离开会的地点也近。

B：我看可以，他们一定会（   ）的。

60 A：这是你弟弟吧？你们长得真（   ）啊！

B：是吗？很多人都这么说。

第三部分

共10题。提供10小段文字，每段文字带一个问题，考生要从3个选项中选出答案。

第61-70题

例如： 您是来参加今天会议的吗？您来早了一点儿，现在才八点半。您先进来坐吧。

★ 会议最可能几点开始？

A 8点   B 8点半   C 9点 ✓

61 这是我们这儿卖得最快的，您试试。啊，真不错，大小、颜色都合适，怎么样？来一件吧。

★ 这句话可能在哪儿听到？

A 卖鞋的地方   B 卖帽子的地方   C 卖衬衫的地方

62 这件事是不好做，如果你们都不愿意去，那我一个人去好了。

★ 这句话是什么意思？

A 我愿做这件事   B 我做错了一件事   C 这件事不太好

63 唱歌、跳舞、跑步、打球，你玩点儿什么不好？怎么一天天地打电脑游戏，有什么意思？

★ 根据这句话，可以知道说话人：

A 很生气   B 很高兴   C 很满意

64 原来以为吃了药病就马上能好，没想到比以前更重了。早知道这样，就不吃药了。

　　★ 这句话的意思是：

A 没想到会生病　　　　　B 吃药后没有用　　　　　C 吃药后病好了

65 是小王吗？你帮我把我桌子上的信和照片给张校长送去，这是他急要的。我的车坏了，还要
　　过一会儿才能到学校。

　　★ 说话人现在可能在哪儿？

A 路上　　　　　　　　　B 学校　　　　　　　　　C 办公室

66 小王睡觉很晚，早上起不来。上午有时不去上课，今天又没去，但是这次不是起不来，是因为
　　他昨天晚上和朋友多喝了几杯。今天他还有点儿不舒服，所以不能去上课。我去看他的时候，
　　他还在睡觉呢。

　　★ 今天小王为什么没去上课？

A 睡得晚　　　　　　　　B 起不来　　　　　　　　C 身体不好

67 我爸爸上班的路最远，所以每天早上他七点十分就走了，妈妈比他晚走一刻钟。我是最后一
　　个出门的，妈妈走以后半个小时我才去上班。

　　★ 说话人几点去上班？

A 7:35　　　　　　　　　B 7:45　　　　　　　　　C 7:55

68 办公室里新来了一个同事，他是学电脑的，二十四五岁，和我岁数差不多。他个子高高的，长
　　得很好。我有点儿喜欢他，只是不知道他有没有女朋友，如果他没有女朋友就好了。

　　★ 根据这句话，可以知道新来的人：

A 在电脑公司工作　　　　B 和我一起工作　　　　　C 是我的男朋友

69 我已经结婚五年了，但我们还没要孩子。不是因为我们不喜欢孩子，也不是身体不好，是由于我们工作都忙，没时间照顾孩子。

★ 他们现在为什么没有孩子？

A 工作忙   B 不喜欢   C 身体差

70 妈妈原来不想出去走，她身体不好，走远一点儿就觉得累。我说，正因为这样才应该多走走，她同意地点点头。妈妈现在很听我的话，就像我小时候很听她的话一样。

★ 根据这段话，我们可以知道：

A 妈妈不听我的话   B 妈妈不喜欢运动   C 我小时候不听话

三、书写

第一部分

共5题。每题提供几个词语，要求考生用这几个词语写一个句子。

第71-75题

例如：小船　　上　　一　　河　　条　　有

　　　　　　河上有一条小船。

71　在　　见面　　我们　　学校门口

72　拿走了　　司机　　行李箱　　被

73　你们　　必须　　好办法　　想一个

74　买了　　一张　　北京地图　　她

75　有时间　　来　　我们学校　　玩儿吧

第二部分

共5题。每题提供一个带空格的句子，要求考生在空格上写正确的汉字。

第76-80题

例如：没 （ 关^{guān} ） 系，别难过，高兴点儿。

76　为了解 （　gué　） 环境问题，人们想了很多办法。

77　孩子们又唱又跳，给我们表 （　yǎn　） 了好几个节目。

78　让我们为爷爷的健 （　kāng　） 干一杯。

79　中国人过生日的时候，饭桌上总是少不了一 （　wǎn　） 面条。

80　我想请你帮我 （　liàn　） 习口语，每星期两次，每次一个小时。

新汉语水平考试

HSK
3级

模拟试题

新汉语水平考试
HSK(三级)

一、听力

模拟试题 ①
模拟试题 ②
模拟试题 ③
模拟试题 ④
模拟试题 ⑤

第一部分

　　共10题。每题听两次。每题都是一个对话，试卷上提供几张图片，考生根据听到的内容选出对应的图片。

第1-5题

A
B
C

D
E
F

例如： 男：喂，请问张经理在吗？

　　　　女：他在开会，您半个小时以后再打，好吗？　　　　C

1　　　　　　　　　　　　　　　　　　　　　　　　　　　☐

2　　　　　　　　　　　　　　　　　　　　　　　　　　　☐

3　　　　　　　　　　　　　　　　　　　　　　　　　　　☐

4　　　　　　　　　　　　　　　　　　　　　　　　　　　☐

5　　　　　　　　　　　　　　　　　　　　　　　　　　　☐

第6-10题

A

B

C

D

E

6   □

7   □

8   □

9   □

10   □

第二部分

共10题。每题听两次。每题都是一个人先说一小段话，另一人根据这段话说一个句子，试卷上也提供这个句子，要求考生判断对错。

第11-20题

例如：为了让自己更健康，他每天都花一个小时去锻炼身体。

★他希望自己很健康。 　　　　　　　　　　　　　　　　（ ✓ ）

今天我想早点儿回家。看了看手表，才5点。过了一会儿再看表，还是5点，我这才发现我的手表不走了。

★那块儿手表不是他的。 　　　　　　　　　　　　　　　（ ✗ ）

11　★　他的病很快好了。 　　　　　　　　　　　　　　　（　　）

12　★　方方是小学老师。 　　　　　　　　　　　　　　　（　　）

13　★　张经理不知道这件事。 　　　　　　　　　　　　　（　　）

14　★　他不喜欢学汉语。 　　　　　　　　　　　　　　　（　　）

15　★　我今天不能去医院上班了。 　　　　　　　　　　　（　　）

16　★　我很爱丽丽。 　　　　　　　　　　　　　　　　　（　　）

17　★　昨天我第一次看中国电影。 　　　　　　　　　　　（　　）

18　★　今天我起晚了。 　　　　　　　　　　　　　　　　（　　）

19　★　北方人喜欢喝红茶。 　　　　　　　　　　　　　　（　　）

20　★　学校里有个小饭馆。 　　　　　　　　　　　　　　（　　）

第三部分

共10题。每题听两次。每题都是两个人的两句对话，第三个人根据对话问一个问题，试卷上提供3个选项，考生根据听到的内容选出答案。

第21-30题

例如：男：小王，帮我开一下门，好吗？谢谢！

女：没问题。你去超市了？买了这么多东西。

问：男的想让小王做什么？

        A 开门 ✓   B 拿东西   C 去超市买东西

21 A 四口   B 五口   C 六口

22 A 老师   B 司机   C 服务员

23 A 看书   B 找报纸   C 打扫房间

24 A 你在哪儿听说的   B 哪儿的菜都会做   C 你说的不对

25 A 工作   B 旅游   C 学习

26 A 黄色   B 蓝色   C 红色

27 A 同意男人的话   B 不想和男人说话   C 觉得男人不太好

28 A 等人   B 看病   C 买东西

29 A 想问题   B 玩电脑   C 打电话

30 A 超市附近   B 火车站附近   C 第二中学附近

第四部分

共10题。每题听两次。每题都是两个人的4到5句对话，第三个人根据对话问一个问题，试卷上提供3个选项，考生根据听到的内容选出答案。

第31-40题

例如：女：晚饭做好了，准备吃饭了。

男：等一会儿，比赛还有三分钟就结束了。

女：快点儿吧，一起吃，菜冷了就不好吃了。

男：你先吃，我马上就看完了。

问：男的在做什么？

A 洗澡　　　　　B 吃饭　　　　　C 看电视 ✓

31　A 复习　　　　　　　　B 看电影　　　　　　　C 看电视

32　A 只有一本书　　　　　B 是一本小说　　　　　C 书是男人的

33　A 她不想去　　　　　　B 她不会游泳　　　　　C 她现在有事

34　A 同事　　　　　　　　B 夫妻　　　　　　　　C 服务员和客人

35　A 女人不想去锻炼　　　B 男的起床比女的早　　C 男的已经跑完步了

36　A 出来晚了　　　　　　B 坐错车了　　　　　　C 出租车坏了

37　A 医院　　　　　　　　B 教室　　　　　　　　C 宿舍

38　A 儿子要结婚了　　　　B 她得到很多钱　　　　C 儿子考上了大学

39　A 他不在家　　　　　　B 他换号码了　　　　　C 他的手机坏了

40　A 每天运动　　　　　　B 身体不好　　　　　　C 工作太累

二、阅读

第41-45题

A 怎么了？脸色这么不好，是不是病了？

B 8点上课，现在已经过了十分钟，刘明怎么还没来？

C 让小李马上到我办公室来一下。

D 最近我家附近新开了一家超市，东西便宜极了。

E 当然。我们先坐公共汽车，然后换地铁。

F 不会吧？他已经结婚五、六年了吧，夫妻关系一直不错啊。

例如：你知道怎么去那儿吗？   （ E ）

41 是吗？买东西的人一定很多吧？   （   ）

42 你知道吗？张华，就是我最好的那个朋友，他昨天离婚了。   （   ）

43 校长，李老师身体不舒服，去医院检查身体了。   （   ）

44 头特别疼，昨天晚上睡觉时忘了关空调了。   （   ）

45 是啊，他每天都来得很早，一次也没来晚过。   （   ）

第46-50题

A　您别着急，请再等一会儿。

B　你儿子真努力，每次来你家都看见他坐在电脑那儿学习。

C　是啊，你看我的耳朵和鼻子都红了。

D　太好了！我还没去过中国人的家呢。

E　你这次出国要一个多月，一定多准备点儿东西。

46　什么时候有时间，妈妈说想请你去我家吃饭。　　　　　　　　（　　）

47　他哪是在学习，那是在打电脑里的游戏呢。　　　　　　　　（　　）

48　已经不少了，再多带我就拿不了了。　　　　　　　　　　　（　　）

49　小姐，已经3点了，请问从北京来的飞机怎么还没到？　　　　（　　）

50　今天天气太冷了！　　　　　　　　　　　　　　　　　　　（　　）

第二部分

共10题。每题提供一到两个句子,句子中有一个空格,考生要从提供的选项中选词填空。

第51-55题

A 差不多	B 热情	C 自己	D 同意	E 声音	F 生气

例如: 她说话的 (E) 多好听啊!

51 我没时间, 我丈夫只好 ( ) 去看电影。

52 我上课的时候睡觉, 老师看见了, 他特别 ( )。

53 我不想上学了, 我要去工作, 但是爸爸说什么也不 ( )。

54 朋友们都太 ( ) 了, 干了一杯又一杯, 最后我们都喝多了。

55 妈妈, 我的同学 ( ) 都有自行车了, 我也想要一辆。

A 头疼	B 得	C 爱好	D 能	E 使	F 别人

例如：A：你有什么（ C ）？

B：我喜欢体育。

56 A：听说长时间坐着看电视，会（   ）人变胖。

B：你听谁说的？我不相信。

57 A：事情这么多，天天忙里忙外，累得人（   ）。

B：可不是，再这样下去，我一定要换工作。

58 A：你好，请问图书馆在哪儿？

B：对不起，我不是这儿的学生，不知道，你问问（   ）吧。

59 A：我下午有事，（   ）借一下你的自行车吗？

B：没问题，车就在楼下，是黑色的26女车。

60 A：明天上午考试，妈妈，您早上6点叫我好吗？

B：知道了，你看书别看（   ）太晚，早一点儿睡吧。

第三部分

共10题。提供10小段文字，每段文字带一个问题，考生要从3个选项中选出答案。

第61-70题

例如： 您是来参加今天会议的吗？您来早了一点儿，现在才八点半。您先进来坐吧。

    ★ 会议最可能几点开始？

A 8点　　　　　　　　B 8点半　　　　　　　　C 9点 ✓

61　好了好了，你快别说了。说了半天，就这事儿啊，这有什么难的！

    ★ 这件事：

A 很容易办　　　　　B 不应该说　　　　　C 应该早点儿说

62　老刘让我把小张的这些意见先记下来，然后用电子邮件发给厂长。

    ★ 提意见的人是谁？

A 老刘　　　　　　　B 厂长　　　　　　　C 小张

63　这种咖啡真没说的，让人喝一次就忘不了，来，不信你也来一杯。

    ★ 说话人的意思是：

A 他忘了买咖啡　　　B 他不想说这件事　　　C 他觉得咖啡很好喝

64 我生在河北，后来我家搬到北京，我的小学和中学都是在北京上的。大学时我考到上海，四年大学以后我才来到南京工作。

　　★ 说话人在哪儿上的大学？

A 北京　　　　　　　　　B 南京　　　　　　　　　C 上海

65 换了我，小王的这点儿工作我一个小时就能做完，而且一定比他做得好。

　　★ 说话人的意思是：

A 想和小王换工作　　　　B 小王做得太慢了　　　　C 小王迟到一个小时

66 你看看，你要的是不是这本数学书，我跑了几个书店，好容易才买到。

　　★ 根据这句话，可以知道：

A 这本书很难买　　　　　B 这本书没意思　　　　　C 这本书很简单

67 听到经理这样说，小王虽然心里一百个不愿意，但是不敢说不，只能照他的话做了。

　　★ 根据这句话，可以知道：

A 小王不高兴　　　　　　B 小王是经理　　　　　　C 小王不听经理的话

68 我现在在中国学习汉语，今年下半年就要开始找工作了。我想在一个可以用汉语的公司工作，不过在中国公司工作还是回国工作，现在还没决定。

　　★ 根据这句话，可以知道：

A 我是学生　　　　　　　B 我找到了工作　　　　　C 我要回国工作

69 刘丽在大学当数学老师? 你听错了吧? 这怎么可能? 在中学时, 她的数学成绩是我们班最差的。

   ★ 根据这句话, 可以知道:

   A 说话人和刘丽关系不好   B 刘丽中学时数学不好   C 说话人在大学当数学老师

70 现在差不多家家有冰箱。有些人为了方便或者为了好看, 把冰箱放进了睡觉的房间。其实冰箱放在房间里对人的健康不好, 最好把冰箱请出睡觉的房间。

   ★ 冰箱为什么不能放在睡觉的房间里?

   A 对健康不好   B 房间不好看   C 拿东西不方便

三、书写

第一部分

共5题。每题提供几个词语，要求考生用这几个词语写一个句子。

第71-75题

例如：小船　　上　　一　　河　　条　　有

　　　　　<u>　　　　河上有一条小船。　　　　</u>

71　迟到了　你　又　怎么

　　<u>　　　　　　　　　　　　　　　　　　　　　　</u>?

72　一直　在想　这个问题　我

　　<u>　　　　　　　　　　　　　　　　　　　　　　</u>。

73　火车站　他　怎么去　不知道

　　<u>　　　　　　　　　　　　　　　　　　　　　　</u>。

74　一杯果汁　我　喝了　已经

　　<u>　　　　　　　　　　　　　　　　　　　　　　</u>。

75　王老师的　那是　吗　汉语书

　　<u>　　　　　　　　　　　　　　　　　　　　　　</u>?

第二部分

共5题。每题提供一个带空格的句子，要求考生在空格上写正确的汉字。

第76-80题

例如：没（guān 关）系，别难过，高兴点儿。

76　那里的环（jìng　）真好，天空是那么蓝，空气是那么新鲜。

77　这么多东西，你一个人能（bān　）得了吗？

78　你今天去医院检（chá　）身体，医生是怎么说的？

79　明天是你第一次参加这么大的比（sài　），准备好了吗？

80　小李打算下个月结婚，昨天他从城里买回来了彩电和冰（xiāng　）。

新汉语水平考试

HSK
3级

模拟试题

新汉语水平考试
HSK(三级)

一、听力

第一部分

共10题。每题听两次。每题都是一个对话，试卷上提供几张图片，考生根据听到的内容选出对应的图片。

第1-5题

A

B

C

D

E

F

例如： 男：喂，请问张经理在吗？

女：他在开会，您半个小时以后再打，好吗？　　　　　　C

1

2

3

4

5

第6-10题

A

B

C

D

E

6

7   ☐

8   ☐

9   ☐

10   ☐

第二部分

共10题。每题听两次。每题都是一个人先说一小段话，另一人根据这段话说一个句子，试卷上也提供这个句子，要求考生判断对错。

第11-20题

例如：为了让自己更健康，他每天都花一个小时去锻炼身体。

　　★他希望自己很健康。　　　　　　　　　　　　　　　　（ ✓ ）

今天我想早点儿回家。看了看手表，才5点。过了一会儿再看表，还是5点，我这才发现我的手表不走了。

　　★那块儿手表不是他的。　　　　　　　　　　　　　　　（ × ）

11　★　张阿姨回来了。　　　　　　　　　　　　　　　　　　（　　）

12　★　他在这里只骑过一次自行车。　　　　　　　　　　　　（　　）

13　★　我和朋友看了电影。　　　　　　　　　　　　　　　　（　　）

14　★　我来中国一年了。　　　　　　　　　　　　　　　　　（　　）

15　★　王明借给我钱。　　　　　　　　　　　　　　　　　　（　　）

16　★　我和姐姐每天见面。　　　　　　　　　　　　　　　　（　　）

17　★　哥哥比爸爸开车的水平高。　　　　　　　　　　　　　（　　）

18　★　今天晚上学校有电影。　　　　　　　　　　　　　　　（　　）

19　★　他还不习惯中国的生活。　　　　　　　　　　　　　　（　　）

20　★　现在写信的人越来越少。　　　　　　　　　　　　　　（　　）

第三部分

共10题。每题听两次。每题都是两个人的两句对话，第三个人根据对话问一个问题，试卷上提供3个选项，考生根据听到的内容选出答案。

第21-30题

例如： 男：小王，帮我开一下门，好吗？谢谢！

女：没问题。你去超市了？买了这么多东西。

问：男的想让小王做什么？

        A 开门 ✓   B 拿东西   C 去超市买东西

21	A 旅游	B 工作	C 学习
22	A 吃糖	B 喝咖啡	C 喝牛奶
23	A 不想坐飞机	B 买不到飞机票	C 觉得火车比飞机快
24	A 这件事很难办	B 不想谈这件事	C 这件事很容易
25	A 香蕉	B 葡萄	C 西瓜
26	A 听懂了一句	B 听得懂一些	C 都听不懂
27	A 书店	B 教室	C 照相馆
28	A 房子的环境	B 房子的地点	C 房子的大小
29	A 想知道是谁说的	B 没有那么多钱	C 比4000块要多
30	A 机场	B 地铁站	C 汽车站

第四部分

共10题。每题听两次。每题都是两个人的4到5句对话，第三个人根据对话问一个问题，试卷上提供3个选项，考生根据听到的内容选出答案。

第31-40题

例如：女：晚饭做好了，准备吃饭了。

男：等一会儿，比赛还有三分钟就结束了。

女：快点儿吧，一起吃，菜冷了就不好吃了。

男：你先吃，我马上就看完了。

问：男的在做什么？

A 洗澡　　　　　　B 吃饭　　　　　　C 看电视 ✓

31　A 皮鞋　　　　　　　　B 钱包　　　　　　　　C 裤子

32　A 做饭　　　　　　　　B 听音乐　　　　　　　C 看电影

33　A 坐飞机　　　　　　　B 坐火车　　　　　　　C 坐汽车

34　A 女人觉得很贵　　　　B 女人穿着很漂亮　　　C 是花300块买的

35　A 吃早饭　　　　　　　B 喝咖啡　　　　　　　C 去教室

36　A 同事　　　　　　　　B 夫妻　　　　　　　　C 邻居

37　A 学校　　　　　　　　B 医院　　　　　　　　C 公司

38　A 医院　　　　　　　　B 宾馆　　　　　　　　C 教室

39　A 她的脚很疼　　　　　B 看见了朋友　　　　　C 让人看她的鞋

40　A 换了工作　　　　　　B 环境不好　　　　　　C 离公司远

二、阅读

第一部分

共10题。提供20个句子，考生要找出对应关系。

第41-45题

A 不是，是我借的。

B 我想去中国旅游，你说哪个季节去好？

C 小张知道，他带我来的。

D 你的脸怎么这么红？是不是发烧了？

E 当然。我们先坐公共汽车，然后换地铁。

F 刚才大家都谈了自己的看法，张经理，请您谈一下吧。

例如：你知道怎么去那儿吗？　　　　　　　　　　　　　　　　　　（ E ）

41　哪个季节都不错，主要看你喜欢什么了。　　　　　　　　　　　（ 　 ）

42　我觉得小王说的有道理，我同意他的意见。　　　　　　　　　　（ 　 ）

43　你想到哪儿去了，我们刚喝了一点儿酒。　　　　　　　　　　　（ 　 ）

44　你从哪儿买的北京旅游地图？　　　　　　　　　　　　　　　　（ 　 ）

45　你怎么找到我家的？　　　　　　　　　　　　　　　　　　　　（ 　 ）

第46-50题

A 可不是，今年我就差一点儿没买到回家的票。

B 这么高的楼，你怎么不坐电梯？

C 我们学校8点就开始上课，太早了，我起不来。

D 你汉语学得真不错，这次考试口语和听力都是95分。

E 你跟他们好好说说，让他们注意点儿不就可以了。

46 可能是你每天睡觉太晚了，早点儿睡就能起来了。 （ ）

47 我家邻居看电视的时候，总是开着门，而且把节目的声音开得特别大。 （ ）

48 听说，中国春节的时候，火车票特别难买。 （ ）

49 这也是一种锻炼，我每天上下好几次，习惯了。 （ ）

50 哪儿啊，我的口语还差得远呢。 （ ）

第二部分

共10题。每题提供一到两个句子，句子中有一个空格，考生要从提供的选项中选词填空。

第51-55题

A 雨伞	B 放心	C 倒	D 关于	E 声音	F 在

例如：她说话的 （ E ） 多好听啊！

51　爸爸妈妈希望我结婚以后和他们住（　　　）一起。

52　（　　　）这个问题，我觉得应该听听老王的意见。

53　路上车很多，孩子一个人去学校，妈妈有点儿不（　　　）。

54　他前天去看足球比赛，回来的时候下雨了，他没带（　　　），所以回家后就感冒了。

55　昨天我去一个中国朋友家吃饭，他们太热情，一直给我（　　　）酒，所以我喝了很多。

第56-60题

| A 虽然 | B 习惯 | C 爱好 | D 关系 | E 终于 | F 小心 |

例如： A：你有什么（ C ）？

B：我喜欢体育。

56 A：小刘是不是有什么（　　），怎么一下子就找到这么好的工作。

B： 你还不知道，他叔叔就在那个公司当经理。

57 A：你这次去上海路上要（　　），一定把钱包放好。

B： 是啊，小王上次刚下火车，钱包就不见了。

58 A：听说王明当了你们厂的厂长。

B： 是啊，（　　）他年轻，但他水平高，人也好，大家都愿意选他。

59 A：换工作的事，你想得怎么样了？

B： 想了好几天，现在我（　　）决定了，一定要换。

60 A：外边那么冷，你这是要去哪儿啊？

B： 我（　　）吃完晚饭后出去走一走。

第三部分

共10题。提供10小段文字，每段文字带一个问题，考生要从3个选项中选出答案。

第61-70题

例如： 您是来参加今天会议的吗？您来早了一点儿，现在才八点半。您先进来坐吧。

★ 会议最可能几点开始？

A 8点　　　　　　　　B 8点半　　　　　　　　C 9点 ✓

61　得了吧，这种样子的手机只卖1000块，哪有这样的好事？

★ 这句话的意思是：

A 得到了一个手机　　　B 这一定不是新手机　　　C 这种手机不会这么便宜

62　我正在开会呢，现在不方便说话，以后打给你。

★ 他的意思是：

A 一会儿再打你　　　　B 一会儿去找你　　　　C 一会儿给你回电话

63　路那么远，今天天气也不好，你事情又那么多，我以为你今天不会来了呢。

★ 这句话的意思是：

A 路太远了　　　　　　B 你怎么来了　　　　　C 我等了你半天

64 今天吃饭时遇到了一个以前的同学，他现在已经当中学校长了。但是他和过去一样，胖胖的、不爱说话、很喜欢笑，就是老了一点儿。

★ 他的朋友过去怎么样？

A 很胖   B 很老   C 喜欢说话

65 你又不是不知道，我最怕有女人在我这儿哭，她一哭我就不知道怎么办好了。

★ 看见她哭，我：

A 觉得很害怕   B 不知道怎么办   C 很想知道为什么

66 来到中国以后，我发现中国人都喜欢喝茶。但是不同地方的人，喝茶的习惯不太一样。北方人喜欢花茶，南方人喜欢绿茶。花茶和绿茶我也喜欢，但是我最喜欢的是红茶。

★ 中国南方人最喜欢：

A 红茶   B 绿茶   C 花茶

67 孩子是第一次离开家到北京去上大学，我和她爸爸对她很不放心，除了怕她在学校里生活不习惯，还担心她遇到问题的时候自己不能很好地解决。

★ 下面哪一个不是妈妈担心的问题？

A 孩子的学习成绩   B 孩子在学校的生活   C 遇到问题怎么办

68 原来打算考试以后先去上海，然后去南京，再去爬黄山，最后去山东和北京，看看朋友、爬爬长城。但是因为火车票不好买，我除了南京和上海以外，哪儿都没去。

★ 下面哪个地方是他去过的？

A 山东   B 黄山   C 南京

69 对饭菜，每个人的喜好不同，有些人这也不想吃，那也不爱吃，我的妻子就是这样的人。她不吃鸡、鸭，也不吃牛羊肉，青菜一年四季也只吃那么几种。看到有人爱吃这些东西，她就说："怎么有那么多人喜欢吃那些东西，真奇怪！"

★ 妻子对什么感到奇怪？

A 有人吃羊肉   B 有人不爱吃饭   C 有人吃得很多

70 今天是周末，原来打算好好睡一觉，但是公司突然来电话，要我去机场接一个重要的客人。我只好去了。接了客人，把他送到饭店，又和他一起吃了饭，这样就到下午了。没办法，周末也没能休息。

★ 他想怎么过周末？

A 在家休息   B 去机场送人   C 和客人在一起

三、书写

第71-75题

例如： 小船　　上　　一　　河　　条　　有

　　　　　河上有一条小船。
　　──────────────────

71　不错　　这几本　　新书　　都

　────────────────────。

72　在火车站　　那　　买的　　是

　────────────────────。

73　特别　　那儿的　　西瓜　　甜

　────────────────────。

74　带护照　　别忘了　　你　　一定

　────────────────────。

75　认真　　马丁　　学习汉语　　非常

　────────────────────。

第二部分

共5题。每题提供一个带空格的句子，要求考生在空格上写正确的汉字。

第76-80题

例如： 没 （ <ruby>关<rt>guān</rt></ruby> ）系，别难过，高兴点儿。

76 这个字不好写，我常常写（　<ruby><rt>cuò</rt></ruby>　）。

77 下了课，我打（　<ruby><rt>suan</rt></ruby>　）先去银行换钱，然后再去吃饭。

78 小王，听说明天是你的生日，（　<ruby><rt>zhù</rt></ruby>　）你生日快乐！

79 周末（　<ruby><rt>shāng</rt></ruby>　）店里的人一定很多，你周一到周五有时间吗？

80 告（　<ruby><rt>su</rt></ruby>　）你的朋友们，这个电影很好，晚上都去看吧。

新汉语水平考试

HSK
3级

模拟试题

新汉语水平考试
HSK(三级)

一、听力

第一部分

共10题。每题听两次。每题都是一个对话，试卷上提供几张图片，考生根据听到的内容选出对应的图片。

第1-5题

A

B

C

D

E
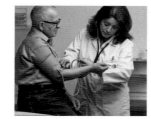

F

例如： 男：喂，请问张经理在吗？

女：他在开会，您半个小时以后再打，好吗？

C

1. ☐

2. ☐

3. ☐

4. ☐

5. ☐

第6-10题

A

B

C

D

E

6 ☐

7 ☐

8 ☐

9 ☐

10 ☐

第二部分

共10题。每题听两次。每题都是一个人先说一小段话,另一人根据这段话说一个句子,试卷上也提供这个句子,要求考生判断对错。

第11-20题

例如: 为了让自己更健康,他每天都花一个小时去锻炼身体。

　　　★他希望自己很健康。　　　　　　　　　　　　　　　　(✓)

　　　今天我想早点儿回家。看了看手表,才5点。过了一会儿再看表,还是5点,我这才发现我的手表不走了。

　　　★那块儿手表不是他的。　　　　　　　　　　　　　　　(✗)

11　★　我今天不能去上班。　　　　　　　　　　　　　　　　(　)

12　★　我不喜欢吃中国菜。　　　　　　　　　　　　　　　　(　)

13　★　《西游记》这本书很有名。　　　　　　　　　　　　　(　)

14　★　每周四下午没有课。　　　　　　　　　　　　　　　　(　)

15　★　刘强打算开车去旅游。　　　　　　　　　　　　　　　(　)

16　★　我和妻子都喜欢听音乐。　　　　　　　　　　　　　　(　)

17　★　小刘已经回家了。　　　　　　　　　　　　　　　　　(　)

18　★　这是他第一次来中国。　　　　　　　　　　　　　　　(　)

19　★　小王今天没去上课。　　　　　　　　　　　　　　　　(　)

20　★　我买到一件合适的衣服。　　　　　　　　　　　　　　(　)

第三部分

共10题。每题听两次。每题都是两个人的两句对话，第三个人根据对话问一个问题，试卷上提供3个选项，考生根据听到的内容选出答案。

第21-30题

例如： 男：小王，帮我开一下门，好吗？谢谢！

女：没问题。你去超市了？买了这么多东西。

问：男的想让小王做什么？

A 开门 ✓　　　　　B 拿东西　　　　　C 去超市买东西

21　A 小方买的　　　　B 小方借的　　　　C 别人送的

22　A 路上　　　　　　B 球场　　　　　　C 教室

23　A 很难过　　　　　B 很生气　　　　　C 很高兴

24　A 6:10　　　　　　B 6:20　　　　　　C 6:30

25　A 上网　　　　　　B 看比赛　　　　　C 看电视

26　A 10块　　　　　　B 20块　　　　　　C 30块

27　A 饭馆　　　　　　B 公园　　　　　　C 办公室

28　A 钱数　　　　　　B 样子　　　　　　C 颜色

29　A 写作业　　　　　B 看电视　　　　　C 表演节目

30　A 司机　　　　　　B 医生　　　　　　C 服务员

第四部分

共10题。每题听两次。每题都是两个人的4到5句对话，第三个人根据对话问一个问题，试卷上提供3个选项，考生根据听到的内容选出答案。

第31-40题

例如：女：晚饭做好了，准备吃饭了。

男：等一会儿，比赛还有三分钟就结束了。

女：快点儿吧，一起吃，菜冷了就不好吃了。

男：你先吃，我马上就看完了。

问：男的在做什么？

A 洗澡　　　　　B 吃饭　　　　　C 看电视 ✓

31　A 教室　　　　　　　B 书店　　　　　　　C 图书馆

32　A 饭馆　　　　　　　B 公园　　　　　　　C 商店

33　A 结婚以后　　　　　B 上班以后　　　　　C 上大学以后

34　A 借钱　　　　　　　B 还钱　　　　　　　C 找钱

35　A 黄色　　　　　　　B 红色　　　　　　　C 蓝色

36　A 买东西　　　　　　B 去饭馆　　　　　　C 看电影

37　A 公司　　　　　　　B 医院　　　　　　　C 家里

38　A 5元　　　　　　　　B 7.5元　　　　　　C 8元

39　A 邻居　　　　　　　B 同事　　　　　　　C 朋友

40　A 小王英语水平不好　　B 小王开车水平很高　　C 男的开车比小王好

二、阅读

共10题。提供20个句子，考生要找出对应关系。

第41-45题

A 你想要什么样的？说说您的要求。

B 真急人，小张怎么还没到？

C 我们是邻居，你还客气什么。

D 小王，你最近在忙什么？

E 当然。我们先坐公共汽车，然后换地铁。

F 我也不太清楚，但是听别人说现在上海的外国学生最多。

例如：你知道怎么去那儿吗？   （ E ）

41 真不好意思，这件事想请你帮一下忙。   （   ）

42 数学考试在下周，我正在准备这次考试呢。   （   ）

43 我想去南方学习，你觉得哪个城市最好？   （   ）

44 先生，我想在这儿附近租个房子。   （   ）

45 别着急，再等等，离说好的时间还差两分钟呢。   （   ）

第46-50题

A 有件事我不知道该不该对你说。

B 正是最热的时候，空调怎么坏了？

C 对不起，都是我的错，您别生气。这次我一定忘不了。

D 我学了几句山东话，特别有意思，你想听吗？

E 方便是方便，就是这儿的东西比大超市贵多了。

46 好啊，你说几句我听听，看你学得像不像。 （ ）

47 卖菜卖水果的这么多，离你们家又这么近，这下你们方便了。 （ ）

48 什么事？我们之间还有不能说的事吗？ （ ）

49 新买的，不会有问题吧，我看像是没电了，快打个电话问问。 （ ）

50 你这个人是怎么了，跟你说了那么多次，怎么总是记不住？ （ ）

第二部分

共10题。每题提供一到两个句子，句子中有一个空格，考生要从提供的选项中选词填空。

第51-55题

A 把	B 除了	C 上	D 只	E 声音	F 突然

例如：她说话的（ E ）多好听啊！

51 妈妈说着说着，不知为什么（　　）停下来不说了。

52 他做事很快，三下两下就（　　）房间打扫得干干净净。

53 那个苹果他（　　）吃了一口不吃了。

54 图书馆可以（　　）网，晚上我去那儿给你发电子邮件。

55 最近我总是觉得累，每天（　　）吃饭就是睡觉。

第56-60题

A 还是	B 决定	C 爱好	D 环境	E 当然	F 着急

例如: A:你有什么(C)?

B:我喜欢体育。

56 A:你来得正好,我正要去找你呢。

B:什么事这么( )?

57 A:你今天能来参加,我真太高兴了！谢谢你送的礼物。

B:今天是你的生日,我( )要来呀。

58 A:先生,您穿这件衬衫真好看,我给您包起来吧。

B:先等一下,等我女朋友看了,再( )买还是不买。

59 A:小王,现在有时间吗? 一起去喝杯茶吧。

B:好啊,楼下就有一个茶馆,那儿的( )很好。

60 A:马力,这几天你怎么瘦了? 是病了( )想家了?

B:都不是,刚到这里,没有朋友,而且很多地方还不太习惯。

第三部分

共10题。提供10小段文字，每段文字带一个问题，考生要从3个选项中选出答案。

第61-70题

例如： 您是来参加今天会议的吗？您来早了一点儿，现在才八点半。您先进来坐吧。

★ 会议最可能几点开始？

A 8点 　　　　　　　　B 8点半 　　　　　　　　C 9点 ✓

61 像今天这样的天气，再好玩的地方我都不想去了。

★ 根据这句话，可以知道：

A 今天天气不好 　　　　B 我不喜欢玩儿 　　　　C 这个地方不好玩

62 丽丽长得很漂亮，大家给她介绍的男朋友已经不下二十个了，但是没有一个让她满意的。

★ 根据这句话，可以知道丽丽：

A 男朋友很多 　　　　　B 想找漂亮的男朋友 　　C 还没找到男朋友

63 我们一家人每天都是六点半起床。我妻子上班路最远，天天走得最早。我和儿子吃完早饭后，差不多七点一刻，我骑车送他去学校，然后我再去上班。

★ 他家一共几口人？

A 两口 　　　　　　　　B 三口 　　　　　　　　C 四口

64 儿子小的时候，我最担心他生病；长大一点儿，我又开始担心他的学习成绩；上了中学，我担心他不能考上大学；现在我最不放心的是他能不能找到一个好妻子。

★ 我现在担心的是：

A 孩子的学习成绩　　　　　B 孩子的身体健康　　　　　C 孩子的结婚问题

65 只要是我有兴趣的事情，就是再难、再累、花再多的时间，我也愿意。

★ 这句话的意思是：

A 我比别人聪明　　　　　B 我愿意做又难又累的工作　　C 我喜欢做自己有兴趣的事

66 一个中国朋友结婚，他请我参加，我高兴极了。来中国以后，我还一次也没有去过中国朋友家，更别说看中国人结婚了。

★ 我打算：

A 和中国人结婚　　　　　B 和中国朋友去玩　　　　　C 去看朋友结婚

67 从这里到北京怎么也要两三个小时，你说半个小时，怎么可能，就是坐飞机也到不了。

★ 从这儿到北京：

A 没有飞机　　　　　B 最快两个小时　　　　　C 30分钟就能到

68 你可能会说点菜有什么难的？只要认识汉字，钱包里有钱，喜欢吃哪个点哪个，哪个菜贵点哪个，不就可以吗？点菜说起来简单，其实不是这样。

★ 这句话的意思是：

A 点菜不用学　　　　　B 点菜不简单　　　　　C 点菜要看菜单

69 我知道爷爷喜欢看关于历史的书，他生日的时候我买了一本送给他。看到这个生日礼物，爷爷很高兴，但是听了爷爷的话以后我不是那么高兴。因为爷爷说，谢谢你，我已经看过好几次了，这本书真的很好。

★ 为什么他有点儿不高兴？

A 爷爷不喜欢这本书   B 这本不是历史书   C 爷爷已经看过这本书

70 这里原来是一条没有名字的小街，只有短短的160米。但是这几年，这条小街变得越来越有名了。很多外国客人喜欢来这里买东西，他们常常说"OK"，卖东西的中国人也跟着说"OK"，后来人们就把这条小街叫"OK"街。

★ 这条街为什么叫"OK"街？

A 常听到人们说"OK"   B 很多人喜欢来这儿唱歌   C 有很多外国咖啡店

三、书写

第一部分

共5题。每题提供几个词语，要求考生用这几个词语写一个句子。

第71-75题

例如：小船　上　一　河　条　有

　　　　　　　河上有一条小船。

71　正在图书馆　作业　写　她

　　_____。

72　照片　桌子上　放着　几张

　　_____。

73　应该　我们　会　开个

　　_____。

74　去中国　我打算　两年　学习

　　_____。

75　你　结婚吗　愿意　和我

　　_____？

第二部分

共5题。每题提供一个带空格的句子，要求考生在空格上写正确的汉字。

第76-80题

例如：没 (关) 系，别难过，高兴点儿。
<small>guān</small>

76　请把他的护 ( ) 号用电子邮件给我，好吗？
<small>zhào</small>

77　今天上街她买了一条漂亮的花裙子和一双新皮 ( ) 。
<small>xié</small>

78　听说你昨天感 ( ) 了，今天觉得怎么样？好一点儿了吗？
<small>mào</small>

79　大家都很认真，一会儿就把 ( ) 道打扫得干干净净。
<small>jiē</small>

80　我们很长时 ( ) 没有见面了，我也不知道他现在过得怎么样？
<small>jiān</small>

新汉语水平考试
HSK(三级)

一、听力

模拟试题 1
模拟试题 2
模拟试题 3
模拟试题 4
模拟试题 5

第一部分

共10题。每题听两次。每题都是一个对话，试卷上提供几张图片，考生根据听到的内容选出对应的图片。

第1-5题

A

B

C

D

E

F

例如： 男：喂，请问张经理在吗？

女：他在开会，您半个小时以后再打，好吗？　　　　　　　C

1

2

3

4

5

第6-10题

A

B

C

D

E

6 ☐

7 ☐

8 ☐

9 ☐

10 ☐

第二部分

共10题。每题听两次。每题都是一个人先说一小段话，另一人根据这段话说一个句子，试卷上也提供这个句子，要求考生判断对错。

第11-20题

例如：为了让自己更健康，他每天都花一个小时去锻炼身体。

★ 他希望自己很健康。 （ ✓ ）

今天我想早点儿回家。看了看手表，才5点。过了一会儿再看表，还是5点，我这才发现我的手表不走了。

★ 那块儿手表不是他的。 （ × ）

11　★ 我认识去小王家的路。　　　　　　　　　　　　　　（　　）

12　★ 我买的衣服不合适。　　　　　　　　　　　　　　　（　　）

13　★ 现在八点十五分了。　　　　　　　　　　　　　　　（　　）

14　★ 他今天起晚了。　　　　　　　　　　　　　　　　　（　　）

15　★ 小王不喜欢学数学。　　　　　　　　　　　　　　　（　　）

16　★ 张红不住在学校里。　　　　　　　　　　　　　　　（　　）

17　★ 不饿可以不吃早饭。　　　　　　　　　　　　　　　（　　）

18　★ 公园里有个很大的茶馆。　　　　　　　　　　　　　（　　）

19　★ 爸爸妈妈回答不了明明的问题。　　　　　　　　　　（　　）

20　★ 去电脑公司，坐地铁最方便。　　　　　　　　　　　（　　）

第三部分

共10题。每题听两次。每题都是两个人的两句对话，第三个人根据对话问一个问题，试卷上提供3个选项，考生根据听到的内容选出答案。

第21-30题

例如：男：小王，帮我开一下门，好吗？谢谢！

女：没问题。你去超市了？买了这么多东西。

问：男的想让小王做什么？

A 开门 ✓   B 拿东西   C 去超市买东西

21   A 很重要   B 必须开   C 没意思

22   A 菜不好吃   B 客人很少   C 吃饭的人多

23   A 没有时间   B 不想参加   C 来了朋友

24   A 有一点儿热   B 没有去年热   C 比去年更热

25   A 15块   B 35块   C 50块

26   A 银行   B 饭馆   C 办公室

27   A 去医院   B 去超市   C 去看朋友

28   A 女的以前很瘦   B 女的身体不太好 C 女的遇到了好事

29   A 9:50   B 10:00   C 10:10

30   A 她没看那本书   B 那本书不见了   C 那本书不太好

第四部分

共10题。每题听两次。每题都是两个人的4到5句对话，第三个人根据对话问一个问题，试卷上提供3个选项，考生根据听到的内容选出答案。

第31-40题

例如：女：晚饭做好了，准备吃饭了。

男：等一会儿，比赛还有三分钟就结束了。

女：快点儿吧，一起吃，菜冷了就不好吃了。

男：你先吃，我马上就看完了。

问：男的在做什么？

A 洗澡   B 吃饭   C 看电视 ✓

31   A 很高兴   B 很难过   C 很生气

32   A 同事   B 邻居   C 夫妻

33   A 路上   B 饭馆   C 办公室

34   A 钱   B 健康   C 房子

35   A 小李   B 小张   C 不知道是谁

36   A 去跳舞   B 去饭馆   C 去唱歌

37   A 蛋糕不好吃   B 对身体健康不好   C 多吃容易长胖

38   A 男的不喜欢音乐   B 男的想去听音乐会   C 男的有事不能去

39   A 她要照顾孩子   B 她想出国学习   C 她正在医院看病

40   A 小王没有钱   B 小王不爱她   C 小王有了新女朋友

二、阅读

第一部分

共10题。提供20个句子，考生要找出对应关系。

第41-45题

A 你还不知道，他现在是公司的经理了。

B 你去把门关上好不好？

C 这件事一定要我去办吗？

D 老王，你有什么事？我正要出去。

E 当然。我们先坐公共汽车，然后换地铁。

F 我去过那儿，那儿的菜不怎么样，还是换一家吧。

例如：你知道怎么去那儿吗？　　　　　　　　　　　　　　　　　（ E ）

41　房间里空气不好，再开一会儿吧。　　　　　　　　　　　　（　　）

42　你饿不饿，你看前面就有一个饭馆，我们去那儿吃怎么样？　（　　）

43　对不起，厂长，我只说两句话，不会用您很长时间的。　　　（　　）

44　好久没看见老李了，他现在干什么？　　　　　　　　　　　（　　）

45　如果别人行，我也就不来这里请你了。　　　　　　　　　　（　　）

第46-50题

A 老王，你怎么这么早就来锻炼了？

B 你开车，我可不敢坐，你还是多练习练习吧。

C 刚才我一直给你打电话，你怎么不接呢？

D 这么多事情终于忙过去了，你可以休息一下了。

E 还差两个人，演出7点就开始，如果现在不走，大家都会晚的，你看怎么办？

46 不好意思，我去邻居家了，没带手机。 （ ）

47 不早了，你看公园里已经有这么多人了。 （ ）

48 不等了，给他们打个电话，如果他们还想去，就自己坐出租车去吧。 （ ）

49 周末一起出去玩儿吧，我新买了一辆汽车。 （ ）

50 哪有那么好的事，新的工作又开始了。 （ ）

第二部分

共10题。每题提供一到两个句子，句子中有一个空格，考生要从提供的选项中选词填空。

第51-55题

A 从	B 清楚	C 愉快	D 而且	E 声音	F 换

例如： 她说话的 （ E ） 多好听啊！

51　我喜欢现在的工作，和同事们在一起非常（　　）。

52　你以前工作的地方不是很好吗? 为什么要（　　）工作呢?

53　我们（　　）认识到现在已经两年多了。

54　去外边吃饭太贵，（　　）要等很长时间，今天你们就在我家里吃吧。

55　这个问题我已经说得很（　　）了，你怎么还不明白?

第56-60题

A 一直	B 相信	C 爱好	D 当然	E 附近	F 马上

例如：A：你有什么（ C ）？

B：我喜欢体育。

56 A：昨天晚上我去你家找你，你没在家。

B：公司突然有事，经理让我（　　）去，所以没吃饭就跑去了。

57 A：你真的要自己开车去学校？

B：（　　）了，你放心吧，不会有问题的。

58 A：你去哪儿了？我找了你半天。

B：有事吗？我刚才（　　）在运动场踢球。

59 A：我觉得你的新房子不错，很大，环境又好。

B：房子是不错，但是（　　）没有地铁和公共汽车站。

60 A：听说长时间看电视，会使人越来越胖。

B：你听谁说的？我不（　　）。

第三部分

共10题。提供10小段文字，每段文字带一个问题，考生要从3个选项中选出答案。

第61-70题

例如： 您是来参加今天会议的吗？您来早了一点儿，现在才八点半。您先进来坐吧。

★ 会议最可能几点开始？

A 8点   B 8点半   C 9点 ✓

61 你还别说，他的字还真是越练越好看了。

★ 这句话的意思是：

A 你不要说他的字   B 他的字写得真不错   C 不要说他练字的事

62 现在对中国人来说，进饭馆吃饭、坐飞机、出门旅游等等早就不是什么新鲜事了。

★ 这句话的意思是：

A 人们的生活越来越好   B 饭馆的菜很新鲜   C 坐飞机旅游很便宜

63 小王的病刚好，还要再休息休息，现在怎么能和你们一起去旅游呢？

★ 这句话的意思是：

A 小王不应该去旅游   B 小王为什么不去旅游   C 小王不能一个人去旅游

64　小张这个人真是的，一件很简单的事，跟她怎么说她也不明白。

　　★　他觉得小张：

A　真不错　　　　　　　　B　不简单　　　　　　　　C　不聪明

65　什么，昨天那样的比赛你还说不错？要我看，他们踢得也太不怎么样了。

　　★　说话人的意思是：

A　他没有看比赛　　　　　B　他对比赛不满意　　　　C　他不知道谁和谁比赛

66　昨天朋友们都来帮我搬家，他们楼上楼下地忙了一个上午才帮我搬完，但是一个个都累得爬不起来了。

　　★　搬完家以后，朋友们：

A　非常累　　　　　　　　B　上不了楼　　　　　　　C　不去爬山

67　同学，打电话请你先到外边去，打完以后再进来。这里是图书馆，大家都在学习，你在这儿大声说话，影响别人不太好。

　　★　他们在哪儿？

A　教室　　　　　　　　　B　图书馆　　　　　　　　C　运动场

68　我喜欢一边做饭一边唱歌，下班以后回到家里，已经很累了，但还要做饭。走进厨房我就开始唱，一直唱到饭菜都做好，一唱歌就不觉得累了。

　　★　他为什么一边做饭一边唱歌？

A　没有别的时间唱歌　　　B　唱歌以后不觉得累　　　C　做饭时觉得没意思

69 我租到了一个不错的房子，便宜、环境也好，洗衣机、冰箱、电视、空调都有。就是没有电话，所以我只好自己买了一个手机。

★ 他觉得房子哪一点不好？

A 环境不好 　　　　　　B 没有冰箱 　　　　　　C 没有电话

70 中小学的老师很难当。在学校里，每个老师都希望学生能学好自己教的这门课，希望学生的成绩都在90分以上。如果学生成绩不好，不但学生和他们的爸爸妈妈对老师不满意，而且学校的校长对老师也不会满意。

★ 为什么中学和小学老师难当？

A 学生们很爱玩 　　　　B 大家都关心成绩 　　　　C 老师的工作很累

三、书写

第一部分

共5题。每题提供几个词语，要求考生用这几个词语写一个句子。

第71-75题

例如：小船　上　一　河　条　有

_____河上有一条小船。_____

71　太快了　时间　得　过

_____。

72　火车站离　小王的　很近　家

_____。

73　学汉语的　我　书　要买

_____。

74　能当　他　中学老师　希望

_____。

75　衣服　你　哪天　去买

_____？

第二部分

共5题。每题提供一个带空格的句子，要求考生在空格上写正确的汉字。

第76-80题

例如：没（关^{guān}）系，别难过，高兴点儿。

76   从宾馆到医院，不到2公里的路你骑了半个小时，太（　　màn　　）了！

77   这里洗车最便（　　yi　　），50元可以洗10次。

78   听了他的话，奶奶想起了过去的很多事情，（　　kū　　）了起来。

79   小张，听说这次考试特别难，你的成（　　jì　　）怎么样？

80   很长时间没打篮球了，打了十分钟就（　　lèi　　）了，让我先休息一会儿吧？

한번에 합격!

新 HSK
실전모의고사

저자 **쟈오위메이(焦毓梅), 위펑(于鵬)**

해설 **박은영, 쑨치엔(孙倩)**

 해설집

 3급

J PLUS
Language Publishing Co.

차례

新汉语水平考试

HSK
3级

모의고사 해설

①

HSK三级模拟试题（一）答案

一、听力

第一部分	1. F	2. E	3. A	4. B	5. D	6. E	7. C	8. D	9. A	10. B
第二部分	11. ×	12. ✓	13. ×	14. ✓	15. ✓	16. ✓	17. ✓	18. ×	19. ✓	20. ×
第三部分	21. B	22. B	23. C	24. A	25. B	26. C	27. B	28. C	29. A	30. B
第四部分	31. A	32. C	33. C	34. A	35. C	36. C	37. A	38. C	39. A	40. C

二、阅读

第一部分	41. F	42. C	43. D	44. A	45. B	46. D	47. E	48. A	49. C	50. B
第二部分	51. D	52. A	53. F	54. B	55. C	56. D	57. B	58. E	59. F	60. A
第三部分	61. C	62. A	63. A	64. B	65. A	66. C	67. C	68. B	69. A	70. B

三、书写

第一部分	71.	我们在学校门口见面。
	72.	行李箱被司机拿走了。
	73.	你们必须想一个好办法。
	74.	她买了一张北京地图。
	75.	有时间来我们学校玩儿吧。
第二部分	76. 决	77. 演	78. 康	79. 碗	80. 练

1. 듣기(听力)

제1부분은 총 10문항이다. 모든 문제는 하나의 대화로 이루어져 있으며, 두 번씩 들려준다. 응시자는 시험지에 주어진 여러 그림 중 들려주는 대화 내용과 일치하는 것을 선택한다.

男：一个中国朋友请我去他家，你说我应该
　　带点儿什么礼物呢?
女：都可以，我觉得带水果最好。

남 : 중국친구가 자기 집에 초대했는데, 어떤 선물을
　　 가져가야 할까?
여 : 다 좋아. 내 생각에는 과일이 가장 좋을 것 같
　　 아.

정답 F

해설 여자의 대답인 "带水果"에서 힌트를 얻어 보기F를 고르는
것이 가장 적합하다.

단어 带 dài 지니다, 가져가다
礼物 lǐwù 선물
水果 shuǐguǒ 과일

2

女：图书馆最近来了很多新书，去看看吧。
男：我也打算去图书馆，正好我们一起去。

여 : 도서관에 요즘 새 책이 많이 들어왔던데 보러
　　 가자.
남 : 나도 도서관에 가려고 했는데 잘 됐다. 우리 같
　　 이 가자.

정답 E

해설 여자와 남자가 한 말 속의 "图书馆"에서 힌트를 얻어 책이
많이 있는 보기E를 고르면 된다.

단어 图书馆 túshūguǎn 도서관
打算 dǎsuan ~할 계획이다

正好 zhènghǎo 때마침, 딱, 꼭

3

男：今天的报纸你买了没有?
女：你看桌子上是什么?

남 : 오늘 신문 샀니?
여 : 책상에 있는 것이 뭔지 봐.

정답 A

해설 대화 속에서 언급된 "报纸"에서 힌트를 얻어 보기A를 고르
면 된다.

단어 报纸 bàozhǐ 신문
买 mǎi 사다

4

女：我的电脑坏了，你帮我看看好吗?
男：没问题，我虽然不是学电脑的，但是一
　　些小问题我是能帮你解决的。

여 : 내 컴퓨터가 고장 났는데, 네가 좀 봐 줄래?
남 : 좋아. 내가 비록 컴퓨터를 전공한 것은 아니지
　　 만 작은 문제들은 해결해 줄 수 있지.

정답 B

해설 대화 속에 언급된 "电脑"라는 단어에서 힌트를 얻어 보기B
를 답으로 고른다.

단어 电脑 diànnǎo 컴퓨터
坏 huài 망가지다
看 kàn 보다

모의고사 ① 모의고사 ② 모의고사 ③ 모의고사 ④ 모의고사 ⑤

没问题 méi wèntí 괜찮다, 문제없다
解决 jiějué 해결하다

5

> 男：我来中国快一年了，还没学过中国歌呢。
> 女：中国歌很好学，我教你。
>
> 남 : 난 중국에 온지 1년이 되어가는데, 아직 중국 노래를 배운 적이 없어.
> 여 : 중국 노래 배우기 쉬워. 내가 가르쳐 줄게.

정답 **D**

해설 대화 속에 언급된 "中国歌"에 힌트를 얻어 보기D를 답으로 고른다.

단어 过 guò (동태조사)~해 본 적
中国歌 Zhōngguógē 중국 노래
教 jiāo 가르치다

6

> 男：对不起，我迟到了，你等着急了吧。
> 女：没关系，我也刚来，你先坐下休息休息。
>
> 남 : 죄송합니다. 지각했네요. 기다리시느라 조급하셨죠.
> 여 : 괜찮아요. 저도 방금 왔어요. 먼저 앉아서 좀 쉬세요.

정답 **E**

해설 남자가 늦게 와서 미안하다고 사과하자, 여자가 먼저 앉아서 좀 쉬라고 말하고 있다. 그러므로 남자와 여자가 앉아서 쉬고 있는 보기E가 가장 적합하다.

단어 对不起 duìbuqǐ 미안하다
迟到 chídào 지각하다
着急 zháojí 조급하다
没关系 méi guānxi 괜찮다
休息 xiūxi 쉬다

7

> 女：你怎么早上起了床就喝咖啡。
> 男：已经10多年了，习惯了。
>
> 여 : 넌 어떻게 아침에 일어나자마자 바로 커피를 마시니?
> 남 : 벌써 10여 년 되었는데, 습관이야.

정답 **C**

해설 대화 속에 언급된 "喝咖啡"에서 힌트를 얻어 보기C를 답으로 고른다.

단어 怎么 zěnme (원인)왜, 어떻게
起了床 qǐle chuáng 일어나다
喝咖啡 hē kāfēi 커피를 마시다
习惯 xíguàn 습관이 되다

8

> 男：山上的空气真新鲜啊！
> 女：是啊，爬山真是一种不错的锻炼。
>
> 남 : 산 위의 공기는 정말 신선하구나!
> 여 : 맞아요. 등산은 정말 괜찮은 운동이에요.

정답 **D**

해설 대화 속에 언급된 "爬山"에서 힌트를 얻어 답을 보기D로 고른다.

단어 山 shān 산
空气 kōngqì 공기
新鲜 xīnxiān 신선하다
爬山 páshān 등산하다
锻炼 duànliàn 단련

9

> 女：老爷爷，您坐我这儿吧。
> 男：谢谢，不用了，我下一站就下车。
>
> 여 : 할아버지, 여기 제 자리에 앉으세요.
> 남 : 고맙지만 괜찮네. 난 다음 정류장에서 내리네.

정답 **A**

해설 대화 속에 언급된 "下一站就下车"에서 대화가 버스 안에서 이루어지고 있음을 알 수 있다. 그러므로 보기A를 답으로 고른다.

단어 老爷爷 lǎoyéye 할아버지
不用了 búyòng le 그럴 필요없다
下一站 xiàyízhàn 다음 정류장
下车 xiàchē 차에서 내리다

10

男：这是你们全家的照片吧？什么时候照的？

女：爷爷生日的时候，除了我，全家人都在照片里了。

남 : 이 사진이 너희 가족 사진이지? 언제 찍은 거니?

여 : 할아버지 생신 때, 나만 빼고 가족들 다 같이 찍었지.

정답 **B**

해설 대화 속에 언급된 "全家的照片", "全家人都在照片里"에서 힌트를 얻어 보기B를 답으로 고른다.

단어 全家 quánjiā 가족 전부
照片 zhàopiàn 사진
除了 chúle ~을 제외하고

제2부분

제2부분은 총 10문항이다. 모든 문제는 두 번씩 들려준다. 모든 문제에는 한 사람이 한 단락의 문장을 읽은 다음, 다른 한 사람은 그 문장과 관련된 문장을 제시한다. 시험지에도 이 문장이 제시되어 있으며, 응시자는 들려준 단문의 내용과 맞는지 판단한다.

11

原来你还不知道啊，他是我们班张老师的弟弟。

알고보니 너는 아직 몰랐구나. 저 사람은 우리 반 장 선생님의 동생이야.

★ 그의 남동생은 나의 선생님이다.

정답 ✕

해설 녹음은 그가 우리 반 장 선생님의 동생이라고 했는데, 문제에서는 그의 남동생이 나의 선생님이라고 하였으므로 답은 ✕이다. 누가 누구의 동생인지 관계를 잘 듣지 않으면 틀리기 쉬운 문제이다.

단어 原来 yuánlái (모르던 사실을 알게 되었을 때)알고보니
班 bān 반, 학급
弟弟 dìdi 남동생

12

不少人见过大象，都说它是最大的动物，但是世界上还有比大象大得多的动物。

많은 사람들이 코끼리를 보았고, 모두 코끼리가 가장 큰 동물이라고 말한다. 그러나 세상에는 코끼리보다 훨씬 더 큰 동물들이 있다.

★ 코끼리는 세상에서 가장 큰 동물이 아니다.

정답 √

해설 전환관계를 나타내는 "但是"를 기점으로 뒤 문장을 주의 깊게 들어야 한다. "还有比大象大得多的动物"에서 코끼리가 세상에서 가장 큰 동물이 아니라는 것을 알 수 있다. 녹음과 문제가 일치하므로 답은 √이다.

단어 不少 bùshǎo 적지 않다, 많다
大象 dàxiàng 코끼리
动物 dòngwù 동물
但是 dànshì 그러나
世界上 shìjiè shàng 세상에서
比 bǐ (비교)~보다
大得多 dà de duō 많이 크다

13

这首歌我以前没听过，而且这个人唱得太快了，我一点儿也没听懂他唱的是什么。

예전에 나는 이 노래를 들어 본 적도 없고, 게다가 이 사람은 너무 빠르게 불러서, 난 그 사람이 뭘 부르는지 조금도 못 알아 듣겠어.

★ 나는 이 노래 듣는 것을 좋아한다.

정답 ✕

해설 녹음에서는 직접적으로 노래부르기에 대한 좋고 싫음을 언급하지 않았다. 본인은 이 노래를 들어본 적이 없다고 한 것이며, 나머지 내용은 남의 노래에 대한 본인의 생각이 주를 이루고 있다. 그래서 지문과 문제가 일치한다고 볼 수 없으므로 답은 ✕이다

단어 以前 yǐqián 예전에
而且 érqiě 게다가
快 kuài 빠르다
没听懂 méi tīngdǒng 못 알아 듣다

14

> 这个电影我昨天看了，很不错，一点儿也不像小王说的那样。
>
> 이 영화 내가 어제 봤는데, 정말 괜찮아. 샤오왕이 말한 것과 조금도 같지 않아.

★ 샤오왕이 이 영화가 별로라고 말했다.

정답 √

해설 나는 영화에 대해 "不错"라고 평가하며, 나의 생각은 샤오왕의 의견과는 상반된다. 이를 통해, 샤오왕은 영화에 대해 부정적인 평가를 했다는 것을 알 수 있다. 문제와 녹음이 일치하므로 답은 √이다.

단어 电影 diànyǐng 영화
不错 bú cuò 괜찮다
不像 bú xiàng ~와 같지 않다

15

> 天气这么热，如果能在有空调的房间里工作，那该多舒服啊！
>
> 날이 이렇게 더운데, 만약 에어컨이 있는 방에서 일할 수 있다면, 얼마나 쾌적할까!

★ 그가 일하는 곳에는 에어컨이 없다.

정답 √

해설 녹음에 언급된 "如果能…, 那该…啊"는 가정문의 형식을 취하고 있다. 에어컨이 없는 방에서 일하고 있는 어려움을 가정문을 통해 나타내고 있으며 에어컨이 있는 곳에서 일하고 싶다는 바람을 우회적으로 드러내고 있다. 녹음과 문제의 의미가 일치하므로 답은 √이다.

단어 如果能…, 那该…啊!

rúguǒ néng…, nà gāi…a!
(바람, 희망)만약~일 수 있다면, 그럼 얼마나 ~할까!
空调 kōngtiáo 에어컨
工作 gōngzuò 일하다
舒服 shūfu 편하다

16

> 他说了半天我也没听明白是什么意思，最后他只好写出来，我一看才明白，原来他想问我们公司谁是经理。
>
> 그가 한참을 말했는데도 나는 무슨 뜻인지 못 알아 들었다. 결국에 그가 하는 수 없이 썼는데, 보고서야 이해를 했다. 알고보니 그는 우리 회사의 사장님이 누구인지 묻고 싶었던 것이다.

★ 그는 회사 사장님을 만나려 한다.

정답 √

해설 녹음의 마지막 부분에서 그는 회사 사장님이 누구인지 묻고 싶었다고 말했다. 그 부분을 통해 그가 회사 사장님을 만나려 한다는 것을 유추할 수 있다.

단어 半天 bàntiān 한 참
听明白 tīng míngbai 알아 듣다
最后 zuìhòu 결국에는
只好 zhǐhǎo 어쩔 수 없이
才 cái 비로소

17

> 我和朋友在上海学习两年多了，但是我们还没去过北方，我们一直想去。最近有时间，我们打算先去北京看看，然后去西安玩玩儿。
>
> 나와 친구는 상하이에서 2년여 동안 공부했다. 그러나 우리는 아직 북부에 못 가봤기 때문에 줄곧 가보고 싶었다. 최근에 시간이 생겨서 우리는 먼저 베이징에 가보고, 그 후에 시안에 놀러 갈 것이다.

★ 우리는 중국 북부여행을 갈 것이다.

정답 √

해설 녹음에 언급된 "我们打算"은 문제의 "我们要"와 같은 뜻이고, 베이징과 시안은 중국의 북부에 해당한다. 녹음과 문제가 일치하므로 답은 √이다.

모의고사 ①
모의고사 ②
모의고사 ③
모의고사 ④
모의고사 ⑤

단어 但是 dànshì 단지
一直 yìzhí 줄곧
想 xiǎng ~하고 싶다
打算 dǎsuan ~할 계획이다
先…然后… xiān…ránhòu… 먼저 ~하고, 후에 ~하다
西安 Xǐ'ān (지명)시안

18

来中国以前我学了半年汉语，我觉得自己学得不错。但是来到了中国以后才知道汉语还差得远。

중국에 오기 전에 반년 정도 중국어를 배웠는데, 스스로 잘 안다고 여겼다. 그러나 중국에 온 후로 중국어 실력이 아직 형편없음을 비로소 알게 되었다.

★ 중국에 온 이후로 나는 중국어 공부를 시작했다.

정답 ✕

해설 녹음 도입부에 "来中国以前我学了半年汉语"라고 언급하였는데 문제에서는 "来中国以后"라고 언급하였으므로 녹음과 문제는 일치하지 않는다. 그러므로 답은 ✕이다.

단어 以前 yǐqián 예전에
觉得 juéde 여기다
不错 bú cuò 좋다, 괜찮다
但是 dànshì 그러나
以后 yǐhòu 이후에
才 cái 비로소
差得远 chà de yuǎn (수준, 실력)차이가 많이 나다

19

昨天我给妈妈打了电话，告诉她，这个月我要参加一个比赛，是用汉语表演节目的比赛，非常忙，最近不写信了，也不给她打电话了。

어제 엄마에게 전화를 했다. 이번 달에 시합에 참가하는데, 중국어로 프로그램을 공연하는 시합이라서 매우 바쁘며, 요 며칠 편지도 못 쓰고, 전화도 못 드릴 것 같다고 알려 드렸다.

★ 나는 중국어로 프로그램을 공연할 것이다.

정답 √

해설 지문에 언급된 "我要参加一个比赛, 是用汉语表演节目的比赛"에서 중국어로 프로그램을 공연할 것이라는 내용을 확인할 수 있고, 이는 문제와 같은 내용이므로 답은 √이다.

단어 给…打电话 gěi…dǎ diànhuà ~에게 전화 걸다
告诉 gàosu 알려 주다
参加 cānjiā 참가하다
比赛 bǐsài 시합
表演 biǎoyǎn 공연하다
节目 jiémù 프로그램

20

小明从小学到中学，每次考试都是第一，但这次考试只得了第二名，你说他能高兴吗？

샤오밍은 초등학교때부터 고등학교때까지, 매 번 시험마다 일등을 했어. 그러나 이번 시험에서는 2등을 했으니 그가 기뻐할 리 있겠니?

★ 샤오밍은 이번 시험에 대해 만족해 한다.

정답 ✕

해설 녹음 후반부에 언급된 "能高兴吗？"는 조동사와 의문조사가 같이 사용된 반어용법이다. 실제의 뜻은 '기쁘지 않다'이다. 녹음과 문제가 일치하지 않으므로 답은 ✕이다.

단어 从…到… cóng…dào… ~에서 ~까지
每次 měi cì 매 번
考试 kǎoshì 시험
只 zhǐ 겨우, 단지
得 dé 획득하다
能…吗？ néng…ma？ (반어용법)~할 수 있니?

제3부분

제3부분은 총 10문항이다. 모든 문제는 두 번씩 들려준다. 모든 문제는 두 사람의 대화로, 두 문장으로 구성되어 있다. 세 번째 사람이 이 대화와 관련된 질문을 한다. 응시자는 시험지에 주어진 3개의 선택항목 중에서 정답을 고른다.

21

男：明天晚上7点我们在学校门口见吧，一起去王老师家。
女：太早了吧，老师还没吃饭呢，我看还是7点半吧。

问：他们可能几点见面？

남 : 내일 저녁 7시에 우리 학교 입구에서 만나서, 같이 왕 선생님 댁에 가자.
여 : 너무 이른 것 같아. 선생님께서 아직 식사를 안 하셨을 것 같아. 내가 보기에는 7시 반이 좋을 것 같아.

문 : 이들은 몇 시에 만날까요?

A 7:00
B 7:30
C 8:00

정답 B

해설 남자의 7시에 만나자는 제의에 여자가 "还是…吧"를 사용해 7시30분이 좋겠다고 말하고 있다. "还是…吧"는 상황에 맞는 최선의 선택을 제시할 때 자주 사용된다. 선생님께서 저녁식사를 하실 수 있게 7시 반에 만나자는 여자의 제의에 남자가 동의할 가능성이 아주 높다. 그러므로 답으로 B가 가장 적합하다.

단어 在学校门口 zài xuéxiào ménkǒu 학교입구에서
一起 yìqǐ 같이
太…了 tài…le 너무 ~하다
还是…吧 háishi…ba ~하는 것이 좋다

22

女：小王，你怎么还在睡觉，都几点了，我们都下课了。
男：我早上6点才睡的。对了，老师今天点名了吗？

问：小王在干什么？

여 : 샤오왕, 어떻게 아직도 자고 있어, 벌써 몇 시인데, 우리는 수업도 끝났어.
남 : 나 아침 6시에 겨우 잠들었어. 참, 선생님께서 오늘 출석을 부르셨어?

문 : 샤오왕은 무엇을 하고 있나요?

A 공부를 한다
B 잠을 잔다
C 음악을 듣는다

정답 B

해설 여자가 샤오왕에게 어떻게 아직도 자고 있냐고 했으므로 샤오왕이 지금 잠을 자고 있다는 것을 알 수 있다. 그러므로 답은 보기B이다. 나머지 보기들은 녹음에서 언급하지 않았다.

단어 怎么 zěnme (원인)왜
睡觉 shuìjiào 잠을 자다
都…了 dōu…le 벌써 ~이다
才 cái 비로소
点名 diǎnmíng 출석을 부르다

23

男：昨天晚上8点我去你家找你，你怎么不在？
女：那时候我正在学校上课呢。

问：昨天晚上女人在哪儿？

남 : 어제 저녁 8시에 널 찾으러 너희 집에 갔었는데, 어쩐 일로 없었니?
여 : 그때 나는 학교에서 수업하고 있었지.

문 : 어제 저녁 여자는 어디에 있었나요?

A 집
B 상점
C 학교

정답 **C**

해설 여자가 말한 "那时候"는 남자가 자기를 찾으러 왔던 어제 저녁 8시를 뜻한다. 그러므로 질문의 답은 보기C 학교이다.

단어 找 zhǎo 찾다
怎么 zěnme (원인)왜, 어떻게
那时候 nà shíhou 그때

24
| 女：你看电视了吗? 明天的天气怎么样?
男：和今天一样热, 没有风, 也不下雨。
问：明天的天气怎么样?
여：너 TV 봤어? 내일 날씨 어떻대?
남：오늘처럼 덥대, 바람도 없고, 비도 안 내린대.
문：내일 날씨는 어떤가요?

A 맑은 날
B 바람이 세다
C 비가 오려 한다

정답 **A**

해설 남자가 한 말 "没有风, 也不下雨"에서 힌트를 얻어 보기B, C를 제거한다. 남은 보기A가 정답이다.

단어 天气 tiānqì 날씨
和…一样 hé…yíyàng ~과 같다
风 fēng 바람
下雨 xiàyǔ 비가 내리다

25
| 男：你这么早就要睡觉? 不看电视了?
女：不看了, 明天早上去飞机场, 我要早一点儿起床。
问：女人为什么睡得很早?
남：당신 왜 이렇게 일찍 자요? TV 안 봐요?
여：안 볼래요. 내일 아침에 공항에 나가봐야 해서 일찍 일어나야 해요.
문：여자는 왜 일찍 자나요?

A 건강이 좋지 않다
B 내일 일이 있다
C 오늘 피곤했다

정답 **B**

해설 여자가 내일 오전에 공항에 나가봐야 해서 일찍 잔다고 했으므로, 답은 보기B이다.

단어 这么 zhème 이렇게, 그렇게
睡觉 shuìjiào 잠을 자다
明天 míngtiān 내일
飞机场 fēijīchǎng 공항
起床 qǐchuáng 일어나다

26
| 女：我说这个地方不错吧?
男：不错。这里的菜又便宜又好吃, 服务员, 一共多少钱?
问：说话人在什么地方?
여：내가 여기 괜찮다고 말했었지?
남：괜찮네. 여기 음식이 저렴하고 맛있네. 종업원, 모두 얼마에요?
문：화자는 어디에 있나요?

A 집
B 상점
C 음식점

정답 **C**

해설 남자가 말한 "菜"와 가격을 묻는 "一共多少钱"이라는 단어를 통해 대화장소가 음식점이라는 것을 알 수 있다.

단어 地方 dìfang 곳, 장소
不错 bú cuò 괜찮다, 좋다
菜 cài 음식
又…又… yòu…yòu… (병렬)~이기도 하고 ~이기도 하다
便宜 piányi 싸다
服务员 fúwùyuán 종업원
一共 yígòng 모두

27
| 男：马力, 请你帮我看看这个问题。
女：对不起, 我只会说一点儿, 但是一个汉字也不认识。
问：女的为什么说"对不起"?

11

남 : 마리, 이 문제 좀 봐줄래?
여 : 미안해, 난 말만 조금 할 줄 알 뿐이고, 한자는 한 글자도 몰라.

문 : 여자는 왜 "미안해"라고 말했나요?

A 시간이 없어서
B 중국어를 몰라서
C 남자를 몰라서

정답 B

해설 중국어는 "对不起"라고 먼저 말하고 그 이유를 뒤 문장에 명시한다. 마리는 "一个汉字也不认识"이라고 대답했으므로 한자를 한 글자도 몰라서 도와줄 수가 없다고 말하고 있다.

단어 问题 wèntí 문제
只会 zhǐ huì ~만 할 줄 안다
但是 dànshì 그러나
不认识 bú rènshi 모른다

28
女：方华，听说你要结婚了？
男：你听谁说的？还结婚呢，女朋友在哪儿我还不知道呢。

问：男人的意思是：

여 : 팡화, 결혼한다면서?
남 : 누가 그래? 결혼은 무슨? 여자 친구가 어디 있는지도 모르는데.

문 : 남자 말의 뜻은:

A 이미 결혼했다
B 여자친구를 사귀었다
C 아직 여자친구가 없다

정답 C

해설 남자가 한 말 "女朋友在哪儿我还不知道呢"는 반어용법으로 여자친구가 없다는 뜻의 우회적인 표현이다.

단어 要…了 yào…le (임박)곧 ~이다
结婚 jiéhūn 결혼하다
谁说的？ shéi shuō de？ (부정, 반어용법)누가 그래?

29
男：你要的火车票，我已经帮你买到了。
女：真的，你真有办法，这么难买的票都买到了。

问：听了男人的话，女的觉得：

남 : 당신이 원하는 기차표를 제가 벌써 구해왔습니다.
여 : 정말로 대단하세요. 그렇게 사기 어려운 표도 사오시다니.

문 : 남자의 말을 듣고 여자는 어떻게 여기나요?

A 기쁘다
B 화나다
C 괴롭다

정답 A

해설 여자가 한 말 "你真有办法, 这么难买的票都买到了"에서 여자가 만족스러워 하고 있다는 것을 알 수 있다. 그러므로 보기A를 답으로 선택한다.

단어 火车票 huǒchēpiào 기차표
真有办法 zhēn yǒu bànfǎ 정말 (수완이)대단하세요.
难 nán 어렵다

30
女：给你房间打了几次电话，你怎么一直不接？
男：房间里的电话坏了，以后有事你就给我打手机吧。

问：男的为什么不接电话？

여 : 네 방으로 전화를 몇 번 했는데, 계속 안 받던 걸?
남 : 방에 전화가 고장 났어, 앞으로 일이 있으면 휴대전화로 전화해 줘.

문 : 남자는 왜 전화를 안 받았나요?

A 방에 전화가 없다
B 방 전화가 고장 났다
C 방 전화번호가 바뀌었다

정답 B

해설 남자가 한 말 "房间里的电话坏了"에서 전화가 고장나서 여자의 전화를 못 받았다는 것을 알 수 있다. 그러므로 답은 보기B이다.

단어 **不接** bù jiē 받지 않다
电话 diànhuà 전화

坏 huài 망가지다
打手机 dǎ shǒujī 휴대전화로 걸다

제4부분

제4부분은 총 10문항이다. 모든 문제는 두 번씩 들려준다. 모든 문제는 두 사람의 대화로, 4-5문장으로 구성되어 있다. 세 번째 사람이 이 대화와 관련된 질문을 한다. 응시자는 시험지에 주어진 3개의 선택항목 중에서 정답을 고른다.

31

男：小王，你去哪儿？
女：我正要去超市，你呢？
男：我先去书店看看，然后去图书馆。
女：对了，我也要买课本，我们一起去吧，超市晚上9点才关门，以后再去也没问题。

问：女的决定去什么地方？

남：샤오왕, 어디 가?
여：지금 슈퍼에 가려는데, 너는?
남：나는 먼저 서점에 가 보려고. 그리고 나서 도서관에 갈거야.
여：참, 나도 교과서 사야 하는데, 우리 같이 가자. 슈퍼는 저녁 9시에 문 닫으니, 나중에 가도 괜찮아.

문：여자는 어디에 가기로 결정했나요?

A 서점
B 슈퍼마켓
C 도서관

정답 **A**

해설 여자는 처음에 슈퍼에 가려다 교과서를 사야 한다는 것을 떠올려 서점에 먼저 가려고 한다. 그러므로 답은 보기A이다. 보기 세 개가 녹음 속에 모두 언급되고 있으므로 주의해서 들어야 한다.

단어 **超市** chāoshì 슈퍼
先…然后… xiān…ránhòu… 먼저 ~하고, 후에 ~하다

书店 shūdiàn 서점
课本 kèběn 교과서
关门 guānmén 문을 닫다
没问题 méi wèntí 괜찮다, 상관없다

32

女：喂，小张，一起喝几杯怎么样？
男：喝什么啊，我已经睡觉了。
女：怎么了，你不舒服吗？怎么这么早就睡了。
男：你不知道，我洗了一下午衣服，累极了。

问：男的为什么睡得很早？

여：샤오장, 같이 몇 잔 마시는거 어때？
남：뭘 마셔, 난 이미 잠자리에 들었어.
여：무슨 일 있어? 어디 아파? 왜 이렇게 일찍부터 자?
남：아니, 내가 오후 내내 옷을 빨아서 피곤해 죽겠어.

문：남자는 왜 일찍 자나요？

A 건강이 나쁘다
B 몇 잔 마셨다
C 매우 피곤하다

정답 **C**

해설 여자의 아프냐는 질문에 남자는 "我洗了一下午衣服，累极了"라고 대답을 한다. 그러므로 답은 보기C "觉得很累"

이다.

喝几杯 hē jǐ bēi (술을)몇 잔 마시다
喝什么 hē shénme (반어용법,부정)마시긴
睡觉 shuìjiào 잠을 자다
不舒服 bù shūfu (몸이)불편하다
洗 xǐ 빨다
一下午 yíxiàwǔ 오후 내내
累 lèi 힘들다, 피곤하다
极了 jí le 매우 ~하다

33

男：小王，一起去喝茶吧，我在学校门口
　　等你。
女：还有谁去呀？只有我们两个人吗？
男：不，还有我女朋友和她的一个朋友。
女：好吧，但是我还想唱歌，我们还是一边
　　唱歌一边喝茶吧。

问：他们几个人去喝茶？

남 : 샤오왕, 같이 차 좀 마시자. 학교 정문에서 기다
　　릴게.
여 : 또 누가 가는데? 우리 두 명 뿐이니?
남 : 아니, 내 여자친구하고 여자친구의 친구.
여 : 좋아, 그런데 난 노래를 부르고 싶어. 우리 노래
　　부르면서 차 마시자.

문 : 몇 명이 차를 마시러 가나요?

A 2명
B 3명
C 4명

C

선택항을 보고 숫자를 묻는 문제임을 빨리 인지한다. 그러
면 들을 때 어떤 부분을 더 신경 써서 들어야 할지 알 수 있
다. 남자와 남자의 여자친구, 그리고 여자친구의 친구, 샤오
왕 이렇게 4명이 된다.

等 děng 기다리다
还有 hái yǒu 또 있다
但是 dànshì 그러나
唱歌 chànggē 노래를 부르다
还是…吧 háishi… ba ~하는 것이 좋다
一边…一边… yìbiān…yìbiān… (동시진행)~하면
서 ~하다

34

女：小王，你做什么呢？
男：还能做什么？在家写作业呢。
女：你怎么每天都有这么多作业？
男：不是每天，星期三课多，从早上8点到
　　下午5点都有课，还要准备星期四的听
　　写，所以今天作业最多，最忙。

问：男的星期几作业最多？

여 : 샤오왕 뭐해?
남 : 뭐하긴? 집에서 숙제하고 있어.
여 : 넌 어떻게 매일 그렇게 숙제가 많니?
남 : 매일은 아니고, 수요일에 수업이 가장 많아. 아
　　침 8시부터 오후 5시까지 수업이 계속 있어. 또
　　목요일 받아쓰기도 준비해야 하거든. 그래서 오
　　늘 숙제가 가장 많고 바쁘지.

문 : 남자는 무슨 요일에 숙제가 가장 많나요?

A 수요일
B 목요일
C 금요일

A

남자가 한 말 "星期三课多…所以今天作业最多"에서 숙
제가 많은 날이 수요일임을 알 수 있다. 녹음에 목요일도 언
급되기는 하지만, 목요일에 있을 받아쓰기를 수요일에 준비
한다는 내용이었다.

写作业 xiě zuòyè 숙제를 하다
星期三 xīngqīsān 수요일
课 kè 수업
从…到… cóng…dào… ~로부터 ~까지
准备 zhǔnbèi 준비하다
听写 tīngxiě 받아쓰기

35

男：北京的秋天怎么样？
女：天气不冷不热，很舒服，是一年中最好
　　的季节。
男：冬天呢？听说冬天那里很冷，是吗？
女：对，冬天特别冷，常下很大的雪。

问：根据对话，北京最好的季节是：

남 : 베이징의 가을은 어때?

여 : 날이 춥지도 덥지도 않아서 아주 쾌적해. 일년 중 가장 좋은 계절이지.

남 : 겨울은? 듣자하니 겨울에 베이징은 아주 춥다면서. 그래?

여 : 응, 겨울은 아주 추워. 자주 많은 눈이 내려.

문 : 대화에 따르면, 베이징의 가장 좋은 계절은?

A 겨울

B 봄

C 가을

모의고사 1
모의고사 2
모의고사 3
모의고사 4
모의고사 5

정답 C

해설 이 문제는 베이징의 계절에 관한 기본 상식을 가지고 있으면 쉽게 풀 수 있는 문제이다. 베이징은 가을에 여행하기 가장 좋다는 기본 상식은 꼭 알고 있다. 녹음에는 가을과 겨울이 언급되고 있는데, 가을은 "是一年中最好的季节"이고, 겨울은 "冬天特别冷"이라고 말하고 있으므로 정답은 B이다.

단어 秋天 qiūtiān 가을

不冷不热 bù lěng bú rè 춥지도 덥지도 않다

舒服 shūfu (날씨)쾌적하다

季节 jìjié 계절

冬天 dōngtiān 겨울

特别 tèbié 매우

36

女：晚上的电影几点开始？

男：6点半，我们快去吃晚饭吧。

女：还早呢，现在才5点。

男：不早了，吃完饭就5点半了。

问：电影什么时候开始？

여 : 저녁 영화는 몇 시에 시작해?

남 : 6시 반, 우리 어서 저녁 먹으러 가자.

여 : 아직 이르네, 이제 겨우 5시야.

남 : 이르지 않아, 밥 다 먹고 나면 5시 반이야.

문 : 영화는 언제 시작하나요?

A 5：00

B 5：30

C 6：30

정답 C

해설 선택항을 보고, 이 문제가 시간과 관련된 문제라는 것을 빨

리 감지해야 한다. 문제유형을 빨리 인식하는 것은 듣기 문제를 조금 더 쉽게 풀 수 있는 방법 중에 하나이다. 이런 나열식의 문제는 필기하지 않고 녹음만 듣고 풀려면 헷갈리는 요소들이 많다. 그러므로 들으면서 보기 옆에 꼭 필기하는 습관을 들여야 한다. 영화는 6시 반에 시작한다고 했으므로 정답은 C이다.

단어 电影 diànyǐng 영화

几点 jǐ diǎn 몇 시

开始 kāishǐ 시작하다

吃完饭 chīwán fàn 밥을 다 먹다

37

男：天冷了，我想买点冬天穿的衣服，你也和我一起去看看吧。

女：好啊，我也正好想买衣服，我们什么时候去？

男：星期天怎么样？

女：周末人太多，我们星期五下午去怎么样？

问：女的想什么时候去买衣服？

남 : 날이 추워졌네. 나는 겨울에 입을 옷을 사야겠어. 너도 나랑 같이 가서 보자.

여 : 좋아, 나도 마침 옷을 사고 싶었는데, 우리 언제 갈까?

남 : 일요일 어때?

여 : 주말에는 사람이 너무 많으니, 금요일 오후가 어때?

문 : 여자는 언제 옷을 사러 가려 하나요?

A 금요일

B 토요일

C 일요일

정답 A

해설 선택항을 보고 요일을 묻는 문제임을 빨리 인지한다. 그래야 녹음이 나오기 전에 마음의 준비를 하고 대화 속에 언급된 요일을 주의 깊게 들을 수 있다. 남자가 일요일에 가자고 했는데, 여자가 주말에는 사람이 많으므로 금요일에 가자고 하고 있다.

단어 穿 chuān 입다

和…一起 hé…yìqǐ ~와 같이

星期天 xīngqītiān 일요일

周末 zhōumò 주말

38

女：小王，周末你有时间吗？
男：有，什么事？
女：来我们学校玩儿吧。
男：好啊，但是去你们学校怎么坐车呢？
女：坐汽车不方便，打车又太贵，还是骑自行车吧，一刻钟就能到。

问：女的觉得怎么去她学校最好？

여 : 샤오왕, 주말에 시간 있어?
남 : 있어, 무슨 일인데?
여 : 우리 학교에 놀러와.
남 : 좋지, 그런데 너희 학교 가는 교통편이 어떻게 되니?
여 : 버스는 불편하고 택시는 비싸니 자전거를 타. 15분이면 도착해.

문 : 여자는 학교에 어떻게 가는 것이 가장 좋다고 여기나요?

A 택시를 타고서
B 차를 타고서
C 자전거를 타고서

정답 C

해설 여자가 한 말 "还是骑自行车吧"에 언급된 "还是…吧"는 상대방에게 여러 가지 상황을 고려한 후 가장 좋은 선택을 건의할 때 자주 사용한다. 그러므로 여자가 자전거를 가장 편하게 여긴다는 것을 알 수 있다.

단어 我们学校 wǒmen xuéxiào 우리학교
玩儿 wánr 놀다
怎么 zěnme (방법)어떻게
坐车 zuòchē 교통편을 이용하다
不方便 bù fāngbiàn 불편하다
打车 dǎchē 택시를 타다
贵 guì 비싸다
还是…吧 háishi…ba ~하는 것이 좋다
骑自行车 qí zìxíngchē 자전거를 타다
一刻钟 yí kè zhōng 15분

39

男：下午去哪儿了？我去找你，你不在。
女：我去商店看了看衬衫。
男：有合适的吗？
女：没有，有一件颜色很好，不大也不小，但是太贵了。

问：女的为什么没买衬衫？

남 : 오후에 어디 갔었니? 너를 찾으러 갔었는데 없더라.
여 : 상점에 가서 블라우스 좀 봤지.
남 : 적당한 게 있었어?
여 : 없어. 색깔도 괜찮고 크지도 작지도 않은 것이 하나 있었지만 너무 비싸더라.

문 : 여자는 왜 블라우스를 사지 않았나요?

A 블라우스가 비싸서
B 색깔이 좋지 않아서
C 블라우스 작아서

정답 A

해설 여자가 한 말 마지막 부분 "有一件颜色很好，不大也不小，但是太贵了"에서 여자가 옷을 안 산 이유를 알 수 있다. 색과 크기는 괜찮다고 했으니 보기B, C는 제거하고, 보기A를 답으로 고른다.

단어 找 zhǎo 찾다
不在 bú zài 없다
衬衫 chènshān 블라우스, 셔츠
合适 héshì 적당하다
颜色 yánsè 색
但是 dànshì 그러나
贵 guì 비싸다

40

女：小王，我最近搬家了，有时间到我家来玩儿吧。
男：好啊，你搬到哪儿了？
女：北京路东方大楼3门501号，如果你来我可以去接你。
男：还是我自己找吧，如果找不到我再给你打电话。

问：根据对话，下面哪一个是错误的？

여 : 샤오왕, 내가 최근에 이사했는데, 시간되면 우리 집에 놀러와.
남 : 알았어. 너 어디로 이사했니?
여 : 베이징루 동팡빌딩 3동 501호야, 네가 온다면 내가 데리러 나갈게.
남 : 내가 직접 찾을게. 만약 못 찾으면 전화할게.

문 : 대화에 따르면 아래 어느 것이 틀린 것인가요?

A 여자는 최근에 이사했다.
B 여자는 남자를 여자 집에 초대한다.
C 남자는 여자 집에 가고 싶어하지 않는다.

정답 C

해설 여자가 처음 한 말 "我最近搬家了，有时间到我家来玩儿吧"에서 보기A, B가 맞는 사실임을 확인 할 수 있다. 보기 C는 대화에 직접적으로 언급된 내용은 아니지만, 남자가 한 말 "还是我自己找吧，如果找不到我再给你打电话"에 서 남자는 여자의 집에 놀러 갈 생각이 있음을 엿볼 수 있다. 그러므로 녹음과 틀린 내용으로 보기C를 고르면 된다.

단어 最近 zuìjìn 최근, 요즘

搬家 bānjiā 이사하다
接 jiē 마중나가다, 맞이하다
还是…吧 háishi…ba ~하는 것이 좋다
我自己 wǒ zìjǐ 나 스스로, 나 혼자서
找 zhǎo 찾다
如果 rúguǒ 만약
打电话 dǎ diànhuà 전화 걸다

2. 독해(阅读)

제1부분

제1부분은 총 10문항이다. 응시자는 주어진 20개 문장 중, 주어진 내용과 서로 상응하는 문장들을 연결시킨다.

41-45

A 늦을 리가, 지금 아직 8시도 안 되었는데, 조금 더 자게 해줘.

B 샤오왕, 이직했다고 들었는데, 새 회사에서 잘 지내지?

C 샤오장, 아프다며? 그의 방으로 병문안 가자.

D 샤오왕은 본인이 노래를 잘 부른다고 여기는데, 사실은 평범한 수준이야.

E 물론이지. 먼저 버스를 타고, 그 다음에 지하철로 갈아타면 돼.

F 샤오장이 곧 결혼한대. 어떤 선물을 하면 좋을지 말해봐.

---

41 간단하지. 그에게 뭘 좋아하는지 물어보면 되지 않니?

> **정답** F

> **해설** "这还不简单"은 방법을 묻는 말에 대한 대답으로 자주 사용되는 말이다. 그러므로 묻는 말을 우선 먼저 찾아 본다. 보기 B, F가 물음표로 끝나므로 둘 중에 하나를 선택한다. 41번 문제에 사용된 "问他喜欢什么"와 보기F의 "送他什么礼物"는 호응할 수 있으므로 보기F를 답으로 선택한다. 이처럼 문장부호도 신경 써서 보면 빠른 시간 안에 답을 골라낼 수 있다.

> **단어** 要…了 yào…le 곧 ~이다.
> 送 sòng 선물하다, 주다
> 礼物 lǐwù 선물
> 这还不简单 zhè hái bù jiǎndān (반어법)간단하지 않니?
> 不就可以了 bú jiù kěyǐ le (반어법)그럼 되지 않니?

42 아프긴, 내가 방금 전에 그가 운동장에서 축구하는 것을

밨어.

> **정답** C

> **해설** 문제에 언급된 "病"에서 힌트를 얻어 답을 보기C로 골라준다. "病什么"는 반어법으로 병이 나지 않았음을 뜻한다.

> **단어** 听说 tīngshuō 듣자하니
> 病 bìng 병이 나다
> 踢球 tīqiú 축구를 하다

43 누가 그래? 그는 정말 잘 불러. 노래경연대회에서 1등도 했었는 걸.

> **정답** D

> **해설** 문제에 언급된 "唱"에서 힌트를 얻어 이와 관련된 보기D를 답으로 눈여겨보고, 내용상 무리가 없으니 답으로 선택한다.

> **단어** 觉得 juéde 여기다
> 唱 chàng (노래)부르다
> 其实 qíshí 사실은
> 一般 yìbān (실력, 수준)평범하다
> 谁说的 shéi shuō de (반어법)누가 그래요?, 아니다
> 得 dé 획득하다
> 第一名 dì yī míng 일등

44 시간이 이르지 않다, 빨리 일어나라.

> **정답** A

> **해설** 문제에 언급된 "时间", "起"에서 힌트를 얻어 내용상 관련이 있는 보기A를 답으로 선택한다.

> **단어** 迟到不了 chídào bù liǎo 지각할 리 없다

睡 shuì (잠을)자다
起 qǐ 일어나다

45 간지 얼마 안 돼서 적응이 아직 조금 덜 됐는데, 시간이 지나면 좋아지겠지.

정답 B

해설 문제에 언급된 "刚去", "不习惯"등은 보기B의 "换了工作", "怎么样"과 관련된 내용이라고 볼 수 있다. 그러므로 답을 보기B로 골라준다.

단어 换 huàn 바꾸다
因为 yīnwèi ~때문에
不习惯 bù xíguàn 적응되지 않다, 습관되지 않다
可能 kěnéng 아마도

46-50

A 걔들 말 믿지마. 나 그저 컴퓨터 게임을 즐기는 것뿐이야.
B 당신이 오늘 우리 집에 오실 수 있어서 전 정말로 기쁩니다.
C 알겠습니다. 안심하세요.
D 사장님께서 왜 아직 안 오시지? 5분 후면 회의가 곧 시작될 텐데.
E 내가 당신에게 소개해 준 여자친구 어때요?

46 우선 조급해 하지 마, 내가 곧 그에게 전화를 해서 어디인지 물어볼게.

정답 D

해설 문제에 언급된 "别着急", "问问他到哪儿了"는 보기D의 "怎么还没来"에 대한 대답으로 나올 수 있다.

단어 就要…了 jiùyào…le (임박)곧 ~이다
开会 kāihuì 회의를 열다
别着急 bié zháojí 조급해 하지 마라
问 wèn 묻다

47 사람은 예쁘고 직업도 괜찮은데, 나한테 조금도 살갑지 않아.

정답 E

해설 문제에 언급된 "人很漂亮", "对我一点儿也不热情"은 보기E의 "女朋友"와 관련있는 표현들이다. 보기E에 언급된 "怎么样?"이란 질문의 답으로 보기E가 가장 적당하다.

단어 介绍 jièshào 소개하다
女朋友 nǚpéngyou 여자친구
怎么样 zěnmeyàng 어떻습니까?
漂亮 piàoliang 예쁘다
不热情 bú rèqíng 냉랭하다, 쌀쌀맞다

48 모두 너의 컴퓨터 실력이 대단하다고 하는데, 시간되면 나 좀 가르쳐 줘.

정답 A

해설 문제에 언급된 "电脑"와 보기A의 "喜欢玩电脑游戏"는 연관성을 갖고 있다. 그러므로 답을 보기A로 고른다.

단어 电脑 diànnǎo 컴퓨터
水平 shuǐpíng 수준
教 jiāo 가르치다
别 bié ~하지 마라
只是 zhǐshì 단지
游戏 yóuxì 게임

49 내일 아침 8시에 학교정문에서 봐. 늦지 말고!

정답 C

해설 문제에 언급된 "别迟到"는 명령문으로 이에 알맞은 대답은 보기C의 "知道了, 放心吧"다.

단어 学校门口 xuéxiào ménkǒu 학교입구
迟到 chídào 지각하다
放心 fàngxīn 마음 놓다, 안심하다

50 오늘이 네 생일인데, 당연히 케이크 하나는 선물해야지.

정답 B

해설 이 문제는 두 문장을 서로 연결 지을 핵심적인 명사나 동사가 없다. 그러나 내용상 초대에 응해 집에 와 줘서 기쁘다는 내용과, 생일이니 케이크를 선물한다는 것에서 케이크를 전해주러 집을 방문했다는 내용을 연결시키기에 큰 무리가 없으므로 답은 보기B이다.

단어 生日 shēngrì 생일
当然 dāngrán 당연히
送 sòng 선물하다
蛋糕 dàngāo 케이크
真是 zhēnshi 정말로
高兴 gāoxìng 기쁘다

제2부분

제2부분은 총 10문항이다. 모든 문제는 1-2개의 문장으로 구성되어 있으며, 문장 가운데에는 하나의 빈칸이 있다. 응시자는 선택 항목 중, 빈칸에 들어갈 알맞은 단어를 선택한다.

51-55

A 比较 bǐjiào 비교적
B 给 gěi ~에게
C 还是 háishi 아니면
D 旁边 pángbiān 옆
E 声音 shēngyīn 소리
F 遇到 yùdào (우연히)만나다

51 나는 201에, 그녀는 202에 묵어, 그녀의 방은 내 방 (옆)에 있어.

정답 D

해설 괄호 앞 "我的" 속의 구조조사 "的"를 보면 "我的" 뒤에 명사가 들어가야 함을 알 수 있다. 명사는 수식어를 가질 때 일반적으로 구조조사 "的"의 수식을 받는다. 보기D와 보기E가 명사이며 존재를 나타내는 동사 "在" 뒤에는 일반적으로 장소와 관련된 단어가 들어가야 하므로 답은 보기D이다.

단어 住 zhù 묵다, 살다
在 zài ~에 있다

52 우리 학교는 아침 8시에 수업을 시작한다. (비교적) 이르다.

정답 A

해설 형용사 앞에는 일반적으로 부사가 위치한다. 그러므로 형용사 "早" 앞의 괄호에는 부사인 보기A가 가장 적합하다.

단어 上课 shàngkè 수업하다
早 zǎo 이르다

53 오늘 슈퍼마켓에서 고등학교때 친구를 (우연히 만났다). 우리는 이미 10여 년 동안 못 만났었다.

정답 F

해설 괄호 뒤의 "一个"는 수량사로 명사를 수식한다. 괄호 뒤에는 빈어를 수식하는 한정어 성분이다. 그러므로 괄호에는 술

어가 들어가야 한다. 빈어를 가질 수 있는 술어는 동사이다. "同学"를 빈어로 가지기에 적당한 동사는 '만나다'의 뜻인 "遇到"가 적당하다.

단어 超市 chāoshì 슈퍼마켓
同学 tóngxué 동창, 학우
已经 yǐjing 이미
没见面 méi jiànmiàn 만나지 못했다

54 보세요. 이것은 우리 교장 선생님께서 저(에게) 써 주신 소개서입니다.

정답 B

해설 괄호의 앞뒤를 분석해보면. 주어는 "我们校长"이고, 술어는 "写"임을 알 수 있다. 주어와 술어 사이에는 부사, 조동사, 개사구 등 상황어 성분이 들어간다. 명사 "我" 앞에 사용할 수 있는 것은 개사이며, 사람과 자주 사용되는 개사로 보기 중에 "给"가 답으로 가장 적합하다. "给…写"는 많이 사용되는 조합이다.

단어 校长 xiàozhǎng 교장선생님
写 xiě 쓰다
介绍信 jièshàoxìn 소개서

55 눈 오는 날 겨우 이렇게 두벌만 입었구나. 아름다움을 위해서니, (아니면) 정말로 춥지 않은 거니?

정답 C

해설 문제 지문의 마지막에는 물음표가 사용되었다. 그럼 의문문이 되어야 하는데, 의문사도 없고, "吗"도 없다. 무슨 수로 의문문이 되었을까 생각해 보면 55번 문제의 답이 의외로 쉽게 나온다. 괄호에는 선택의문문을 만들어 주는 보기C "还是"이 들어가야 한다.

단어 下雪 xiàxuě 눈이 내리다
只 zhǐ 단지, 겨우
穿 chuān 입다
为了 wèile ~을 위하여
美 měi 아름답다

真的 zhēn de 정말로
不怕 bú pà 두렵지 않다, 무섭지 않다
冷 lěng 춥다

56-60

A 像 xiàng 닮다
B 应该 yīnggāi 마땅히
C 爱好 àihào 취미
D 年轻 niánqīng 젊다
E 时候 shíhou 때
F 满意 mǎnyì 만족하다

56

A 사진 속의 저 여자 분은 누구인가요?
B 저의 할머니 되십니다. 이 사진은 할머니 (젊었을) 때 사진인데, 스무 살도 안 되었을 때지요.

정답 D

해설 괄호 뒤의 "时候"는 '때'를 가리키는 말로 이 단어 앞에는 일반적으로 시간과 관련된 단어가 온다. 그리고 "时候"는 명사이므로 이 단어 바로 앞에는 형용사가 오는 것이 적합하다. 그러므로 답은 보기D이다.

단어 照片 zhàopiàn 사진
时候 shíhòu 때
还 hái 아직
不到 bú dào (때,기준)이르지 못하다

57

A 이번 건강검진에서 의사선생님께서 나 보고 너무 뚱뚱하다고 좀 적게 먹어야겠다고 하시네.
B 넌 신경 좀 써(야 해), 매일 좀 덜 먹고, 또 운동도 많이 해야지.

정답 B

해설 괄호 뒤의 "注意"는 '신경 쓰다', '조심하다'는 뜻의 동사로, 이 앞에는 부사, 조동사, 개사구 등이 위치할 수 있다. 괄호 앞의 "是"은 이 지문에서 술어 동사로 사용된 것이 아니라, 강조의 의미로 사용된 부사이다. 사실 "是"은 여러 용법으로 사용된다. 괄호에는 보기B 조동사가 답으로 가장 적합하다. 의미상으로 '신경을 쓰다', '마땅히 주의하다'이므로 답은 보기B이다.

检查 jiǎnchá 검사하다
身体 shēntǐ 건강
胖 pàng 뚱뚱하다
少吃 shǎo chī 적게먹다
一点儿 yìdiǎnr 좀, 약간
注意 zhùyì 주의하다, 신경쓰다
而且 érqiě 게다가
运动 yùndòng 운동하다

58

A 애가 있다면 분명히 매일 공부만 시키지 않고, 놀시간을 줄 거야.
B 두고 보자. (때)가 되면 그렇게 말하지 않을걸!

정답 E

해설 괄호 앞의 "到"와 함께 자주 사용되는 단어는 명사이다. B가 맨 처음 한 말 "等着看吧"는 시간이 흘러 그때가 되면 내가 말한 것처럼 되는지 두고 보자는 말이다. 그러므로 문맥상 뒤에는 '때가 되면'이란 의미의 "到时候"가 오는 것이 가장 적합하다. 답은 보기E이다.

단어 如果 rúguǒ 만약
一定 yídìng 반드시, 분명히
让 ràng ~하게 하다
天天 tiāntiān 매일
看书 kànshū 공부하다
等着看吧 děngzhe kàn ba 두고보자

59

A 손님께 그냥 이 호텔에 묵으시라고 해요. 여기 환경도 괜찮고, 회의장에서도 가까워요.
B 제가 봐도 좋네요. 분명 만족하실 것 같아요.

정답 F

해설 괄호 앞뒤의 "是…的"는 '분명 ~할 것이다'란 의미의 강조 용법으로 중간에는 일반적으로 동사와 형용사가 많이 위치한다. 문맥상 긍정적인 분위기의 "不错", "也近", "可以"가 사용되었으므로 손님들도 만족할 것이라는 조합이 어울린다. 그러므로 답은 형용사 "满意"가 적합하다.

단어 客人 kèrén 손님
住 zhù 묵다
宾馆 bīnguǎn 호텔
不错 bú cuò 괜찮다. 좋다
离 lí ~로부터 ~까지

近 jìn 가깝다
可以 kěyǐ 괜찮다, 좋다
会…的 huì…de (강조)반드시 ~할 것이다

60

> A 당신의 남동생인가요? 둘이 정말 많이 (닮았군요)!
> B 그래요? 많은 사람들이 그렇게 말하더군요.

정답 **A**

해설 괄호 앞의 "长得"는 생김새를 뜻하는 단어이다. 그러므로

내용상 잘생겼다, 못생겼다, 닮았다, 안 닮았다 등의 생김새와 관련된 의미가 와야 한다. 그러므로 보기A가 가장 적합하다.

단어 长得 zhǎng de 생긴 것이
这么说 zhème shuō 이렇게(그렇게)말하다

제3부분

제3부분은 총 10문항이다. 10문항은 모두 하나의 단문과 하나의 질문으로 구성되어 있다. 응시자는 시험지에 주어진 선택 항목 3개 중에서 정답을 고른다.

61 이것이 저희 가게에서 가장 잘 팔리는 거예요. 한번 입어 보세요. 와, 정말 괜찮은데요. 크기, 색깔 다 좋아요. 어때요? 한 벌 사세요.

★ 이 말은 어디에서 들을 수 있을까요?

A. 신발 파는 곳
B 모자 파는 곳
C 셔츠 파는 곳

정답 **C**

해설 보기를 보면 중간 단어만 다르고 다 같다. 이 문제는 파는 물건이 "鞋", "帽子", "衬衫"인지를 묻고 있으며, 물건을 물어보는 문제는 양사에 신경을 써야 한다. 이런 양사와 명사의 짝짓기 문제는 4급, 5급 듣기에 많이 활용되는 유형이므로 지금 기초를 잘 닦아놔야 앞으로 편하다. 지문에 나타난 양사는 맨 뒤 "来一件吧" 속의 "件"이다. 이것은 옷과 관련된 양사이므로 답은 보기C이다. 참고로 신발은 "双", 모자는 "顶"을 많이 사용한다.

단어 卖 mài 팔다
试 shì 입어보다, 신어보다, 써보다, 시도해 보다
颜色 yánsè 색

合适 héshì 적당하다
来 lái (대동사)사다
件 jiàn 옷의 양사
衬衫 chènshān 블라우스, 셔츠

62 이 일 참 곤란하네요. 만약 당신들이 모두 안 간다면, 그럼 저 혼자라도 가죠 뭐.

★ 이 말은 무슨 뜻인가요?

A 나는 이 일을 하고자 한다
B 나는 한 가지 일을 잘못 했다
C 이 일은 좋지 않다

정답 **A**

해설 지문 앞에 언급된 "不好做"는 '처리에 어려움이 있다'는 뜻으로 '좋은 일이다, 나쁜 일이다'라는 개념과는 별개이다. 그러므로 보기C는 제거한다. 지문에 언급된 "如果你们都不愿意去，那我一个人去好了"는 당신들이 안간다면 나 혼자서라도 간다는 의미이므로, 보기A "我愿做这件事"과 같은 뜻임을 알 수 있다.

不好做 bù hǎo zuò 처리하기 쉽지 않다

不好做 bù hǎo zuò 처리하기 쉽지 않다
如果…那 rúguǒ… nà 만약 ~라면, 그러면~
不愿意 bú yuànyì 원하지 않다
去 qù 가다
做错 zuòcuò 그르치다, 잘못하다

63 노래, 춤, 조깅, 탁구, 이런 것들을 하지? 어떻게 허구헌 날 컴퓨터 게임이나 하고 있고, 무슨 가치가 있니?

★이 말에서 화자가 어떻다는 것을 알 수 있나요?

A 화나다
B 기쁘다
C 만족해하다

정답 A

해설 이 지문에는 반어법이 많이 사용되었다. "你玩点儿什么不好？"는 "나쁘다"의 의미가 아니다. 의문사 "什么"가 사용된 반어법으로, 이 말 앞에 언급된 노래, 춤, 조깅, 탁구들을 하고 놀라는 의미이다. 즉, '이런 것들이 뭐가 나빠서 그러니? 이런 거 하고 놀아'라는 뜻이다. 그리고 지문 마지막에 언급된 "有什么意思？" 역시 의문사 "什么"가 사용된 반어법으로 '의미가 없다', '그럴 가치가 없다'란 뜻이다. 그러므로 지문 속의 화자는 상대방이 매일 컴퓨터 게임을 하는 것에 불만을 갖고 있다는 것을 알 수 있다. 그러므로 이와 가장 가까운 태도는 보기A이다. 이런 태도나 말투를 묻는 문제는 4급, 5급에서 듣기문제로 자주 등장한다. 4급, 5급을 준비해야 하는 학습자는 이번 기회에 이런 문제의 유형을 숙지해두도록 하자.

단어 唱歌 chànggē 노래 부르다
跳舞 tiàowǔ 춤 추다
跑步 pǎobù 조깅하다, 뛰다
打球 dǎqiú (손으로 하는)탁구, 농구를 하다
怎么 zěnme (원인)왜, 어떻게
打电脑游戏 dǎ diànnǎo yóuxì 컴퓨터게임하다
生气 shēngqì 화나다

64 원래는 약을 먹기만 하면 병이 바로 좋아질 줄 알았는데, 예전보다 더 심해질 줄 몰랐네. 진작에 알았더라면 약을 먹지 않았을 텐데.

★ 이 말은 무슨 뜻인가요?

A 병이 날 줄 몰랐다
B 약을 먹었는데 소용이 없다
C 약을 먹고 병이 좋아졌다

정답 B

해설 지문에 언급된 "没想到"는 "没想到+사실"의 형태로 사용된다. 그러므로 "比以前更重"이 사실이라는 것을 알 수 있다. 약을 먹었는데, 예전보다 더 심해졌다면 약이 효과가 없다는 "吃药后没有用"의 의미가 될 것이다. 보기A는 지문에서 알 수 없고, 보기C는 지문과 상반된 내용이다.

단어 原来 yuánlái 예전에, 이전에
以为 yǐwéi ~인 줄 알았는데(아니다)
没想到 méixiǎngdào ~일 줄 생각지 못하다
比 bǐ (비교)~보다
更 gèng 더, 더욱
重 zhòng 심각하다
早知道…就不… zǎo zhīdào…jiù bù…
(후회)진작에 ~인 줄 알았더라면, ~하지 않았을 텐데
没有用 méi yǒu yòng 소용없다, 효과없다

65 샤오왕이니? 내 책상에 있는 편지와 사진을 장 교장 선생님께 갖다드려 줘. 급해하시는 것들이야. 내 차가 고장이 나서 조금 더 있어야 학교에 도착할 수 있어.

★ 화자는 지금 어디에 있을까요?

A 길에
B 학교에
C 사무실에

정답 A

해설 지문 후반부에 언급된 "我的车坏了，还要过一会儿才能到学校"에서 화자는 학교로 향하고 있는 중이라는 것을 알 수 있다. 그러므로 답은 보기A가 가장 적합하다. 만약 화자가 학교에 있다면 샤오장에게 부탁을 할 리가 없다.

단어 帮 bāng 돕다
把 bǎ ~을
给 gěi ~에게
送去 sòngqù 전달해주다
急要 jíyào 급하게 필요하다
车坏了 chē huài le 차가 망가지다
过一会儿 guò yíhuìr 조금 있다가

66 샤오왕은 늦게 자고 일찍 일어나지 못한다. 오전에 가끔 수업을 안 가는데, 오늘도 또 안 갔다. 그러나 이번엔 못 일어난 것이 아니고, 어제 저녁에 친구와 술을 몇 잔 마셔서 그런 것이다. 오늘 그는 몸이 좀 불편하기도 해서 수업에 갈 수가 없었다. 그래서 내가 그를 보러 갔을 때 그는 아직 자고 있었다.

★ 오늘 샤오왕은 왜 수업을 가지 않았나요?

A 늦게 잤다
B 못 일어났다
C 건강이 좋지 않다

정답 C

해설 이 지문은 샤오왕의 '평소'와 '오늘'을 잘 구분해야 한다. 평소에는 늦게 자고 못 일어나서 수업도 못 갔지만, 오늘은 아니다. 지문 중간에 나온 전환의 관계 "但是"을 신경 써서 잘 봐야 한다. 보기A, B는 '평소'와 관련 있는 내용이다. "但是" 뒷부분의 "是因为他昨天晚上和朋友多喝了几杯。今天他还有点儿不舒服，所以不能去上课"는 인관관계를 나타내는 "因为…所以"를 사용하여 질문 "为什么"에 대한 답을 하고 있다. 지문의 "有点儿不舒服"는 보기C와 같은 의미이므로 답은 보기C이다.

단어 睡觉 shuìjiào 잠을 자다
晚 wǎn 늦다
起不来 qǐ bu lái 못 일어나다
有时 yǒushí 때때로, 가끔은
又 yòu 또
但是 dànshì 그러나
不是…是… bú shì…shì… ~이 아니고, ~이다
因为…所以… yīnwèi…suǒyǐ… ~때문에, 그래서~하다
多喝了几杯 duō hēle jǐ bēi (술을)몇 잔 더 마시다
不舒服 bù shūfu (몸이)불편하다

67 우리 아빠의 출근길이 가장 멀다. 그래서 매일 아침 7시 10분이면 나서고, 엄마는 아빠보다 15분 늦게 나선다. 내가 가장 늦게 집을 나서는데, 엄마가 나간지 30분 후에야 나는 출근한다.

★ 화자는 몇 시에 출근하나요?

A 7:35
B 7:45
C 7:55

정답 C

해설 이 문제는 중국어 시간표현을 어느 정도 알고 있는지 확인하는 문제이다. "一刻"는 15분을 뜻하고, "半个小时"은 30분을 뜻한다. 아빠가 출근하는 시간 7시 10분에 15분을 더하고, 또 30분을 더하면 화자가 집을 나서는 시간이 나온다.

단어 上班 shàngbān 출근하다
最 zuì 제일
远 yuǎn 멀다
所以 suǒyǐ 그래서
走 zǒu 나서다, 떠나다

比 bǐ (비교)~보다
晚 wǎn 늦다
一刻钟 yí kè zhōng 15분
最后 zuìhòu 맨 마지막
半个小时 bàn ge xiǎoshí 30분

68 회사에 새 직원이 입사했는데, 그는 컴퓨터를 전공했다. 스물 네 다섯 살 정도로 나와 나이가 비슷하다. 그는 키도 크고, 잘 생겼다. 나는 그에게 약간의 호감을 가지고 있는데, 그에게 여자친구가 있는지 없는지 모르겠다. 여자친구가 없다면 좋겠다.

★ 이 글에서 새로운 사람이 어떻다는 것을 알 수 있나요?

A 컴퓨터 회사에서 일한다
B 나와 같이 일한다
C 나의 남자친구이다.

정답 B

해설 지문 도입부분에 언급된 "同事"이란 단어에서 화자와 새직원은 같은 회사에서 일한다는 것을 알 수 있다. 그러므로 답은 보기B이다. 새 동료의 전공이 컴퓨터이지, 컴퓨터회사에서 일한다는 것은 알 수 없다. 그리고 새 동료가 나의 남자친구라면 지문 후반부의 내용을 가정문의 형식으로 표현하지 않았을 것이다.

단어 办公室 bàngōngshì 사무실
新来 xīn lái 새로 오다
同事 tóngshì 동료
学电脑的 xué diànnǎo de 컴퓨터를 배운 사람
岁数 suìshù 나이
差不多 chàbuduō 차이가 별로 없다
喜欢 xǐhuan 좋아하다
只 zhǐ 단지

69 나는 결혼 한 지 이미 5년이 되었지만 아직 아이가 없다. 아이를 좋아하지 않아서도 아니고, 건강이 안 좋아서도 아니다. 우리는 일이 바쁘고, 아이를 돌볼 시간이 없기 때문이다.

★ 그들은 왜 아이가 없나요?

A 일이 바쁘다
B 좋아하지 않는다
C 건강이 나쁘다

정답 A

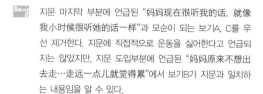

지문에 언급된 "不是因为我们不喜欢孩子, 也不是身体
不好, 是由于我们工作都忙"은 "不是因为+보기B, 보기C
…, 是由于+보기A…"구조이다. 그러므로 답이 A임을 알 수
있다. "因为"와 "由于"는 모두 원인을 나타내는 단어로 질
문 "为什么"의 답이 될 수 있다.

단어 结婚 jiéhūn 결혼하다
要孩子 yào háizi 아이를 낳다
因为 yīnwèi ~때문에
由于 yóuyú ~때문에
忙 máng 바쁘다
照顾 zhàogù 돌보다

70 어머니는 원래 나가서 걸으시려 하지 않았다. 어머니 건
강이 좋지 않아서 조금만 멀리 걸어 가면 바로 피곤해 하
신다. 나는 그렇기 때문에 더 많이 나가서 걸어야 한다
고 말했다. 어머니는 고개를 끄덕이셨다. 내가 어렸을 때
어머니 말씀을 잘 들었던 것처럼, 어머니는 지금 내 말을
아주 잘 들으신다.

★ 이 글에서 우리가 알 수 있는 것은:

A 어머니는 내 말을 듣지 않으신다
B 엄마는 운동을 좋아하지 않는다
C 난 어렸을 때 말을 듣지 않았다

B

지문 마지막 부분에 언급된 "妈妈现在很听我的话, 就像
我小时候很听她的话一样"과 모순이 되는 보기A, C를 우
선 제거한다. 지문에 직접적으로 운동을 싫어한다고 언급되
지는 않았지만, 지문 도입부분에 언급된 "妈妈原来不想出
去走…走远一点儿就觉得累"에서 보기B가 지문과 일치하
는 내용임을 알 수 있다.

단어 原来 yuánlái 원래
远 yuǎn 멀다
觉得 juéde 여기다
累 lèi 힘들다, 피곤하다
正因为…才… zhèng yīnwèi…cái…
(원인강조)바로 ~이기 때문에, 비로소~
同意 tóngyì 동의하다
点头 diǎntóu (고개를)끄덕이다, 동의하다
听话 tīnghuà 말을 듣다
像…一样 xiàng…yíyàng ~인 것 처럼

모의고사 ①
모의고사 ②
모의고사 ③
모의고사 ④
모의고사 ⑤

3. 쓰기(书写)

제1부분

제1부분은 총 5문항이다. 모든 문제에는 여러 개의 단어가 제시되어 있다. 응시자는 주어진 단어를 사용하여 하나의 완성된 문장을 만든다.

71 정답 **我们在学校门口见面。**
우리는 학교 입구에서 만난다.

해설 먼저 주어 "我们"과 이합사 술어 "见面"을 확인한다. 술어가 이합사 구조이므로 빈어를 속에 가지고 있다고 볼 수 있으며 개사 "在"는 시간사나 장소사와 같이 조합을 이루어 주어 뒤, 술어 앞에 온다.

단어 在 zài ~에서
见面 jiànmiàn 만나다
我们 wǒmen 우리
学校门口 xuéxiào ménkǒu 학교 정문

72 정답 **行李箱被司机拿走了。**
기사가 여행가방을 가져갔다.

해설 제시어 속에서 "被"에 주목한다. 피동문의 기본형식은 "주어(의미상의 빈어)+被+행위자(의미상의 주어)+동사+기타성분"이다. 피동문은 동사를 먼저 찾고, 그 다음 동사의 행위자를 "被"뒤에, 그리고 동사의 의미상의 빈어를 주어자리에 넣어주면 된다. 동사+기타성분(결과보어)으로 이루어진 "拿+走了"를 먼저 찾아주고, 그 다음 "拿走了"의 행위자 "司机"를 찾아 "被" 뒤에 위치시킨다. 그리고 "拿走了"의 의미상의 빈어 "行李箱"을 주어자리에 위치시킨다.

단어 拿走了 názǒu le 가지고 가다
司机 sījī 기사
行李箱 xínglǐxiāng 짐가방, 여행가방
被 bèi ~에 의하여

73 정답 **你们必须想一个好办法。**
너희들은 반드시 좋은 방법을 생각해내야 해.

해설 먼저 주어 "你们", 술어 "想一个"의 "想", 빈어 "好办法"를 확인한다. 조동사 "必须"는 주어 뒤, 술어 앞에 오고,

"想"뒤의 수량사 "一个"는 자연히 명사구 "好办法"앞에 온다.

단어 你们 nǐmen 당신들
必须 bìxū 반드시
好办法 hǎo bànfǎ 좋은 방법
一个 yí gè 한 개의
想 xiǎng 생각하다

74 정답 **她买了一张北京地图。**
그녀는 베이징 지도를 한 장 샀다.

해설 먼저 주어 "她"와 술어 "买了", 빈어 "地图"를 확인한다. 수량사 "一张"은 빈어인 지도를 수식하도록 지도 앞에 위치시키고, "北京"은 지도의 범위를 구분 짓는 아주 가까운 수식어이므로 "수량사+범위" 순서로 연결시킨다.

단어 买了 mǎile 샀다
一张 yì zhāng 한 장의
北京 Běijīng 베이징
地图 dìtú 지도

75 정답 **有时间来我们学校玩儿吧。**
시간 있으면 우리 학교에 놀러 와.

해설 "有"자문의 기본형식은 "有+명사+동사"이다. 먼저 "有时间"을 맨 앞에 위치시킨 후, 동사"来"와 동사2"玩儿"의 순서를 정해준다. 동사가 연달아 사용되는 연동구에서는 장소에 관련된 동사가 먼저 위치한다. 그러므로 동사1"来"+동사2"玩儿"의 순서가 되어야 하며 장소"我们学校"는 동사1 뒤에 위치시킨다. "吧"는 어기조사로 자연스럽게 문장의 맨 뒤에 놓는다.

단어 有时间 yǒu shíjiān 시간이 있다

来 lái 오다
我们学校 wǒmen xuéxiào 우리 학교
吧 ba (권유)~하자

玩儿 wánr 놀다

제2부분

제2부분은 총 5문항이다. 모든 문제는 하나의 빈칸이 들어간 문장으로 구성되어 있다. 응시자는 빈칸에 들어갈 알맞은 한자를 쓴다.

76 정답 决

환경문제를 해결하기 위해 사람들은 많은 방법을 생각했다.

해설 빈어 "环境问题"의 술어 "解( )"가 되어야 한다. "문제를 해결하다"의 뜻인 "解决问题"는 많이 사용되는 '동사+빈어'조합이다.

단어 为了 wèile ~을 위하여
解决 jiějué 해결하다
环境问题 huánjìng wèntí 환경문제
想 xiǎng 생각하다
办法 bànfǎ 방법

77 정답 演

아이들은 노래 부르며, 춤 추고, 우리에게 몇 개의 프로그램을 공연해 주었다.

해설 빈어 "节目"에 알맞은 술어 "表演"의 "演"이 괄호에 들어가야 한다. "프로그램을 공연하다"의 뜻인 "表演节目"는 많이 사용되는 '동사+빈어'조합이다.

단어 又唱又跳 yòu chàng yòu tiào (노래도)부르고 (춤도)추고
表演 biǎoyǎn 공연하다
节目 jiémù 프로그램

78 정답 康

우리 할아버지의 건강을 위해서 건배!

해설 "爷爷的"의 수식을 받으면서 "健"과 조합을 이룰 명사를 생각해봐야 한다. 병음도 "kāng"으로 주어졌으니, "健康"

을 바로 떠올려야 한다.

단어 让 ràng ~하게 하다
为 wèi ~을 위하여
健康 jiànkāng 건강
干一杯 gān yì bēi 건배하다

79 정답 碗

중국인들은 생일을 지낼 때, 식탁에 항상 국수 한 그릇은 꼭 있어야 한다.

해설 괄호 앞에 수사 "一"가 있고, 괄호 뒤로 명사 "面条"가 있으므로 괄호에는 국수라는 음식에 사용될 수 있는 양사가 들어가야 한다. 국수 앞에 사용할 수 있는 양사는 상황에 따라 여러 가지가 있지만 병음 "wǎn"이 가리키는 양사를 써줘야 한다. 음식과 관련된 그릇을 뜻하는 "碗"이 답으로 적당하다.

단어 过生日 guò shēngrì 생일을 지내다
饭桌上 fànzhuō shàng 식탁에
总是 zǒngshì 항상
少不了 shǎo bu liǎo 있어야 한다, 없을 수 없다
碗 wǎn 그릇, 음식의 양사
面条 miàntiáo 국수

80 정답 练

전 당신에게 제 회화 연습을 부탁드리려고 합니다. 매주 2회, 매회 한 시간씩.

해설 "口语"를 빈어로 가지는 동사 "( )习"이 되어야 한다. 병음이 "liàn"이므로 '연습하다'의 뜻인 "练习"가 되어야 한다. "练习口语"는 많이 사용되는 '동사+빈어' 구조이다.

27

단어 请 qǐng ~를 청하다, 모시다
练习 liànxí 연습하다
每星期 měi xīngqī 매주

每次 měi cì 매번

新汉语水平考试

HSK
3级

모의고사 해설

HSK三级模拟试题（二）答案

一、听力

第一部分	1. F	2. B	3. E	4. A	5. D	6. D	7. E	8. A	9. C	10. B
第二部分	11. ×	12. ×	13. ×	14. ×	15. ×	16. ✓	17. ✓	18. ✓	19. ×	20. ×
第三部分	21. B	22. A	23. B	24. C	25. A	26. C	27. A	28. A	29. C	30. C
第四部分	31. B	32. C	33. C	34. B	35. A	36. C	37. A	38. C	39. B	40. C

二、阅读

第一部分	41. D	42. F	43. C	44. A	45. B	46. D	47. B	48. E	49. A	50. C
第二部分	51. C	52. F	53. D	54. B	55. A	56. E	57. A	58. F	59. D	60. B
第三部分	61. A	62. C	63. C	64. C	65. B	66. A	67. A	68. A	69. B	70. A

三、书写

第一部分	71.	你怎么又迟到了？
	72.	我一直在想这个问题。
	73.	他不知道怎么去火车站。
	74.	我已经喝了一杯果汁。
	75.	那是王老师的汉语书吗？

第二部分	76. 境	77. 搬	78. 查	79. 赛	80. 箱

1. 듣기(听力)

제1부분은 총 10문항이다. 모든 문제는 하나의 대화로 이루어져 있으며, 두 번씩 들려준다. 응시자는 시험지에 주어진 여러 그림 중 들려주는 대화 내용과 일치하는 것을 선택한다.

1

男：上星期日你去哪儿了？我找了你好几次，你都不在。

女：我和朋友去旅游了，还坐了船呢。

남 : 지난 주 일요일에 어디 갔었어? 내가 너를 몇 번이나 찾았는데 없더라.

여 : 나는 친구랑 여행에 갔었어. 배도 탔었지.

정답 **F**

해설 녹음에 언급된 "坐了船"에서 힌트를 얻어, 배 사진이 있는 보기F를 답으로 고른다.

단어 上星期日 shàngxīngqīrì 지난주 일요일

哪儿 nǎr (장소)어디

旅游 lǚyóu 여행

坐船 zuòchuán 배를 타다

2

女：老张，今天是不是有客人要来呀，怎么买了这么多菜？

男：没有客人，是儿子从国外回来了。

여 : 라오장, 오늘 손님 오시나요? 왜 이렇게 음식을 많이 준비하셨나요?

남 : 손님은 아니고, 아들이 외국에서 돌아오거든요.

정답 **B**

해설 녹음에 언급된 "这么多菜"에서 힌트를 얻어, 많은 음식이 준비된 보기B를 답으로 고른다.

단어 客人 kèrén 손님

菜 cài 음식

从 cóng ~로부터

国外 guówài 외국

3

男：小姐，有学汉语的课本吗？

女：有，你看这些都是，你要哪种？

남 : 아가씨, 중국어 공부할 수 있는 교재 있나요?

여 : 있습니다. 보시면 이것들이 모두 중국어 교재에요. 어떤 종류를 원하세요?

정답 **E**

해설 녹음에 언급된 "学汉语的课本"에서 힌트를 얻어 책이 있는 보기E를 답으로 고른다. 보기A와 혼동하지 않도록 유의한다.

단어 课本 kèběn 교과서

哪种 nǎ zhǒng 어떤 종류

4

女：这个周末你打算做什么？

男：还能做什么，当然是复习啊！下周要考试了。

여 : 이번 주말에 뭐 할거야?

남 : 뭘 하긴, 당연히 복습해야지. 다음 주가 시험이야.

정답 **A**

해설 녹음에 언급된 "复习", "考试"과 관련 지을 수 있는 보기A를 답으로 고른다.

단어 周末 zhōumò 주말

能做什么 néng zuò shénme (반어용법)무엇을 할 수 있겠니?

当然 dāngrán 물론

复习 fùxí 복습하다

考试 kǎoshì 시험보다

5

男：只有你一个人? 你男朋友今天没和你一起来吗?

女：怎么没来, 你看, 那边吃西瓜的不就是他?

남 : 당신 혼자인가요? 남자친구는 오늘 같이 안 오셨어요?

여 : 왜 안 오긴요. 보세요, 저기 수박 먹고 있는 사람이 제 남자친구 아닌가요?

정답 D

해설 녹음에 언급된 "吃西瓜的"에 힌트를 얻어 답을 보기D로 고른다.

단어 和…一起 hé…yìqǐ ~와 함께

西瓜 xīguā 수박

不就是 bú jiù shì (반어용법)~아닙니까

6

男：请问, 这种裤子还有瘦一点儿的吗?

女：这种颜色的只有这一条了, 别的都卖完了。

남 : 저기요, 이런 바지로 조금 더 작은 것이 있나요?

여 : 이런 색은 이것밖에 없는데요. 다른 것은 다 팔렸어요.

정답 D

해설 녹음에 언급된 "这种裤子"에서 힌트를 얻어 바지 그림이 있는 보기D를 답으로 고른다. 보기A와 구별하도록 주의한다.

단어 裤子 kùzi 바지

瘦 shòu 작다, 통이 좁다

颜色 yánsè 색

条 tiáo 바지의 양사

卖完了 màiwán le 다 팔다

7

女：火车就要开了, 你快下车吧！

男：路上一定要小心, 到了以后一定给我打电话。

여 : 기차가 출발하려고 해요, 어서 내리세요.

남 : 여행길 내내 조심하고, 도착한 후 꼭 전화하세요.

정답 E

해설 녹음에 언급된 "火车"에서 힌트를 얻어, 기차가 있는 그림 보기E를 답으로 고른다.

단어 就要…了 jiùyào…le (임박)곧 ~이다

开 kāi (기차 등이)출발하다

路上小心 lù shàng xiǎoxīn 여행 길 내내 조심하다

一定要 yídìng yào 반드시

给…打电话 gěi…dǎ diànhuà ~에게 전화하다

8

男：已经快十点了, 你怎么还不起床?

女：你让我再睡一会儿, 今天是周末, 又不用去上班。

남 : 벌써 거의 10시가 다 됐는데, 어쩌 아직도 안 일어나니?

여 : 저 좀 더 자게 두세요. 오늘은 주말이고 출근할 필요도 없어요.

정답 A

해설 녹음에 언급된 "还不起床", "睡"에서 힌트를 얻어 사람이 침대에 누워있는 보기A를 답으로 고른다.

단어 已经 yǐjing 이미, 벌써

快…了 kuài…le 곧 ~이다

怎么还不 zěnme hái bù (반어용법)왜 아직 안 하나요?

起床 qǐchuáng 기상하다

再 zài 더

睡 shuì 자다

不用 bú yòng ~할 필요없다

9

女：今天不太冷, 你怎么穿这么多?

男：就是因为昨天穿得太少, 我感冒了。

여 : 오늘 별로 춥지 않은데요. 당신은 왜 이렇게 많이 입었어요?
남 : 어제 적게 입었더니 감기에 걸렸어요.

정답 C

해설 녹음에 언급된 "穿这么多"에서 힌트를 얻어 옷을 많이 두껍게 입고 있는 보기C를 답으로 고른다.

단어 穿 chuān 입다
因为 yīnwèi 때문에
感冒 gǎnmào 감기 걸리다

10
男：妈妈，我想买只小狗，您说怎么样？
女：爸爸妈妈这么忙，再说家里房间又这么小，我看算了吧。

남 : 엄마, 저 강아지 사고 싶은데요. 괜찮아요?
여 : 엄마와 아빠가 이렇게 바쁘잖니. 그리고 집에 방도 좁으니, 엄마가 보기엔 됐어.

정답 B

해설 녹음에 언급된 "小狗"에서 힌트를 얻어 강아지 그림이 있는 보기B를 답으로 고른다.

단어 只 zhī (동물 양사)마리
小狗 xiǎogǒu 강아지
怎么样 zěnmeyàng (의향을 묻는 말)어떻습니까?
忙 máng 바쁘다
再说 zài shuō 게다가, 다시 말해서
算了 suàn le (저지함)그만 두다

제2부분

제2부분은 총 10문항이다. 모든 문제는 두 번씩 들려준다. 모든 문제에는 한 사람이 한 단락의 문장을 읽은 다음, 다른 한 사람은 그 문장과 관련된 문장을 제시한다. 시험지에도 이 문장이 제시되어 있으며, 응시자는 들려준 단문의 내용과 맞는지 판단한다.

11
　　这几天他病了，但是一天也没休息，一直和我们一起准备这次比赛。

　　요 며칠 그 사람은 병이 났지만, 하루도 쉬지 않고 계속 우리와 같이 시합을 준비했다.

★ 그는 금방 병이 나았다.

정답 ✕

해설 녹음에 '발병했다'는 "他病了"만 언급되었고, 병이 완쾌되었다는 "病很快好了"와 관련된 내용은 없다. 그러므로 문제와 녹음은 일치하지 않으며 답은 ✕이다.

단어 病 bìng 병이 나다
休息 xiūxi 쉬다
准备 zhǔnbèi 준비하다
比赛 bǐsài 시합

12
　　虽然方方是我的小学同学，但我们现在也常常见面，她现在是一名中学老师。

　　비록 팡팡이 나의 초등학교 동창이기는 하지만, 우리는 요즘도 자주 만나고 있다. 그녀는 지금 고등학교 선생님이다.

★ 팡팡은 초등학교 선생님이다.

정답 ✕

해설 녹음에 팡팡은 나의 초등학교 동창으로, 현재는 "中学老师"이라고 언급되었다. 그러므로 팡팡이 "小学老师"이라고 한 문제는 녹음과 일치하지 않는다. 그래서 답은 ✕이다.

단어 虽然…但… suīrán…dàn… 비록 ~이나 그러나 ~

이다
小学同学 xiǎoxué tóngxué 초등학교 동창
中学老师 zhōngxué lǎoshī 중·고등학교 선생님

13

> 我问公司里的人张经理去哪儿了，他们都说不知道。

나는 회사 사람들에게 장 사장님이 어디에 갔냐고 물었는데, 모두 다 모른다고 말했다.

★ 장 사장님은 이 일을 모른다.

정답 ✕

해설 녹음에서 회사사람들이 장 사장님이 어디에 간지 모른다고 했는데, 문제에서는 장 사장님이 이 일을 모른다고 언급하였으므로 내용이 서로 일치하지 않는다.

단어 哪儿 nǎr (장소)어디

14

> 他觉得学汉语很有意思，但是汉字不好写。

그는 중국어 공부는 아주 재미있지만 한자는 쓰기 어렵다고 여긴다.

★ 그는 중국어 공부를 좋아하지 않는다.

정답 ✕

해설 녹음에서 중국어 공부는 "很有意思"라고 언급되었는데, 문제에서는 "不喜欢学"라고 언급했다. 중국어를 좋아하며 단지 한자 쓰기가 어렵다고 했으므로 '싫어한다'라고 단정지을 수 없다. 그러므로 답은 X이다.

단어 很有意思 hěn yǒu yìsi 재미있다
不好写 bù hǎo xiě 쓰기 어렵다

15

> 我感冒了，去了医院。医生给我开了药，说我最好休息一天，所以我今天不能去上课了，你和老师说一下，好吗？

내가 감기에 걸려서 병원에 갔는데, 의사 선생님이 나에게 약을 처방해 주었고, 하루를 쉬는 것이 가장 좋다고 말씀하셨어. 그래서 내가 오늘 수업에 갈 수가 없으니, 네가 선생님께 말씀 좀 전해줘. 알았지?

★ 나는 오늘 병원에 출근 할 수 없다.

정답 ✕

해설 녹음에는 "我今天不能去上课了"라고 언급했는데, 문제에서는 "我今天不能去医院上班了"라고 다른 내용을 언급하고 있다. 이는 일치하는 내용이 아니므로 답은 X이다.

단어 感冒 gǎnmào 감기 걸리다
给…开药 gěi…kāiyào ~에게 약을 처방해 주다
最好 zuì hǎo ~하는 것이 제일 좋다
所以 suǒyǐ 그래서
不能去 bù néng qù 갈 수 없다
上课 shàngkè 수업하다
上班 shàngbān 출근하다

16

> 丽丽是个好女孩，虽然我父母不同意，但是我心里只有她，她也爱我，我要和她结婚。

리리는 좋은 여자다. 비록 우리 부모님께서 동의하시지는 않지만, 내 마음에는 그녀밖에 없고, 그녀도 나를 사랑한다. 나는 그녀와 결혼할 것이다.

★ 나는 리리를 사랑한다.

정답 √

해설 녹음에 언급된 "我心里只有她"는 그녀를 매우 사랑한다는 표현이다. 그러므로 문제에 언급된 "我很爱丽丽"와 일치하는 내용임을 알 수 있다. 답은 √이다.

단어 虽然…但是… suīrán…dànshì… 비록 ~이나, 그러나 ~이다
不同意 bù tóngyì 동의하지 않다
心里只有 xīnlǐ zhǐ yǒu 마음에 ~만 있다
和…结婚 hé…jiéhūn ~와 결혼하다
爱 ài 사랑하다

17

> 以前我没看过中国电影，昨天晚上我去看了。那个电影很有意思，以后我还要去看。

예전에 나는 중국 영화를 본 적이 없다. 어제 저녁에 가서 봤는데, 그 영화는 아주 재미있었다. 앞으로 나는 또 보러 갈 것이다.

★ 어제 나는 처음 중국 영화를 봤다.

정답 √

해설 녹음에 언급된 나는 예전에 중국 영화를 본 적이 없고, 어제 가서 봤으니, 이것은 처음 본 것을 뜻한다. "没看过"는 "没 +동사+过"의 형태가 사용된 것으로, 이는 과거부터 지금까지 경험이 없음을 뜻한다. '여지껏 ~(동사)해 본 적이 없다' 는 뜻으로 답은 √이다.

단어 没看过 méi kànguo 본 적이 없다
中国电影 Zhōngguó diànyǐng 중국 영화
很有意思 hěn yǒu yìsi 재미있다
以后 yǐhòu 앞으로
第一次 dì yī cì 처음

18

今天早上我7点钟才起床，起床以后就去学校了，路上人很多，公共汽车很挤，我迟到了。真不好意思，以后我不能这样晚起床了。

오늘 아침 7시에 겨우 일어났어요. 일어나자마자 바로 학교에 갔는데, 길에 사람들도 많고, 버스도 붐벼서, 제가 지각을 했네요. 정말 죄송합니다. 앞으로 이렇게 늦게 일어나는 일이 없을 것입니다.

★ 나는 오늘 늦게 일어났다.

정답 √

해설 녹음에 언급된 "以后我不能这样晚起床了"라는 문장은 오늘 늦게 일어나 지각했기 때문에 이에 대한 반성으로 하는 말이다. 그리고 녹음 도입부에 언급한 "7点钟才"에서 화자는 사용된 부사 "才"로 7시가 늦은 시간임을 나타내고 있다. 오늘 늦게 일어났다고 표현한 문제와 녹음내용이 일치하므로 답은 √이다.

단어 才 cái 겨우, 비로소
起床 qǐchuáng 일어나다
就 jiù 바로, 곧
挤 jǐ 붐비다
迟到 chídào 지각하다

19

中国人喜欢喝茶，喝茶的历史最少有3000年了，北方人喜欢花茶，南方人喜欢绿茶，还有人喜欢红茶。

중국사람들은 차 마시는 것을 좋아하는데, 차(문화) 역사는 최소한 3천여 년이 된다. 북방사람들은 꽃차를 좋아하고, 남방사람들은 녹차를 좋아하며, 또 어떤 사람들은 홍차를 좋아한다.

★ 북방 사람들은 홍차를 좋아한다.

정답 ✗

해설 중국의 차 문화는 HSK문제에 자주 등장하는 소재이다. 그러므로 중국에 대한 배경지식으로 알고 있으면 유리하다. 북방은 꽃차를, 남방이 녹차와 홍차를 잘 마신다고 녹음에는 언급되었는데, 문제에서는 북방사람들이 홍차를 좋아한다고 하였으므로 답은 ✗이다.

단어 喝茶 hēchá 차를 마시다
历史 lìshǐ 역사
北方人 běifāngrén 북방사람
南方人 nánfāngrén 남방 사람
绿茶 lǜchá 녹차
红茶 hóngchá 홍차

20

我们学校里有一个小商店，里边卖纸、笔、本子，还卖面包、牛奶、水、果汁什么的。有了它，我们觉得很方便。

우리 학교에는 작은 매점이 하나 있는데, 그 곳에서는 종이, 필기류, 공책, 그리고 빵, 우유, 물, 주스 등을 판매한다. 매점이 있어서 우리는 편리하다.

★ 학교에는 작은 음식점이 하나 있다.

정답 ✗

해설 녹음에서는 학교에 "小商店"이 있다고 언급되었는데, 문제에서는 "小饭馆"이라고 언급되었다. 상점과 음식점은 같은 의미의 단어로 보기 어렵다. 녹음에서 언급한 "面包、牛奶、水、果汁"이라는 단어만 듣고 판단하면 안 된다. 그러므로 답은 ✗이다.

단어 小商店 xiǎoshāngdiàn 작은 매점
卖 mài 팔다
什么的 shénme de (나열)등등
方便 fāngbiàn 편리하다

제3부분

제3부분은 총 10문항이다. 모든 문제는 두 번씩 들려준다. 모든 문제는 두 사람의 대화로, 두 문장으로 구성되어 있다. 세 번째 사람이 이 대화와 관련된 질문을 한다. 응시자는 시험지에 주어진 3개의 선택항목 중에서 정답을 고른다.

21

> 男：这是你全家的照片吗?
> 女：对，是在爷爷过生日时照的，这是我爷爷、我爸爸、妈妈和弟弟。
>
> 问：女的家里有几口人?

남 : 이것이 당신의 가족사진인가요?
여 : 네. 할아버지 생신 때 찍은 사진이에요. 이분이 우리 할아버지시고, 우리 아버지, 어머니 그리고 동생입니다.

문 : 여자네 가족은 몇 명인가요?

A 4명
B 5명
C 6명

정답 B

해설 녹음을 듣기 전에 보기를 먼저 보고 '사람의 수'를 묻는 문제임을 빨리 확인해야 한다. 할아버지, 아버지, 어머니, 동생, 그리고 화자 이렇게 모두 5명이므로 답은 보기B이다.

단어 全家 quánjiā 가족 전체
照片 zhàopiàn 사진
过生日 guò shēngrì 생일을 지내다
时 shí ~할 때
照 zhào 사진, 사진찍다

22

> 女：刚才跟你说话的那个人是谁?
> 男：你忘了，他就是教数学的小王啊。
>
> 问：小王可能是:

여 : 방금 너하고 말한 사람이 누구야?
남 : 기억 안나? 저 사람이 바로 수학을 가르치는 샤오왕이잖아.

문 : 샤오왕은 아마도 ~이다.

A 선생님
B 기사
C 종업원

정답 A

해설 녹음을 듣기 전에 보기를 먼저 보고, '직업'이나 '신분'을 묻는 문제임을 빨리 확인해야 한다. 녹음에서 "教数学的小王"이라고 언급하며, 샤오왕이 수학을 가르친다고 했으므로 직업이 "老师"임을 알 수 있다.

단어 刚才 gāngcái 방금
跟…说话 gēn…shuōhuà ~와 말하다
忘 wàng 잊다
教数学 jiāo shùxué 수학을 가르치다

23

> 男：你见到我昨天晚上看的那张报纸了吗? 现在找不到了。
> 女：早上我打扫房间时看见了，现在想不起来放在哪儿了。
>
> 问：男的在做什么?

남 : 당신 내가 어제 저녁에 보던 그 신문을 봤나요? 지금은 찾을 수가 없네.
여: : 아침에 방 청소하다 봤는데, 어디다 났는데 지금 생각이 안 나요.

문 : 남자는 무엇을 하고 있나요?

A 책을 본다
B 신문을 찾는다
C 방을 청소한다

정답 B

해설 녹음을 듣기 전에 보기를 보고 '무엇을 하는지', '무엇을 했는지'를 묻는 문제임을 알아야한다. 이런 문제 유형의 선택항 보기는 일반적으로 '동사+빈어'의 형태로 이루어져 있다. 보기A, B, C 모두 동사 "看, 找, 打扫"와 빈어 "书, 报纸, 房间"으로 이루어져 있다. 남자는 여자에게 신문을 봤냐 물어보고, 지금은 신문을 찾을 수가 없다고 했으므로, 남자가 지금 신문을 찾고 있음을 알 수 있다. 보기C는 여자가 오전에 한 행동이다. 질문은 '남자가 무엇을 하고 있나요?'이므로 질문에 알맞은 답은 보기B이다.

见到 jiàndào 보다
报纸 bàozhǐ 신문
找不到 zhǎo bu dào 찾을 수가 없다
打扫 dǎsǎo 청소하다
想不起 xiǎng bu qǐ 기억나지 않다
放 fàng 놓다

24

女：真没想到，你做菜这么好吃。
男：哪儿啊，我做得不好。

问：男的说的"哪儿啊"是指：

여 : 정말로 생각지도 못하게 네가 만든 음식이 이렇게 맛있다니!
남 : 아니에요. 별로 못 만들었어요.

문 : 남자가 말한 "아니에요."가 가리키는 것은 무엇인가요?

A 너는 어디에서 들었니?
B 어디 음식이든 다 만들 줄 안다
C 무슨 말씀이세요.(아니에요)

정답 **C**

해설 의문사는 여러 파생용법이 있는데 그 중의 하나로 반어용법이 있다. 남자가 한 말 "哪儿啊"는 상대방의 칭찬에 대한 겸양 또는 완곡한 부정의 의미로 쓰이며 '무슨 말씀이세요(아닙니다). 당신의 말은 과찬이십니다.'라는 뜻이다. 이 때 부정은 상대방의 말이 올바르지 않다는 의미가 아니라 칭찬에 대한 겸손의 표현인 것이다. 이것을 중국어로 옮기면 보기C "你说的不对"의 의미와 같다. "哪儿啊"는 우리말과도 비슷한 면이 있어서 이해하기 어렵지 않다.

没想到 méi xiǎngdào ~일 줄 생각지 못하다
做菜 zuòcài 음식을 만들다
哪儿啊 nǎr a (겸양의 부정)어디요

25

男：小张，你怎么到北京来了，上学还是旅游？
女：都不是，我叔叔在北京开了一家公司，要我来给他帮帮忙。

问：女的为什么来北京？

남 : 샤오장, 어떻게 베이징에 오게 되었니? 공부하러 아니면 여행하러?
여 : 다 아니야. 작은 아버지께서 베이징에 회사를 하나 차리셨는데, 나 보고 와서 좀 도우라고 하셨어.

문 : 여자는 왜 베이징에 왔나요?

A 일
B 여행
C 공부

정답 **A**

해설 녹음을 듣기 전에 보기를 먼저 보고 '무엇을 하는지', '무엇을 했는지'를 묻는 문제임을 빨리 확인해야 한다. 세 개의 보기 모두 동사들로 이루어진 선택항들이다. 남자가 공부나 여행의 목적으로 온거냐고 묻자, 여자가 둘 다 아니라고 대답했다. 그러므로 보기B, C를 우선 제거한다. 녹음에 직접적으로 "工作"라고 언급하지는 않았지만, 작은 아버지께서 회사를 하나 차리셨고 그 곳에 도우러 왔다는 것은 결국 일하러 왔다는 뜻이므로 답은 보기A이다.

上学 shàngxué 공부하다, 학교 다니다
旅游 lǚyóu 여행하다
叔叔 shūshu 작은 아버지, 삼촌
开 kāi (회사를)차리다, 개장하다
公司 gōngsī 회사
给…帮忙 gěi…bāngmáng ~를 돕다

26

女：这些杯子真好看，都是多少钱？
男：白色的最便宜，两块一个，黄色的和蓝色的都是三块。

问：根据对话，哪种颜色没有谈到？

여 : 이 컵들은 정말 예쁘네요. 모두 얼마인가요?
남 : 하얀색이 제일 싸요. 1개에 2콰이고, 노란색과 파란색은 모두 3콰이에요.

문 : 대화에서 어떤 색이 언급되지 않았나요?

A 노란색
B 파란색
C 빨간색

정답 **C**

해설 녹음을 듣기 전에 보기를 먼저 보고 '색'을 묻는 문제임을 빨리 확인해야 한다. 녹음에는 "白色", "黄色", "蓝色"가 언급되었으므로, 보기C를 정답으로 고른다.

단어 杯子 bēizi 컵
便宜 piányi 싸다
颜色 yánsè 색
谈到 tándào 언급하다

27

男：我觉得这样不太好，你说呢？
女：对，是不好，我和你想的一样。

问：女的意思是：

남 : 내 생각에 이렇게 하면 별로 안 좋은데, 네 생각은?
여 : 맞아, 안 좋아. 나도 네 생각과 같아.

문 : 여자의 뜻은 무엇인가요?

A 남자의 말에 동의하다
B 남자와 말하고 싶어하지 않는다
C 남자가 별로 안 좋다고 여긴다

정답 **A**

해설 여자가 한 말 "对", "我和你想的一样"에서 여자가 남자 생각에 "同意"함을 알 수 있다.

단어 觉得 juéde ～라고 여기다
和…一样 hé…yíyàng ～와 같다

28

女：已经过时间了，别等了，老王可能有重要的事，不能来了。
男：他说一定会来的，再等5分钟看看。

问：他们在做什么？

여 : 이미 시간이 지났으니 그만 기다리자. 라오왕은 아마도 중요한 일이 있어서 올 수 없나 보다.
남 : 그는 반드시 온다고 했어요. 5분만 더 기다려 봐요.

문 : 이들은 지금 무엇을 하고 있나요?

A 사람을 기다리다
B 진료를 받다
C 물건을 사다

정답 **A**

해설 녹음을 듣기 전에 보기를 먼저 보고 '무엇을 하는지', '무엇을 했는지'를 묻는 문제임을 빨리 확인해야 한다. 녹음에 언급된 "再等5分钟看看"은 '5분 더 기다려 보겠다'는 뜻으로

답은 보기A이다.

단어 过时间 guò shíjiān 시간이 지나다
可能 kěnéng 아마도
重要 zhòngyào 중요하다
会…的 huì…de 반드시 ~할 것이다
再 zài 더
看看 kànkan (권유)~해보자

29

男：我的电脑有点儿问题，小王，你能不能帮我看看？
女：没问题，打完这个电话我就过去。

问：女的在做什么？

남 : 내 컴퓨터에 약간 문제가 있는데, 샤오왕 네가 좀 봐줄 수 있어?
여 : 좋아. 이 통화를 다 하고 바로 갈게.

문 : 여자는 무엇을 하고 있나요?

A 문제를 생각하고 있다
B 컴퓨터를 하고 있다
C 전화를 하다

정답 **C**

해설 녹음을 듣기 전에 보기를 보고 '무엇을 하는지', '무엇을 했는지'를 묻는 문제임을 빨리 알아야 한다. 여자가 한 말 "打完这个电话我就过去"에서 여자가 지금 통화를 하고 있다는 것을 알 수 있으므로 답은 보기C이다. 녹음 속의 "问题"는 기계류 등의 '고장'을 뜻하는 것으로 보기A의 문제와 전혀 다른 개념이다.

단어 电脑 diànnǎo 컴퓨터
问题 wèntí 고장, 문제
帮 bāng 돕다
看 kàn 수리하다, 보다
打完电话 dǎwán diànhuà 전화를 다 걸다

30

女：你现在住哪儿了？上星期我去火车站送人，想起你家正好在那儿，就去找你，但邻居说你搬家了。
男：一个月以前刚搬的，搬到第二中学那儿，为了孩子上学近一点儿。

问：男的现在住哪儿？

여 : 너는 지금 어디에 사니? 지난 주에 기차역에 배웅을 나갔다가 너희 집이 마침 그 부근이라는 것이 생각나서 너를 찾으러 갔는데, 이웃들이 너가 이사 갔다고 하더라.

남 : 한 달 전에 막 이사했지. 아이가 학교에 다니는데 가깝도록 제2중학 있는 곳으로 이사를 했어.

문 : 남자는 지금 어디에 살고 있나요?

A 슈퍼마켓 부근
B 기차역 부근
C 제2중학 부근

정답 C

해설 녹음을 듣기 전에 보기를 먼저 보고 '장소'를 묻는 문제임을 빨리 확인해야 한다. 남자는 기차역 근처에서 제2중학 근처로 이사를 했으므로 답은 보기C이다.

단어 住 zhù ~에 살다, 묶다

送人 sòngrén 배웅하다
想起 xiǎngqǐ 생각나다
邻居 línjū 이웃
搬家 bānjiā 이사하다
刚 gāng 방금
那儿 nàr (명사 뒤에 위치하여 그 명사가 있는 장소를 뜻함)곳
为了 wèile 위하여
近 jìn 가깝다

제4부분

제4부분은 총 10문항이다. 모든 문제는 두 번씩 들려준다. 모든 문제는 두 사람의 대화로, 4-5문장으로 구성되어 있다. 세 번째 사람이 이 대화와 관련된 질문을 한다. 응시자는 시험지에 주어진 3개의 선택항목 중에서 정답을 고른다.

31

男：今天晚上你有时间吗？
女：怎么，是不是又想让我帮你复习？
男：不是，听说学校电影院有好电影，想请你去看。
女：好啊，如果真是好电影，我当然去看。

问：他们晚上可能做什么？

남 : 오늘 저녁에 시간 있니?
여 : 왜? 너가 복습하는 것을 또 도와달라고?
남 : 아니야. 학교 영화관에서 좋은 영화를 상영한다는데 보여줄게.
여 : 좋아. 정말로 좋은 영화라면 당연히 가서 봐야지.

문 : 이들은 저녁에 무엇을 할까요?

A 복습을 하다
B 영화를 보다
C TV를 보다

정답 B

해설 보기를 먼저 보고 '무엇을 하는지'를 묻는 문제임을 빨리 인지하고, 이것에 초점을 맞추어 녹음을 듣는다. 녹음에서 남자가 여자에게 "想请你去看"이라고 말했으므로 오늘 저녁에 남자가 여자에게 영화를 보여주겠다는 것을 유추할 수 있다. 이에 여자도 좋다고 했으므로, 두 사람은 영화를 보러 갈 확률이 높다.

단어 帮 bāng 돕다
听说 tīngshuō 듣자하니
电影 diànyǐng 영화
如果 rúguǒ 만약

39

32

女：这是谁的书？是你的吗？
男：不是，我也不知道是谁的？
女：是什么书？是课本吗？
男：不是，是一本小说。

问：关于这本书，下面哪一个是错的？

여：이것은 누구의 책이야？ 네것이니？
남：아니, 나도 누구의 것인지 몰라.
여：무슨 책이야？ 교과서야？
남：아니, 소설책이야.

문：이 책에 관해 아래 내용 중 틀린 것은 무엇인가요？

A 책이 한 권만 있다
B 소설 책이다
C 책은 남자의 것이다

정답 C

해설 여자가 책이 남자의 것이냐고 물었는데 남자는 아니라고 했다. 그러므로 보기C가 틀렸다는 것을 초반부에서 알 수 있다. 대화 속에서 교과서가 아닌 소설책이라는 것이 분명히 언급되었으니 보기B는 맞는 내용이다. 보기A는 직접 언급되지는 않았지만 소설책 앞에 사용된 양사 "一本"을 통해 책이 한 권만 있다는 사실을 알 수 있으므로 답은 보기C이다.

단어 谁的 shéi de 누구의 것
课本 kèběn 교과서
一本 yì běn 한 권의
小说 xiǎoshuō 소설
错 cuò 틀렸다

33

男：天气这么好，咱们去游泳怎么样？
女：等我一会儿，我要把信写完。
男：时间别太长了。
女：不会的，用不了10分钟，要不你先走，在游泳馆门口等我。

问：女的为什么让男的先走？

남：날씨가 이렇게 좋은데, 우리 수영갈까？
여：조금만 기다려줘. 편지를 다 써야 하거든.
남：너무 오랫동안 쓰지 말고!
여：알았어. 10분도 안 걸려. 아니면 네가 먼저 가서, 수영장 입구에서 기다리고 있어.

문：여자는 왜 남자보고 먼저 가라고 하였나요？

A 그녀는 가고 싶지 않아서
B 그녀는 수영을 할 줄 몰라서
C 그녀는 지금 일이 있어서

정답 C

해설 녹음 내용에서 여자가 편지를 마저 다 쓰고 가려고 남자에게 기다려 달라고 했으므로 보기C "她现在有事"의 "有事"은 '편지쓰기'를 가리킨다.

단어 游泳 yóuyǒng 수영하다
把 bǎ ~을
信 xìn 편지
写完 xiěwán 다 쓰다
要不 yào bù 그렇지 않으면
用不了 yòng bù liǎo (시간 등이)~도 채 안 걸린다

34

女：你看看都几点了，怎么才回来？孩子已经睡着了。
男：公司有事，经理说不做完工作，谁也不能走。
女：有事有事，每天都有事。
男：以后我一定早回家，还有饭吗？我还没吃饭呢。

问：男的和女的可能是什么关系？

여：벌써 몇 시가 됐는지 좀 봐요. 어째 이제서야 돌아와요？ 아이는 이미 잠 들었어요.
남：회사에 일이 있었어. 사장님이 일을 다 마무리하지 않으면 누구도 못 간다고 하셨거든.
여：일, 일, 일! 매일 일이죠.
남：앞으로는 정말로 일찍 들어올게. 밥 있어？ 나 아직 밥도 못 먹었어.

문：남자와 여자는 어떤 관계일까요？

A 동료
B 부부
C 종업원과 손님

정답 B

해설 녹음을 듣기 전에 보기를 보고 '관계'를 묻는 문제임을 빨리 인지해야 관련핵심어들이 더 잘 들린다. 녹음에서 언급되고 있는 "回来", "孩子", "吃饭"이라는 단어를 종합해 생각할 수 있는 관계는 부부사이이다.

才 cái 겨우, 이제서야
回家 huíjiā 돌아오다
睡着 shuìzháo 잠 들다
不做完 bú zuòwán (가정)다 하지 못한다면
早 zǎo 일찍, 앞으로
以后 yǐhòu 이후로

35

男：早上的空气真新鲜，你也来运动运动？
女：是啊，我要去运动场跑步，你去吗？
男：我已经跑完了，刚才我跑步的时候，你
　　还在睡觉呢。
女：真不好意思，你起得太早了，我是不行。

问：根据对话，下面哪一个是错的？

남 : 아침 공기가 정말 신선하네요. 당신도 운동하려
　　고요?
여 : 네, 운동장에 가서 조깅하려고요. 가실래요?
남 : 난 이미 다 뛰었어요. 방금 내가 조깅할 때 당신
　　은 자고 있었잖아요.
여 : 미안해요. 당신이 아주 일찍 일어나신 거에요.
　　저는 못 일어나는데.

문: 대화에 따라 아래 내용 중 틀린 것은 무엇인가
　　요?

A 여자는 운동가고 싶어하지 않는다
B 남자는 여자보다 일찍 일어났다
C 남자는 이미 조깅을 끝냈다.

정답 **A**

해설 녹음 초반부에 남자가 여자보고 운동가냐고 묻는 질문에서
여자는 그렇다고 대답했다. 그러므로 보기A가 틀렸다는 것
을 알 수 있다. 그리고 남자가 조깅할 때 여자는 자고 있었
으므로 남자가 여자보다 일찍 일어났다는 보기B는 맞는 표
현이며, 남자가 본인은 이미 조깅을 끝냈다고 하였으므로 보
기C도 맞는 표현이다.

단어 空气 kōngqì 공기
运动 yùndòng 운동하다
跑步 pǎobù 조깅, 조깅하다
起 qǐ 일어나다

36

女：对不起，等着急了吧。
男：没关系，快坐下休息休息，出来晚了
　　吗？
女：没有，路上我坐的出租车坏了，又换了
　　一辆车。
男：是吗？我说你怎么一直不到。

问：女的为什么迟到了？

여 : 죄송해요. 기다리시느라 조급하셨죠.
남 : 괜찮아요. 어서 앉아서 좀 쉬세요. 늦게 나오셨
　　나요?
여 : 아니요. 오다가 제가 탄 택시가 고장 났어요. 그
　　래서 다른 차로 바꿔 탔지요.
남 : 그래요? 전 왜 안 오시나 했네요.

문 : 여자는 왜 지각했나요?

A 늦게 나왔다.
B 차를 잘못 탔다
C 택시가 고장 났다

정답 **C**

해설 남자가 늦게 나왔냐고 물었더니 여자가 아니라고 하였으므
로 보기A는 제거한다. 여자는 택시가 고장 나서 지각했다고
말하므로 답은 보기C이다.

단어 着急 zháojí 조급하다
晚 wǎn 늦다
出租车 chūzūchē 택시
坏 huài 고장나다
换 huàn 바꾸다
辆 liàng (자전거, 차의 양사)대
不到 bú dào 도착하지 않다
迟到 chídào 지각하다

37

男：你怎么样？身体好一点儿了吗？
女：好一点了，谢谢你来看我，还买了这么
　　多水果。
男：大家都很想你，也很希望像你一样每天
　　不上课也不用写作业。
女：那我们换换怎么样？你们来医院，我去
　　上课。

问：他们在什么地方？

남 : 좀 어때? 건강은 좀 좋아졌니?
여 : 조금 좋아졌어. 보러 와줘서 고마워. 이렇게 많은 과일까지 사오다니.
남 : 모두 네 생각하고 있어. 그리고 매일 너처럼 공부도 안해도 되고 숙제도 안해도 되기를 바라고 있지.
여 : 그러면 우리 바꿀까? 너희들이 병원에 오고, 내가 수업하러 가는거야.
문 : 이들은 어디에 있나요?

A 병원
B 교실
C 기숙사

정답 A

해설 안부를 묻는 "身体好一点儿了吗"라는 문장에서 여자의 건강에 문제가 있음을 알 수 있고, "谢谢你来看我"라는 여자의 대답에서 병문안에 대한 고마움을 느낄 수 있다. 그리고 마지막에 언급된 "你们来医院, 我去上课"를 통해 병원에서 대화가 이루어지고 있음을 알 수 있다.

단어 好一点儿了 hǎo yìdiǎnr le 조금 좋아졌다
想 xiǎng 그리워하다
希望 xīwàng 희망하다
像…一样 xiàng…yíyàng ~과 같다

38
女：小王，帮我和大家说一声，下班后先别走，今天我请大家吃晚饭。
男：今天这么高兴，有什么喜事? 是不是发钱了?
女：发钱? 比发钱还高兴，我儿子考上北京大学了。
男：是吗? 太好了！这是件大喜事。

问：女的为什么要请大家吃饭?

여 : 샤오왕, 내 대신해서 오늘 퇴근 후 먼저 가지 말라고 사람들에게 말 좀 해줘. 오늘은 내가 저녁밥을 살거야.
남 : 오늘 이렇게 즐거우신 것을 보니, 무슨 기쁜 일이 있나 봐요? 돈 받았어요?
여 : 돈 받았냐고? 돈 받는 것보다 더 기쁘지. 우리 아들이 베이징 대학에 합격했거든.
남 : 그래요? 너무 잘 됐네요. 아주 기뻐할 만한 일이네요.

문 : 여자는 왜 사람들에게 식사 대접을 한다고 하나요?

A 아들이 결혼하기 때문에
B 그녀가 많은 돈을 받았기 때문에
C 아들이 대학에 합격했기 때문에

정답 C

해설 남자에게 돈을 받았냐고 질문을 했는데, 여자는 돈 받은 것보다 더 기쁜 일이 있는데 아들이 베이징 대학에 입학했다고 대답했다. 그러므로 여자가 식사대접을 하려고 하는 이유는 보기C 아들이 대학에 합격했기 때문이다.

단어 和…说一声 hé…shuō yì shēng ~에게 한 마디 말하다
下班 xiàbān 퇴근하다
喜事 xǐshì 좋은 일, 기쁜 일
发钱 fāqián 돈을 받다
比 bǐ ~보다
考上 kǎoshàng 시험에 합격하다

39
男：不知为什么，最近给刘老师打电话他总是不接。
女：你是不是打错了?
男：没错啊，他的号码不就是13602018315吗?
女：这是他原来的号码，他早就换新号码了。

问：刘老师为什么不接男人的电话?

남 : 왜 그런지 모르겠는데, 최근에 리우선생님께 전화 드렸는데, 계속 안 받으시네.
여 : 잘못 건 것은 아니고?
남 : 안 틀렸어. 선생님 전화번호가 13602018315 아니야?
여 : 그것은 선생님 원래 번호야. 진작에 새 번호로 바꾸셨어.

문 : 리우선생님은 왜 남자의 전화를 받지 않나요?

A 그가 집에 없어서
B 그가 번호를 바꾸어서
C 그의 휴대폰이 망가져서

정답 B

해설 대화 속에서 "他早就换新号码了"라고 언급했는데, 이는 보기B의 "换号码"와 같은 뜻으로 답은 보기B이다.

단어 为什么 wèishénme (원인)왜
　　　最近 zuìjìn 최근
　　　打错 dǎcuò (전화)잘못 걸다
　　　原来 yuánlái 예전의
　　　早就 zǎojiù 진작에

40

女：老王，你是不是身体不好，最近瘦了很多。
男：身体没问题，就是工作太累，不在原来的公司了。
女：怎么，你换新工作了？你以前的工司不是很有名吗？为什么要换呢？
男：是啊，新的公司钱比以前多了很多，但是也累了很多。

问：男的为什么瘦了？

여 : 라오왕, 건강이 안 좋으신가요? 최근에 많이 마르셨어요.
남 : 건강에는 문제가 없고, 그저 일이 너무 힘들어서 그래요. 옛날 회사에 있지 않거든요.
여 : 어머, 새 직장으로 바꾸셨어요? 예전 회사가 아주 유명하지 않았나요? 왜 바꾸셨어요?
남 : 그렇긴 하죠. 새로운 회사가 돈을 예전 회사보다 훨씬 많이 주거든요. 그러나 많이 힘들어요.

문 : 남자는 왜 말랐나요?

A 매일 운동을 해서
B 건강이 좋지 않아서
C 일이 많이 힘들어서

정답 C

해설 남자가 "身体没问题，就是工作太累"라고 대답하는 내용을 통해 남자가 마른 이유는 보기B가 아니라 보기C임을 알수 있으며 대화 후반부에도 계속 이 이유가 언급되고 있다.

단어 瘦 shòu 마르다
　　　不在 bú zài ~에 있지 않다
　　　有名 yǒumíng 유명하다

2. 독해(阅读)

제1부분

제1부분은 총 10문항이다. 응시자는 주어진 20개 문장 중, 주어진 내용과 서로 상응하는 문장들을 연결시킨다.

41-45

A 왜 그래요? 얼굴색이 이렇게 안 좋은데, 병 난거 아니에요?

B 8시 수업인데, 지금 벌써 10분이나 지났어. 리우밍이 왜 아직 안 오지?

C 샤오리보고 어서 내 사무실로 오라고 해요.

D 최근에 저희 집 근처에 슈퍼마켓이 새로 개장을 했는데, 물건들이 무척 저렴해요.

E 당연하지요. 우리는 우선 버스를 탄 후에 지하철로 갈 아타요.

F 그럴리가요? 결혼한지 이미 5-6년이 되었는데, 부부 사이는 줄곧 좋았어요.

---

41 그래요? 물건 사는 사람들이 분명히 꽤 많겠어요?

정답 D

해설 문제에 언급된 "买东西"와 서로 관련 지을 수 있는 내용은 보기D의 "超市", "东西便宜"이다.

단어 买东西 mǎi dōngxi 물건을 사다
一定 yídìng 반드시
附近 fùjìn 부근
开 kāi 열다, 개장하다
超市 chāoshì 슈퍼마켓
便宜 piányi 싸다

42 당신 알아요? 장화가 저의 가장 친한 친구인데, 어제 이혼했어요.

정답 F

해설 문제에 언급된 "离婚"과 보기F의 "结婚", "夫妻关系"는 서로 관련이 있다.

단어 离婚 líhūn 이혼하다
结婚 jiéhūn 결혼하다
夫妻关系 fūqī guānxi 부부사이

43 교장선생님, 리 선생님께서 몸이 불편하셔서 병원에 건강검진 받으러 가셨어요.

정답 C

해설 문제에 언급된 "李老师"와 보기C의 "小李"는 동일인물이다. 보기C의 "马上到我办公室来"라는 문장에 대해 "去医院检查身体了"라고 대답할 수 있으므로 문제와 보기C는 서로 관련 있는 내용으로 볼 수 있다.

단어 身体 shēntǐ 건강
不舒服 bù shūfu 불편하다
检查身体 jiǎnchá shēntǐ 건강검진
让 ràng ~하게 하다

44 머리가 아주 아프네요. 어제 저녁에 잠 잘 때 에어컨 끄는 것을 깜박했어요.

정답 A

해설 문제에 언급된 "头特别疼"과 보기A의 "脸色这么不好", "病了"는 서로 관련이 있는 내용이다.

단어 头疼 tóuténg 머리가 아프다
睡觉 shuìjiào 잠을 자다
忘 wàng 잊다
关空调 guān kōngtiáo 에어컨을 끄다
病 bìng 병에 걸리다

45 맞아. 그는 매일 일찍 와. 한 번도 늦게 온 적이 없어.

정답 **B**

해설 문제에 언급된 "来得很早. 一次也没来晚过"에서 화자는 한 번도 지각을 한 적이 없음을 알 수 있으며 왜 아직 안 오냐고 묻는 보기B의 "怎么还没来"와 호응한다.

단어 一次也 yí cì yě 한 번도
过了 guòle (시간이)지나다, 흐르다
怎么 zěnme (원인)왜

46-50

A 조급해 하지 마시고, 조금만 더 기다려보세요.
B 당신의 아들이 정말 열심히 하네요. 매번 당신 집에 올 때마다 아드님이 컴퓨터에 앉아서 공부하는 것을 보게 되네요.
C 그러게요. 제 귀와 코가 다 빨개진 것 좀 보세요.
D 너무 잘됐어요. 전 아직 중국사람의 집에 가 본 적이 없어요.
E 이번에는 한 달여 간 출국해 있으니, 반드시 물건들을 많이 준비해 가야 해.

46 언제 시간이 되세요? 저희 어머니께서 당신을 집으로 식사 초대하고 싶다고 말씀하셨어요.

정답 **D**

해설 문제에 언급된 "去我家"와 보기D의 "中国人的家"는 서로 관련이 있다.

단어 请 qǐng ~을 청하다
没去过 méi qùguo 가 본 적이 없다

47 저 녀석이 무슨 공부를 해요! 저거 컴퓨터게임을 하는 거예요.

정답 **B**

해설 지문에 언급된 "学习", "电脑"는 보기B의 "在电脑那儿学习"와 관련이 있다.

단어 哪 nǎ (반어용법)어디
电脑 diànnǎo 컴퓨터
游戏 yóuxì 오락, 게임
努力 nǔlì 열심히 하다
学习 xuéxí 공부하다

48 이미 많아서, 더 가져가라고 해도 가져갈 수가 없어.

정답 **E**

해설 문제에 언급된 "多带"와 보기E의 "多准备点儿"은 같은 의미라고 볼 수 있다.

단어 少不了 shǎo bu liǎo 없을 수 없다, 꼭 있어야 한다
拿不了 ná bu liǎo 가져갈 수 없다
出国 chūguó 출국
准备 zhǔnbèi 준비하다

49 아가씨, 벌써 3시예요. 베이징에서 오는 비행기가 왜 아직도 도착하지 않나요?

정답 **A**

해설 문제에서 시간을 언급하며 "怎么还没到"라고 하는 말에 대한 답으로 보기A가 가장 적합하다.

단어 怎么 zěnme (원인)왜
还没 hái méi 아직 ~하지 않다
着急 zháojí 조급하다

50 오늘 날씨가 너무 춥네요!

정답 **C**

해설 지문에 언급된 "天气太冷了"의 결과로 보기C의 "耳朵和鼻子都红了"가 적당하다.

단어 冷 lěng 춥다
耳朵 ěrduo 귀
鼻子 bízi 코
红 hóng 붉어지다

제2부분

제2부분은 총 10문항이다. 모든 문제는 1~2개의 문장으로 구성되어 있으며, 문장 가운데에는 하나의 빈칸이 있다. 응시자는 선택 항목 중, 빈칸에 들어갈 알맞은 단어를 선택한다.

51-55

A 差不多 chà bu duō 거의, 모두
B 热情 rèqíng 정이 넘치다
C 自己 zìjǐ 혼자서
D 同意 tóngyì 동의하다
E 声音 shēngyīn 소리
F 生气 shēngqì 화를 내다

51 제가 시간이 없어서, 제 남편은 어쩔 수 없이 (혼자서) 영화를 보러 갔어요.

정답 **C**

해설 괄호 뒤의 동사 "去"의 행위자는 "我丈夫"이다. 괄호에는 "我丈夫"를 대신할 단어를 넣으면 되므로 답은 보기C이다.

단어 只好 zhǐ hǎo 어쩔 수 없이
看电影 kàn diànyǐng 영화를 보다

52 내가 수업시간에 잤는데, 선생님께 들켜서 선생님이 매우 (화가 나셨어).

정답 **F**

해설 괄호 앞의 "他"는 괄호의 주어 역할을 하는 것이다. "他"는 선생님을 가리키는 인칭대명사로, 수업시간에 잠자는 학생을 본 선생님의 반응을 생각해 보면 답은 금방 찾을 수 있다. 술어자리에 들어갈 수 있는 단어인 보기A, B, D, F 중에서 보기F가 정답이다.

단어 上课 shàngkè 수업하다
睡觉 shuìjiào 잠을 자다
看见了 kànjiàn le 보았다
特别 tèbié 아주, 매우

53 나는 학교에 다니기 싫고, 일하러 가고 싶다. 그러나 뭐라고 말씀드려도 아버지는 (동의하지) 않으신다.

정답 **D**

해설 학교에 안 가고 돈을 벌러 가겠다는 자식을 반가워할 부모는 없다. 그러므로 괄호에 적합한 단어는 보기D "同意"이다. 빈칸 앞에 "不"를 잘 보고 선택해야 한다.

단어 不想…了 bù xiǎng…le 더 이상 ~하고 싶지 않다
工作 gōngzuò 일
但是 dànshì 그러나
说什么也不 shuō shénme yě bù 뭐라고 말해도 ~하지 않다

54 친구들은 모두 (정이 넘쳤다). 한 잔 또 한 잔 하다가 우리는 결국 모두 취했다.

정답 **B**

해설 괄호 앞뒤에 있는 "太…了"는 "太+형용사+了"의 형태로 많이 사용된다. 괄호 안에는 친구들을 형용하는 단어가 들어가야 하며, 이 단어는 술을 마신 이유가 된다.

단어 太…了 tài…le 너무 ~하다
干杯 gānbēi 건배하다
最后 zuìhòu 결국에는

55 엄마, 내 친구들은 (거의) 모두 자전거가 있어요. 저도 한 대 있었으면 좋겠어요.

정답 **A**

해설 술어동사 "有"와 주어 "我的同学" 사이의 괄호에는 부사, 조동사, 개사구등 상황어가 들어갈 수 있다. 그런데 괄호 뒤에 부사 "都"가 있으니 부사"都"와 같이 잘 사용되는 부사인 보기A가 답이다.

단어 同学 tóngxué 학우, 동창
自行车 zìxíngchē 자전거
要 yào 요구하다
辆 liàng (자전거, 차의 양사)대

56-60

A 头疼 tóu téng 머리가 아프다
B 得 de ~한 정도
C 爱好 àihào 취미
D 能 néng ~할 수 있다
E 使 shǐ ~하게 하다
F 别人 biérén 다른 사람

56

A 듣자하니, 오랜 시간 동안 앉아서 TV를 보면 사람을 뚱뚱(하게 해).
B 누가 그래? 난 안 믿어.

정답 **E**

해설 괄호 앞에 조동사 "会"가 있으므로 괄호에는 동사가 와야 하며 보기 중에서 사역동사인 보기E가 가장 적합하다.

단어 听说 tīngshuō 듣자하니
变 biàn 변하다
胖 pàng 뚱뚱하다
不相信 bù xiāngxìn 믿지 않다

57

A 일이 이렇게나 많고, 매일 안팎으로 바빠서, (머리가 아플 정도로) 피곤해.
B 누가 아니래. 계속 이렇게 하면, 난 이직을 하고 말거야.

정답 **A**

해설 괄호 앞에 "累得"가 사용되었다. 뒤에는 피곤한 정도를 구체적으로 드러낼 수 있는 보기A가 와야 한다.

단어 事情 shìqing 일
忙里忙外 mánglǐ mángwài 안팎으로 바쁘다
累 lèi 피곤하다, 힘들다
可不是 kě bú shì (동의)누가 아니래
再 zài 다시, 계속
这样下去 zhèyàng xiàqù 이렇게 계속 진행되다
换工作 huàn gōngzuò 일을 바꾸다

58

A 저기요, 도서관이 어디에 있나요?
B 죄송합니다. 전 이 학교의 학생이 아니라서요. 잘 모르겠습니다. (다른 사람)에게 물어보세요.

정답 **F**

해설 괄호는 동사인 "问"의 빈어이다. 내용상 본인은 모르니 다른 사람에게 물어보라는 것이 가장 적당하다.

단어 图书馆 túshūguǎn 도서관
不知道 bù zhīdao 모르다

59

A 내가 오후에 일이 있는데, 네 자전거를 좀 빌릴 (수 있을)까?
B 그래. 자전거는 아래 층에 있고, 검은색 26호 여성용이야.

정답 **D**

해설 동사 "借"앞에 사용할 수 있는 것은 부사. 조동사 등이다. "你的自行车"를 빌릴 수 있는지 여부를 물어보는 것이므로 조동사 "能"이 가장 적합하다.

단어 借 jiè 빌리다
没问题 méi wèntí 괜찮다
楼下 lóuxià 아래 층
女车 nǚchē 여성용 자전거

60

A 내일 오전에 시험봐요. 엄마, 아침 6시에 깨워주실래요?
B 알았어. 책을 너무 늦게(까지) 보지 말고 일찍 자렴.

정답 **B**

해설 괄호 앞에 동사가 있고 괄호 뒤로 '부사+형용사'구조가 있으면 뒤에서 앞을 보충 설명해주는 정도보어구조임을 알아야 한다. 괄호에는 정도보어를 나타내는 구조조사가 들어가야 하는데 책을 너무 늦게까지 보지 말라는 내용이므로 답은 보기B이다.

단어 考试 kǎoshì 시험 보다
叫 jiào 불러서 깨우다
看书 kànshū 공부하다

제3부분

제3부분은 총 10문항이다. 10문항은 모두 하나의 단문과 하나의 질문으로 구성되어 있다. 응시자는 시험지에 주어진 선택 항목 3개 중에서 정답을 고른다.

61 알았어, 알았어. 그만 말해. 한참 동안 말한 게 바로 이 일이라니. 이게 뭐가 어렵다고!

★ 이 일은?

A 처리하기 아주 쉽다
B 말하면 안 된다
C 진작에 말했어야 한다

정답 A

해설 문제 지문에 언급된 "这有什么难的"는 의문사 "什么"가 사용된 반어용법이다. 즉, "这有什么难的"는 어렵지 않다는 "容易"의 뜻이므로 답은 보기A이다.

단어 半天 bàntiān 한참
有什么难的 yǒu shénme nán de (반어용법)뭐가 어렵다고
容易 róngyì 쉽다

62 라오류는 내가 샤오장의 이런 의견들을 먼저 적은 후에 공장장에게 이메일을 보내도록 했다.

★ 의견을 제시한 사람은 누구인가요?

A 라오류
B 공장장
C 샤오장

정답 C

해설 보기에 언급된 사람들이 지문에 모두 언급되고 있다. 종합해보면, 라오류는 지시를 하는 사람이고, 공장장은 이메일을 받는 사람이며, 의견을 제시한 사람은 "小张的这些意见"이라는 문장을 통해 샤오장이라는 것을 알 수 있다. 그리고 의견을 적어 이메일로 보내는 사람은 나다. 많은 사람이 언급되었는데, 이 사람들이 하는 역할을 정확하게 구별해야 한다.

단어 让 ràng ~하게 하다
把 bǎ ~을
意见 yìjiàn 의견
先…然后… xiān…ránhòu… 먼저 ~하고, 후에 ~하다

记下来 jì xiàlai 적다, 쓰다
电子邮件 diànzǐ yóujiàn 이메일
发给 fā gěi ~에게 발송하다

63 이런 커피는 두말할 것도 없이 정말 좋아서, 한 번 마셔보면 잊을 수가 없어. 자, 믿기지 않으면 한 잔 마셔봐.

★ 화자의 뜻은 무엇인가요?

A 그는 커피를 사는 것을 잊었다
B 그는 이 일을 말하고 싶어 하지 않는다.
C 그는 커피가 맛있다고 여긴다

정답 C

해설 이 문제는 관용어에 대한 문제이다. 문제에 언급된 "没说的"는 '훌륭해서 뭐라 나무랄 데가 없다'는 칭찬의 표현이다. 그러므로 답은 보기C이다.

단어 咖啡 kāfēi 커피
没说的 méi shuō de 훌륭하다
让 ràng ~하게 하다
忘不了 wàng bu liǎo 잊을 수 없다

64 나는 허베이에서 태어났고, 나중에 우리집은 베이징으로 이사를 왔다. 나는 초등학교, 중고등학교를 모두 베이징에서 다녔다. 상하이에 있는 대학교에 합격해서 4년의 대학생활을 한 후에 그제서야 난징으로 와서 일했다.

★ 화자는 어디에서 대학을 다녔나요?

A 베이징
B 난징
C 상하이

정답 C

해설 문제에 언급된 "大学时我考到上海"를 통해 화자가 상하이에서 대학을 다녔다는 것을 알 수 있다.

단어 生在 shēng zài ~에서 태어나다
搬 bān 이사하다

上 shàng (학교에)다니다
以后 yǐhòu 이후에

65 나라면, 샤오왕의 이 정도 업무는 한 시간이면 다 끝낼 수 있어. 게다가 그보다 훨씬 잘 할 수 있어.

★ 화자의 뜻은 무엇인가요?

A 샤오왕과 업무를 바꾸고 싶다
B 샤오왕이 너무 느리게 일한다
C 샤오왕이 한 시간 지각했다.

정답 **B**

해설 지문에 언급된 "一个小时就"는 '시간+就'의 형태로 짧은 시간을 의미한다. 즉, 화자는 샤오왕의 업무를 본인은 짧은 시간인 한 시간 만에 처리할 수 있다고 말하고 있다. 그러므로 샤오왕이 일을 너무 느리게 한다는 보기B가 화자의 뜻과 가장 가깝다.

단어 换 huàn 바꾸다
就 jiù (짧은 시간을 뜻함)바로
做完 zuòwán 다 하다, 끝내다
而且 érqiě 게다가
比 bǐ ~보다
慢 màn 늦다

66 당신이 원하던 것이 이 수학책인지 아닌지 당신이 좀 보세요. 서점 몇 군데를 돌아다녀서 겨우 살 수 있었어요.

★ 이 말에 근거해 알 수 있는 것은?

A 이 책은 사기 어렵다
B 이 책은 재미 없다
C 이 책은 너무 쉽다

정답 **A**

해설 지문에 언급된 "好容易"는 "好不容易"와 같은 의미이다. 그러므로 일이 순조롭지 않았다는 것을 알 수 있고, 같은 의미의 "才"와 함께 자주 사용된다. 즉, "好容易才"는 "难"의 의미를 가진다. 이것은 4급, 5급의 듣기영역에서 자주 출제되는 조합이므로 반드시 기억하자.

단어 要 yào 원하다
数学书 shùxuéshū 수학책
跑 pǎo 돌아다니다
好容易才 hǎo róngyì cái 겨우, 어렵게
难买 nán mǎi 사기 어렵다

67 사장님께서 그렇게 말씀하시는 것을 듣고, 샤오왕은 마음 속으로 너무나 하기 싫었지만, 그렇게 말할 수가 없어서 어쩔 수 없이 사장님의 말씀대로 했다.

★ 이 말에 근거해 알 수 있는 것은?

A 샤오왕은 기분이 나쁘다
B 샤오왕은 사장이다
C 샤오왕은 사장의 말을 듣지 않는다

정답 **A**

해설 지문에 언급된 "一百个"는 구체적인 개수 '백 개'를 뜻하는 것이 아니라 아주 많은 숫자를 의미한다. 즉, "一百个不愿意"는 '굉장히 하기 싫다'는 뜻이다. 또 지문에서 언급된 "只能"은 다른 방도가 없다는 뜻으로 '어쩔 수 없는', '부득이 하게' 정도로 해석된다. 그러므로 이 단어를 통해 기분이 좋지 않다는 것을 알 수 있다.

단어 虽然…但是… suīrán…dànshì… 비록 ~이지만, 그러나
不愿意 bú yuànyì 원하지 않다
不敢 bù gǎn 감히 ~않다
说不 shuō bù 거절하다, 아니라고 말하다
只能 zhǐ néng 어쩔 수 없이
照 zhào 따라서, 그대로

68 나는 지금 중국에서 중국어를 공부하고 있고, 올해 하반기부터 일자리를 찾기 시작할 것이다. 나는 중국어를 사용할 수 있는 회사에서 일하고 싶지만, 중국에 있는 회사에서 일할지 아니면 귀국해서 일할지 아직 결정하지 못했다.

★ 이 글에 근거해 알 수 있는 것은?

A 나는 학생이다
B 나는 일자리를 찾았다
C 나는 귀국해서 일할 것이다

정답 **A**

해설 지문 처음에 언급된 "我现在在中国学习汉语"에서 정답이 보기A라는 것을 알 수 있다. 지문 "今年下半年就要开始找工作了"에서 언급된 임박태 표현 "就要…了"를 통해 화자는 일자리를 찾기 시작할 거라는 걸 알 수 있으며, 이는 보기B와 모순되므로 B는 정답이 아니다. 지문 후반부에 "现在还没决定"을 통해, 중국에서 일할지 귀국해서 일할지 아직 결정하지 못했다고 말하고 있으므로 보기C도 정답이 아니다.

단어 现在 xiànzài 지금
学习汉语 xuéxí Hànyǔ 중국어를 공부하다

모의고사 ①
모의고사 ②
모의고사 ③
모의고사 ④
모의고사 ⑤

就要…了 jiùyào… le (임박)곧 ~이다
开始 kāishǐ 시작하다
还是 háishi (선택)아니면
决定 juédìng 결정하다

69 리우리가 대학교 수학 교수라고? 잘못 들었겠지? 어떻게 그럴 수가? 고등학교 때 그녀의 수학성적은 우리 반에서 최하위였어.

★ 이 글에 근거하여 알 수 있는 것은?

A 화자와 리우리의 사이는 좋지 않다
B 리우리는 고등학교 때 수학을 못 했다
C 화자는 대학교 수학교수이다

정답 **B**

해설 지문에 언급된 "在中学时, 她的数学成绩是我们班最差的"는 보기B의 "刘丽中学时数学不好"와 같은 의미이므로 답은 보기B이다.

단어 当 dāng ~이 되다
数学 shùxué 수학
听错 tīngcuò 잘못 듣다
成绩 chéngjì 성적
差 chà 못하다, 나쁘다

70 지금 거의 모든 집에 냉장고가 있다. 어떤 사람들은 편리하라고 혹은 보기 좋으라고 냉장고를 잠을 자는 방에 들여 놓는다. 사실 냉장고를 침실에 들여 놓는 것은 건강에 좋지 않으며, 냉장고를 침실에서 빼는 것이 가장 좋다.

★ 냉장고를 왜 침실에 놓을 수 없나요?

A 건강에 좋지 않다
B 방이 보기 좋지 않다
C 물건 꺼내기 불편하다

정답 **A**

해설 지문에 언급된 "其实"은 독해 시험에서 반드시 신경 써서 봐야 할 아주 중요한 단어이다. '잘못 알고 있는 사실, 其实+올바른 사실'의 형태로 사용되는데, "其实" 뒷부분은 화자가 전달하고자 하는 주요내용이다. 지문에서 "其实冰箱放在房间里对人的健康不好"라고 언급하고 있으므로 보기A가 정답이다.

단어 差不多 chà bu duō 거의
家家 jiājiā 집집마다
冰箱 bīngxiāng 냉장고
为了 wèile ~을 위하여
方便 fāngbiàn 편리하다
其实 qíshí 사실은
对…不好 duì…bù hǎo ~에 좋지 않다

3. 쓰기(书写)

제1부분

제1부분은 총 5문항이다. 모든 문제에는 여러 개의 단어가 제시되어 있다. 응시자는 주어진 단어를 사용하여 하나의 완성된 문장을 만든다.

71 정답 你怎么又迟到了?

그는 왜 또 지각을 했나요?

해설 먼저 주어 "你"와 술어 "迟到了"를 확인한다. "又+술어+了"는 반복해서 발생한 일에 사용할 수 있는 조합이며, 의문사 "怎么"는 '왜'의 의미로 원인을 물을 때 상황어의 위치인 주어 뒤, 술어 앞에 쓰인다. 이를 통해 완성된 문장은 "你怎么又迟到了?"이다.

단어 迟到 chídào 지각하다
又… 了 yòu…le 또 ~이다
怎么 zěnme (원인)왜

72 정답 我一直在想这个问题。

나는 줄곧 이 문제를 생각하고 있었다.

해설 먼저 주어 "我"와 술어 "想", 빈어 "这个问题"를 확인한다. 술어 "想"앞에 붙어 있는 "在"는 부사로 진행의 의미를 나타내며, 부사 "一直"는 주어 뒤, 술어 앞인 상황어 자리에 들어간다. 그러므로 완성된 문장은 "我一直在想这个问题。"이다.

단어 一直 yìzhí 줄곧
在想 zài xiǎng 생각하고 있다
这个问题 zhègè wèntí 이 문제

73 정답 他不知道怎么去火车站。

그는 기차역에 어떻게 가는지 모른다.

해설 먼저 주어 "他"와 술어 "不知道"를 확인한다. 술어 "不知道"는 주술구문을 빈어로 가질 수 있다. 방법을 나타내는 "怎么"뒤에 동사 "去"가 오고, 그 뒤에 장소 "火车站"이 순서대로 와야 한다. 완성된 문장은 "他不知道怎么去火车站。"이다.

단어 火车站 huǒchēzhàn 기차역
他 tā 그
怎么去 zěnme qù (방법)어떻게 가다
不知道 bù zhīdao 모르다

74 정답 我已经喝了一杯果汁。

나는 이미 주스 한 잔을 마셨다.

해설 먼저 주어 "我"와 술어 "喝了", 빈어 "一杯果汁"을 확인한다. "一杯果汁"은 수량사 "一杯"와 명사 "果汁"이 결합한 빈어이며, 부사 "已经"은 주어 뒤, 술어 앞에 온다. 완성된 문장은 "我已经喝了一杯果汁。"이다.

단어 一杯 yì bēi 한 잔
果汁 guǒzhī 주스
喝了 hēle 마시다
已经 yǐjing 이미

75 정답 那是王老师的汉语书吗?

저것은 왕 선생님의 중국어 책인가요?

해설 먼저 주어와 술어가 결합된 "那是"와, 빈어 "汉语书"를 확인한다. 의문조사 "吗"는 문장 끝에 사용하고 물음표를 붙여준다. 구조조사 "的"는 주어나 빈어를 수식할 때 수식어 뒤에 사용한다. 이를 근거로 "王老师的汉语书"라고 해야 하며 완성된 문장은 "那是王老师的汉语书吗?"이다.

단어 王老师 Wáng lǎoshī 왕 선생님
那是 nà shì 그것은 ~이다
吗 ma 입니까?
汉语书 Hànyǔshū 중국어 책

51

제2부분

제2부분은 총 5문항이다. 모든 문제는 하나의 빈칸이 들어간 문장으로 구성되어 있다. 응시자는 빈칸에 들어갈 알맞은 한자를 쓴다.

76 정답 **境**

그 곳의 환(경)은 정말 아름답다. 하늘은 매우 파랗고, 공기는 매우 신선하다.

해설 하늘과 공기는 "环( )"에 속하는 것들이다. "环"으로 시작하고 "jìng"이라는 병음으로 이어진 단어는 "环境"이다.

단어 环境 huánjìng 환경
天空 tiānkōng 하늘
蓝 lán 파랗다
空气 kōngqì 공기
新鲜 xīnxiān 신선하다

77 정답 **搬**

이렇게 많은 물건을 당신 혼자서 (옮길) 수 있나요?

해설 많은 물건을 혼자서 'bān'할 수 있냐는 지문속의 'bān'은 '움직이다'를 뜻하는 "搬"이 가장 적합하다. 물건의 이동을 나타내는 동사로는 "搬"이 적합하고, 사건을 나타내는 단어 "事情"의 동사로는 "办(bàn)"이 적합하다.

단어 东西 dōngxi 물건
搬得了 bān de liǎo 옮길 수 있다

78 정답 **查**

당신은 오늘 병원에 신체검(사) 받으러 갔었는데, 의사가 뭐라고 말하던가요?

해설 건강검진, 신체검사는 "检查身体"라고 표현한다. "检查"는 신HSK에 자주 언급되는 단어이다. 반드시 기억하자.

단어 检查身体 jiǎnchá shēntǐ 건강검진을 하다
医生 yīshēng 의사

79 정답 **赛**

내일 너는 처음으로 이렇게 큰 시(합)에 참가하는데, 준비는 다 됐니?

해설 동사 "参加"의 빈어로 시합을 나타내는 단어 "比赛"를 빨리 떠올려야 한다. "参加比赛"는 자주 사용되는 '동사+빈어'구조이다.

단어 参加 cānjiā 참가하다
比赛 bǐsài 시합
准备 zhǔnbèi 준비하다

80 정답 **箱**

샤오리가 다음 달에 결혼할 거라서, 어제 그는 시내에서 칼라TV와 (냉장고)를 샀다.

해설 칼라TV와 냉장고는 신HSK시험에서 자주 등장하는 단어이다. 냉장고를 나타내는 중국어 단어 "冰箱"을 잘 알아두자.

단어 打算 dǎsuan ~할 계획이다
结婚 jiéhūn 결혼하다
从城里 cóng chéng li 도시에서
彩电 cǎidiàn 칼라TV
冰箱 bīngxiāng 냉장고

新汉语水平考试

HSK
3级

모의고사 해설

HSK三级模拟试题（三）答案

一、听力

第一部分	1. D	2. F	3. A	4. B	5. E	6. B	7. D	8. A	9. E	10. C
第二部分	11. ×	12. ×	13. ✓	14. ✓	15. ×	16. ×	17. ✓	18. ✓	19. ×	20. ✓
第三部分	21. B	22. B	23. A	24. C	25. B	26. C	27. A	28. C	29. B	30. A
第四部分	31. A	32. A	33. B	34. A	35. C	36. B	37. A	38. A	39. C	40. B

二、阅读

第一部分	41. B	42. F	43. D	44. A	45. C	46. C	47. E	48. A	49. B	50. D
第二部分	51. F	52. D	53. B	54. A	55. C	56. D	57. F	58. A	59. E	60. B
第三部分	61. C	62. C	63. B	64. A	65. B	66. B	67. A	68. C	69. A	70. A

三、书写

第一部分	71.	这几本新书都不错。			
	72.	那是在火车站买的。			
	73.	那儿的西瓜特别甜。			
	74.	你一定别忘了带护照。			
	75.	马丁学习汉语非常认真。			
第二部分	76. 错	77. 算	78. 祝	79. 商	80. 诉

1. 듣기(听力)

제1부분은 총 10문항이다. 모든 문제는 하나의 대화로 이루어져 있으며, 두 번씩 들려준다. 응시자는 시험지에 주어진 여러 그림 중 들려주는 대화 내용과 일치하는 것을 선택한다.

1

男：这是我新买的，上来吧，我送你回去吧。
女：这车可真漂亮，很贵吧?

남 : 이건 내가 새로 구매한 거야. 타봐. 내가 집까지
　　데려다 줄게.
여 : 이 차 정말 멋지다. 비싸지?

정답 D

해설 문제에 언급된 "这车"에서 힌트를 얻어 자동차 그림이 있는
보기D를 답으로 고른다.

단어 买的 mǎi de 산 것
送 sòng 배웅하다
漂亮 piàoliang 예쁘다, 멋지다
贵 guì 비싸다

2

女：听说小李搬家了，你去过他的新房子
　　了吗?
男：去了，房间很大，也很漂亮。

여 : 듣자하니, 샤오리가 이사를 갔다며, 그의 새 집
　　에 가봤어?
남 : 가봤지. 방이 아주 크고 예쁘더라.

정답 F

해설 문제에 언급된 "新房子", "房间"에서 힌트를 얻어, 보기F를
답으로 고른다.

단어 听说 tīngshuō 듣자하니
搬家 bānjiā 이사하다

房子 fángzi 집
漂亮 piàoliang 예쁘다

3

男：时间还早，别着急回去，再吃点儿水
　　果吧。
女：谢谢，不用了，我已经吃得特别饱了。

남 : 시간이 아직 이른데, 급하게 가지 말고, 과일 좀
　　더 먹어.
여 : 고마워. 더 안 먹어도 괜찮아. 난 이미 아주 배
　　부르게 먹었어.

정답 A

해설 문제에 언급된 "水果", "吃得特别饱"에서 힌트를 얻어, 과
일이 있는 보기A를 답으로 고른다.

단어 还 hái 아직
别 bié ~하지 마라
着急 zháojí 조급해 하다
水果 shuǐguǒ 과일
特别 tèbié 아주
饱 bǎo 배부르다

4

女：孩子呢? 怎么一点儿声音都没有? 睡着
　　了吗?
男：睡觉就好了，你看门后边是谁。

여 : 애는요? 어떻게 소리가 하나도 안 나요? 잠들었어요?

남 : 잠들었으면 좋게. 문 뒤에 누가 있는지 봐.

정답 **B**

해설 문제에 언급된 "孩子", "门后边"에서 힌트를 얻어, 문 뒤에 아이가 있는 보기B를 답으로 고른다.

단어 怎么 zěnme (반어용법)어떻게
睡着 shuìzháo 잠들다
后边 hòubiān 뒤 쪽

5
男 : 外边下雨了，我没带雨伞，怎么办啊？
女 : 没关系，我有两把，可以借你一把。

남 : 밖에 비가 오네. 난 우산을 안 가져 왔는데, 어떻게 하지?

여 : 괜찮아요. 저에게 두 개가 있어요. 하나 빌려 드릴게요.

정답 **E**

해설 문제에 언급된 "下雨", "雨伞"에서 힌트를 얻어, 우산이 있는 보기E를 답으로 고른다.

단어 带 dài (물건을)지니다
雨伞 yǔsǎn 우산
把 bǎ (양사)자루
没关系 méi guānxi 괜찮다
借 jiè 빌려주다

6
女 : 谢谢你送我这么大的蛋糕。
男 : 谢什么，我们不是好朋友吗？祝你生日快乐！

여 : 나에게 이렇게 큰 케이크를 선물해줘서 고마워.

남 : 고맙긴. 우리는 사이 좋은 친구잖아. 생일 축하해.

정답 **B**

해설 문제에 언급된 "蛋糕", "祝你生日快乐！"에서 힌트를 얻어서, 생일축하 케이크가 있는 보기B를 답으로 고른다.

단어 送 sòng 선물하다
蛋糕 dàngāo 케이크
不是…吗？ bú shì…ma？ ~아닌가요？
快乐 kuàilè 즐겁다

7
男 : 这么多好菜，你怎么只吃这么一点儿呀？
女 : 我也想吃，但是又不敢多吃，要不就更胖了。

남 : 이렇게 맛있는 음식이 많은데, 넌 왜 겨우 이 정도만 먹니？

여 : 나도 먹고 싶지만 많이 먹기 겁나. 안 그러면 더 뚱뚱해지잖아.

정답 **D**

해설 문제에 언급된 "菜", "只吃这么一点儿", "不敢多吃"에서 힌트를 얻어, 여자가 무엇인가를 먹고 있는 보기D를 답으로 고른다.

단어 菜 cài 음식
只 zhǐ 겨우, 고작
但是 dànshì 그러나
胖 pàng 뚱뚱하다
不敢 bù gǎn 감히 ~을 못하다
要不 yào bù ~가 아니라면
更 gèng 더욱

8
女 : 中间那个人是你们班的吗？她跳得真好。
男 : 她叫王华，从小就练习跳舞。

여 : 가운데 저 사람 너희 반이니？ 정말 춤을 잘 춘다.

남 : 그녀는 왕화라고 하는데, 어려서부터 춤을 추었다는군.

정답 **A**

해설 문제에 언급된 "跳得真好", "跳舞"에서 힌트를 얻어서, 여자가 춤을 추고 있는 보기A를 답으로 고른다.

단어 中间 zhōngjiān 중간, 가운데
跳 tiào 춤추다
叫 jiào ~라고 불리우다
从小 cóng xiǎo 어려서부터

练习 liànxí 연습하다
跳舞 tiàowǔ 춤추다

9

> 男：你会唱这么多中国歌?
> 女：那当然，中国歌很好听，我学中国歌也是为了学汉语。

남 : 이렇게 많은 중국노래를 부를 줄 알아?
여 : 물론이지. 중국노래가 듣기 좋잖아. 내가 중국노래를 배우는 것은 중국어를 배우기 위해서야.

정답 **E**

해설 문제에 언급된 "中国歌"에서 힌트를 얻어, 여자가 노래를 부르고 있는 보기E를 답으로 고른다.

단어 唱 chàng 부르다
中国歌 Zhōngguógē 중국 노래
为了 wèile (목적)~을 위하여
当然 dāngrán 물론

10

> 女：看你笑的，一定是有什么好事儿。
> 男：让你说对了，我妈妈刚才打电话，她说下周要和爸爸一起来看我。

여 : 웃는 걸 보니, 분명히 무슨 좋은 일이 있구나.
남 : 네 말이 맞아. 엄마가 방금 전화를 하셨는데, 다음 주에 아버지랑 같이 날 보러 오신다고 말씀하셨어.

정답 **C**

해설 문제에 언급된 "看你笑的", "打电话"에서 힌트를 얻어, 남자가 휴대전화를 들고 웃고 있는 보기C를 답으로 고른다.

단어 笑的 xiào de (모습)웃는 것
一定 yídìng 반드시
刚才 gāngcái 방금 전
让你说对了 ràng nǐ shuōduì le 네말이 맞다
打电话 dǎ diànhuà 전화하다
下周 xiàzhōu 다음 주

제2부분

제2부분은 총 10문항이다. 모든 문제는 두 번씩 들려준다. 모든 문제에는 한 사람이 한 단락의 문장을 읽은 다음, 다른 한 사람은 그 문장과 관련된 문장을 제시한다. 시험지에도 이 문장이 제시되어 있으며, 응시자는 들려준 단문의 내용과 맞는지 판단한다.

11

> 原来是你啊，我还以为是张阿姨回来了呢。

원래 너였구나. 나는 장씨 아줌마가 돌아오신 줄 알았어.

★ 장씨 아줌마가 돌아오셨다.

정답 ✗

해설 녹음에 언급된 "以为"는 '~인 줄 알았는데'라는 뜻으로 생각과 사실이 다를 때 사용한다. '장씨 아줌마가 돌아오신 것이라고 여기고 있었는데, 그것이 아니라 너가 돌아왔다'는 의

미이다. 그러므로 녹음과 문제는 일치하지 않으며 답은 X이다.

단어 原来 yuánlái 원래는
以为 yǐwéi ~인 줄 알다
阿姨 āyí 아줌마

12

> 他喜欢骑车，但是来这儿以后他一次自行车也没骑过。

그는 자전거 타는 것을 좋아하지만, 여기에 온 후로 한 번도 자전거를 탄 적이 없다.

★ 그는 여기에서 자전거를 겨우 한 번 타 봤다.

정답 X

해설 녹음에 언급된 "一次自行车也没骑过"는 "一次+명사+也+没+동사+过"의 형태로 '한 번도 ~해 본 적이 없다'는 부정의 뜻이다. 자전거를 한 번 타 봤다는 문제와 녹음은 일치하지 않으므로 답은 X이다.

단어 骑车 qíchē 자전거를 타다
但是 dànshì 그러나
自行车 zìxíngchē 자전거
骑过 qíguo 타 본적이 있다

13

那个电影不太好，我不想看，但是我的朋友喜欢看电影，他想和我一起去。没办法，我只好去了。

그 영화가 별로라서, 나는 보고 싶지 않아. 하지만 내 친구가 영화를 좋아하는데, 나랑 같이 가고 싶어했어. 방법이 없잖아. 어쩔 수 없이 갔어.

★ 나는 친구와 영화를 보았다.

정답 √

해설 영화를 싫어하지만 어쩔 수 없이 갔다고 녹음에서 언급하고 있다. 녹음에 사용된 "只好"는 좋아하지는 않지만 어쩔 수 없다는 뜻으로 결국 영화를 보았다는 것을 알 수 있다.

단어 电影 diànyǐng 영화
但是 dànshì 그러나
没办法 méi bànfǎ 방법이 없다
只好 zhǐ hǎo 어쩔 수 없이

14

来中国以前，我不会说汉语，也不会写汉字。一年过去了，现在我会说了，我很高兴。

중국에 오기 전에, 나는 중국어를 할 줄 몰랐고, 한자도 쓸 줄 몰랐다. 1년이 흘렀고, 지금 나는 말을 할 줄 알게 되었다. 그래서 매우 기쁘다.

★ 나는 중국에 온지 일 년이 되었다.

정답 √

해설 녹음에서 화자는 중국에 오기 전에 중국어를 전혀 구사할 줄 몰랐다고 했다. 중간에 "一年过去了"는 시간의 흐름을 알려주며 1년 뒤에 중국어를 구사하게 되었으므로 녹음과 문제는 일치한다.

단어 以前 yǐqián 이전에
不会 bú huì ~할수 없다
说汉语 shuō Hànyǔ 중국어를 말하다
过去 guòqu (시간이)지나가다

15

考试的时候要用铅笔，可是我没带，王明就把他的借给我。

시험을 볼 때 연필을 사용해야 하지만 나는 가져오지 않았고, 왕밍이 그의 것을 내게 빌려 주었다.

★ 왕밍이 내게 돈을 빌려 주었다.

정답 X

해설 녹음에는 "铅笔" 연필을 빌려 주었다고 언급하였는데, 문제에서는 "钱" 즉, 돈을 빌려 주었다고 하였다. 성조는 다르지만 발음이 같아 혼동될 수 있으니 주의하자.

단어 考试 kǎoshì 시험
用 yòng 사용하다
铅笔 qiānbǐ 연필
把 bǎ ~을
没带 méi dài (사물을)지니지 않았다
借 jiè 빌려주다

16

我和姐姐虽然都在北京工作，但是我们住的地方离得很远，不经常见面，只是每天发电子邮件。

나와 언니는 비록 베이징에서 일을 하지만, 우리가 살고 있는 지역은 서로 멀리 떨어져 있다. 자주 못 봐서 매일 이메일을 보낸다.

★ 나와 언니는 매일 만난다.

정답 X

해설 녹음의 후반부에서 "不经常见面"이라고 언급하였고, 문제에서는 "每天见面"이라고 하였으므로 내용이 서로 일치하지 않는다.

단어 虽然…但是… suīrán…dànshì… 비록 ~하지만,
그러나 ~하다
住 zhù 살다
离 lí ~로부터 ~까지
经常 jīngcháng 종종
发 fā 보내다
电子邮件 diànzǐ yóujiàn 이메일

해설 문제의 내용을 녹음에서 직접적으로 언급하지 않았지만 녹음내용을 전반적으로 이해했다면 문제 내용과의 일치성을 유추하기에 별 무리가 없다.

단어 没课 méi kè 수업이 없다
晚上 wǎnshang 저녁
电影院 diànyǐngyuàn 영화관
当然 dāngrán 물론

17

跟哥哥比，爸爸开汽车的水平差多了。

형과 비교했을 때 아버지의 운전 실력은 많이 떨어진다.

★ 형은 아버지보다 운전 실력이 좋다.

정답 √

해설 녹음에서 언급된 "跟哥哥比"에 사용된 "跟…比"는 '~과 비교하다'의 뜻이며, 여기에서 사용된 "比"는 동사이다. 녹음의 주어는 "爸爸开汽车的水平"이며, 술어는 "差多了"이다. 하지만 문제에서 언급된 "比"는 개사로 '~보다'라는 비교의 뜻이다. 문제의 주어 "哥哥"는 "哥哥开车的水平"에서 "开车的水平"을 생략한 표현이고 술어는 "高"이다. 그러므로 아버지 실력이 형보다 못하다는 녹음 내용과, 형의 실력이 아버지 운전 실력보다 좋다는 문제내용은 같은 뜻이므로 답은 √이다. "比"가 개사로 사용된 비교문은 주어와 술어의 관계를 잘 따져봐야 한다.

단어 跟 gēn ~와
比 bǐ 비교하다
开汽车 kāi qìchē 차를 운전하다
水平 shuǐpíng 수준, 실력
差多了 chàduō le 차이가 많이 난다

19

刚到中国的时候，我觉得什么都很新鲜、都很有意思，当然也有一些不习惯的地方。半年过去了，我已经习惯这里的生活了。

중국에 막 왔을 때, 나는 모든 것들이 다 신선하고 재미있었다. 물론 약간 적응이 안되는 부분도 있었다. 반 년이 흐르고, 나는 이미 이곳의 생활에 적응됐다.

★ 그는 아직도 중국 생활에 적응이 안됐다.

정답 X

해설 녹음에서 막 중국에 왔을 때 적응이 안 된 부분도 있었지만, 6개월 후에는 "我已经习惯这里的生活了"라고 했으므로 답은 X이다.

단어 刚到 gāng dào 막 오다
觉得 juéde ~라고 느끼다
新鲜 xīnxiān 신선하다
有意思 yǒu yìsi 재미있다
不习惯 bù xíguàn 적응되지 않다
生活 shēnghuó 생활

18

我明天上午没课，下午有汉语课，晚上有时间，学校电影院有好电影，小王去，我当然也去。

나는 내일 오전에 수업이 없고, 오후에는 중국어 수업이 있어. 저녁에는 시간이 있는데 학교 영화관에서 좋은 영화를 상영한대. 샤오왕이 가니 물론 나도 가야지.

★ 오늘 저녁에 학교에서 영화를 상영한다.

정답 √

20

现在写信的人少了，发电子邮件的多了。这是因为写信又慢又不方便，不像电子邮件那样，不但快，还不用花钱。所以现在用笔写信的人越来越少，这样下去，可能以后就没有人写信了。

요즘에 편지 쓰는 사람들이 줄고, 전자우편을 보내는 사람들이 늘었다. 이것은 편지가 느리고 또 불편하기 때문이며 전자 우편처럼 빠르지 않을 뿐더러 비용도 발생하기 때문이다. 그래서 지금은 펜으로 편지를 쓰는 사람들이 점점 줄어들었다. 계속 이렇게 되면, 아마도 앞으로는 편지 쓰는 사람이 없어질 것이다.

★ 요즘 편지 쓰는 사람들이 점점 줄어든다.

정답 √

해설 녹음 초반부에 언급된 "现在写信的人少了"와 문제 "现在写信的人越来越少"는 같은 뜻이다. "现在写信的人少了"의 "了"는 어기조사로 변화를 뜻한다. 그리고 "越来越"는 시간의 흐름에 따른 변화를 뜻하기 때문에 두 지문은 일치한다고 볼 수 있다.

단어 写信 xiěxìn 편지 쓰다
少 shǎo 적다
发电子邮件 fā diànzǐ yóujiàn 이메일을 보내다
又…又… yòu…yòu… ~이기도 하고, 또 ~이기도 하다
因为 yīnwèi ~때문에

不像 bú xiàng ~같지 않다
不但…还… búdàn…hái… ~일 뿐만 아니라 또 ~
所以 suǒyǐ 그래서
越来越 yuèláiyuè 점점

제3부분

제3부분은 총 10문항이다. 모든 문제는 두 번씩 들려준다. 모든 문제는 두 사람의 대화로, 두 문장으로 구성되어 있다. 세 번째 사람이 이 대화와 관련된 질문을 한다. 응시자는 시험지에 주어진 3개의 선택항목 중에서 정답을 고른다.

21

男：你还不知道？小张去中国了，他找到了工作。
女：是吗？他怎么没告诉我？

问：小张去中国是：

남 : 당신 아직 몰라요? 샤오장이 중국에 가서 일자리를 찾는대요.
여 : 그래요? 그가 왜 나에게는 안 알려줬지?

문 : 샤오장은 중국에 가서 :

A 여행하다
B 일하다
C 공부하다

정답 B

해설 문제의 선택항을 보고 '무엇을 하다'를 묻는 문제임을 빨리 인지해야 한다. 녹음에서 언급된 내용은 보기 B밖에 없다.

단어 不知道 bù zhīdao 모르다
找到了 zhǎodào le 찾았다
告诉 gàosu 알리다

22

女：要不要放点儿牛奶或者加点儿糖？
男：谢谢，不用了。我喜欢这种黑咖啡。

问：男的在做什么？

여 : 우유를 넣거나 아니면 설탕을 좀 넣을까요?
남 : 고맙지만 괜찮아요. 나는 이런 블랙커피를 좋아해요.

문 : 남자는 무엇을 하고 있나요?

A 사탕을 먹다
B 커피를 마시다
C 우유를 마시다

정답 **B**

해설 문제의 선택항을 보고 '무엇을 하다'를 묻는 문제임을 빨리 인지해야 한다. 녹음에 언급된 "糖"은 설탕을 뜻하며, 보기A에서 언급된 사탕과는 다르다. 남자가 "黑咖啡"를 좋아한다고 했으므로 남자가 커피를 마시고 있다는 것을 알 수 있다.

단어 放 fàng 넣다
加 jiā 넣다, 보태다
糖 táng 설탕, 사탕
黑咖啡 hēi kāfēi 블랙 커피

23

男：别坐火车了，坐飞机吧，飞机比火车快。
女：但是飞机票太贵了。

问：女人的意思是:

남：기차를 타지 말고, 비행기를 타. 비행기가 기차보다 빨라.
여：그런데 비행기표가 너무 비싸.

문：여자의 뜻은:

A 비행기를 타고 싶지 않다
B 비행기표를 사지 못했다
C 기차가 비행기보다 빠르다고 여긴다

정답 **A**

해설 남자가 비행기를 타라고 권유하지만, 여자가 비행기표가 비싸다며 가격에 부담을 느끼고 있다. 그러므로 여자가 비행기를 타고 싶어하지 않는다는 보기A가 답이다. 보기B, C는 여자가 말한 내용과 전혀 관계가 없는 내용들이다.

단어 别 bié ~하지 마라
飞机票 fēijīpiào 비행기표
贵 guì 비싸다

24

女：说真的，这件事你一个人办得了吗?
男：那还用说，你看我的吧。

问：男人的意思是:

여：솔직히 말해. 이 일을 혼자서 처리할 수 있어?
남：더 말할 필요 있나? 나만 믿어.

문：남자의 뜻은:

A 이 일은 처리하기 어렵다

B 이 일은 말하고 싶지 않다
C 이 일은 아주 쉽다

정답 **C**

해설 남자가 한 말 "那还用说"는 긍정의 뜻이고, "你看我的吧"는 자신감에 차서 혼자서 다 처리할 수 있다는 뜻이다. 이런 남자의 말을 보기들과 연결시켜 보면 "那还用说"는 보기C와 가장 가깝다는 것을 알 수 있다. 보기A와 C는 상반되는 답이며, 보기B는 "那还用说"를 엉뚱하게 해석하게 되면 빠질 수 있는 함정이므로 주의한다.

단어 真的 zhēn de 정말
办得了 bàn de liǎo 처리할 수 있다
那还用说 nà hái yòng shuō (반어용법)더 말할 필요있나?, 당연히 그렇다
看我的 kàn wǒ de 나만 믿어

25

男：这几种水果多少钱?
女：苹果1公斤8块，香蕉10块，西瓜12块，您要点什么?

问：下面哪种水果没有提到?

남：이 과일들은 얼마인가요?
여：사과는 1킬로에 8콰이, 바나나는 10콰이, 수박은 12콰이입니다. 무엇을 드릴까요?

문：아래의 어떤 과일이 언급되지 않았나요?

A 바나나
B 포도
C 수박

정답 **B**

해설 문제의 선택항 보기를 보고 '과일'를 묻는 문제임을 빨리 인지한다. 녹음을 들으면서 눈으로는 보기를 주시하고, 손으로는 보기 옆에 세부사항들을 메모 해야 한다. 이렇게 습관을 들여야 이런 나열식의 문제에서 쉽게 답을 골라낼 수 있다. 방금 제시한 학습 방법대로 공부를 하면 앞으로 난이도가 더 높은 서술형 문제들도 거뜬히 해결할 수 있다. 녹음에 언급되지 않은 과일은 보기B포도이다.

단어 水果多 shuǐguǒ duō 과일이 많다
苹果 píngguǒ 사과
香蕉 xiāngjiāo 바나나
葡萄 pútao 포도
西瓜 xīguā 수박

26

女：他们说得这么快，你听得懂吗？
男：我一句也听不懂，你呢？

问：男的听得懂吗？

여 : 저들이 저렇게 빨리 말하는데, 너는 알아듣니?
남 : 나 한마디도 못 알아들었어, 너는?

문 : 남자는 알아 들었나요?

A 한 마디 알아들었다
B 약간 알아들었다
C 모두 못 알아들었다

 정답 C

해설 녹음에 언급 된 "我一句也听不懂"은 "一+양사+也+ 부정형 동사"형태가 사용된 것으로 '전혀 ~하지 않다' 라는 부정형이다. 그러므로 알아 들었다고 표현한 보기A, B 는 모 두 제거하고, 전혀 알아 듣지 못했다고 한 보기C를 답으로 고른다.

단어 听得懂 tīng de dǒng 알아 듣다
一句也 yí jù yě 한 마디도

27

男：您想买哪种书？我帮您选选？
女：我想买几本关于中国历史的书，但是我 的汉语水平不太好，所以请您帮我找一 本照片多一点儿的好吗？

问：说话人在什么地方？

남 : 너는 어떤 책을 사고 싶니? 내가 네 대신 골라 줄까?
여 : 나는 중국 역사에 관한 책을 몇 권 사고 싶지만 내 중국어 실력이 그다지 좋지 않아. 그래서 네 가 나에게 사진이 많은 것을 골라 주면 좋겠는 데, 어때?

문 : 화자는 어디에 있나요?

A 서점
B 교실
C 사진관

정답 A

해설 문제의 선택항을 보고 '장소'를 묻는 문제임을 빨리 인지한 다. 도입부의 "买哪种书"에서 대화 장소가 서점임을 알 수 있다. 책을 사고 파는 곳은 도서관이 아니라 서점이다. 여자

가 중국어 실력이 좋지 않으니 사진이 많이 있는 책으로 골 라 달라고 한 부분만 듣고 보기C를 고르면 안된다.

단어 想 xiǎng ~하고 싶다
种 zhǒng 종류
帮 bāng 돕다
选 xuǎn 고르다, 선택하다
关于 guānyú ~관하여
中国历史 Zhōngguó lìshǐ 중국역사
水平 shuǐpíng 수준
照片 zhàopiàn 사진

28

女：这房子真漂亮，前边就是个小公园，空 气新鲜。
男：是啊，地点很不错，就是离城市太远， 上班不太方便。

问：关于房子，下面哪一个没有提到？

여 : 이 집 정말 예쁘네. 앞쪽은 작은 공원이고, 공기 도 신선해.
남 : 맞아. 위치는 정말 좋지. 그런데 시내에서 너무 멀어서, 출근이 조금 불편해.

문 : 집에 관해 아래 언급되지 않은 것은?

A 집의 환경
B 집의 위치
C 집의 크기

정답 C

해설 문제의 선택항을 보면 앞의 세 글자 "房子的"가 똑같으니 이 뒤의 두 글자에 집중하도록 한다. 여자가 한 말에서 집의 주변 환경이 좋다는 것을 알 수 있으니 A는 언급되었다고 볼 수 있다. 그리고 남자가 한 말에서 보기B도 언급되었지만 보기C는 어디에도 언급되지 않았다.

단어 房子 fángzi 집
公园 gōngyuán 공원
空气新鲜 kōngqì xīnxiān 공기가 신선하다
地点 dìdiǎn 위치
离 lí ~로부터 ~까지
就是 jiù shì 그러나, 단지
上班 shàngbān 출근하다
不太方便 bú tài fāngbiàn 그다지 편리하지 않다
城市 chéngshì 도시, 시내

29

男 : 你们厂不错啊，听说刚上班的工人每个月就有4000多块。
女 : 没有的事，你一定听错了。

问 : 女人的意思是:

남 : 당신네 공장이 좋군요. 듣자 하니 갓 입사한 직원도 매월 4000콰이를 받는다면서요.
여 : 그럴리가 없어요. 분명 잘못 들으신 거예요.

문 : 여자의 뜻은:

A 누가 그런 말을 했는지 알고 싶다
B 돈이 그렇게 많지 않다
C 4000콰이보다 더 많다

정답 **B**

해설 "没有的事"은 상대방의 말을 부정할 때 쓰인다. 그리고 "一定听错了"라는 문장에서 4000콰이를 받지 못한다는 것을 알 수 있다.

단어 厂 chǎng 공장
听说 tīngshuō 듣자하니
工人 gōngrén (공장)노무자
没有的事 méi yǒu de shì (부정)그렇지 않다
一定 yídìng 반드시
听错 tīngcuò 잘못 듣다, 들은 내용이 틀리다

30

女 : 别送了，你快回去吧。时间到了，我该上飞机了。
男 : 拿好自己的东西，路上小心，到了马上给我打电话。

问 : 他们最可能在什么地方?

여 : 그만 나오시고, 어서 돌아가세요. 시간이 되서 비행기에 올라야겠어요.
남 : 본인 물건 잘 챙기시고, 길 조심하세요. 도착하시면 바로 제게 전화주세요.

문 : 이들은 어디에 있을까요?

A 공항
B 지하철역
C 버스역

정답 **A**

해설 녹음의 "该上飞机了"를 통해 대화 장소가 공항임을 알 수 있다.

단어 送 sòng 배웅하다
回去 huíqù (집으로)들어가다
上飞机 shàng fēijī 비행기에 오르다
拿好 náhǎo (물건을)잘 간수하고 챙기다
路上小心 lù shàng xiǎoxīn 먼 길 이동 중에 조심하다
马上 mǎshàng 바로
给…打电话 gěi…dǎ diànhuà ~에게 전화하다

제4부분

제4부분은 총 10문항이다. 모든 문제는 두 번씩 들려준다. 모든 문제는 두 사람의 대화로, 4–5문장으로 구성되어 있다. 세 번째 사람이 이 대화와 관련된 질문을 한다. 응시자는 시험지에 주어진 3개의 선택항목 중에서 정답을 고른다.

31

男：这种鞋有黑色的吗？我想要双27号的。
女：先生，不好意思，这种只有白色的了，而且是最后一双了。那边几种颜色和号码比较全。
男：那给我拿那双黑色的试试吧。
女：是穿27号的吧，您试试这双。

问：男的要买什么？

남 : 이런 신발로 검정색 있나요? 제게 27호 한 켤레 주세요.
여 : 손님, 죄송합니다. 이 신발은 흰색만 있는데다가, 이 신발이 마지막 한 켤레네요. 저쪽은 색상과 크기가 비교적 다양합니다.
남 : 그러면 제게 저 검정색 신발을 좀 신어보게 주세요.
여 : 27호 신으신다고 하셨죠. 이 신발을 신어보세요.

문 : 남자는 무엇을 사고 있나요?

A 구두
B 지갑
C 바지

정답 A

해설 일반적으로 사물을 묻는 문제는 양사를 주의 깊게 들어야 한다. 양사가 다양한 것은 중국어 특징 중의 하나이며 이런 유형의 문제는 사물과 자주 사용되는 양사의 조합을 테스트하는 문제이다. 보기A의 구두는 일반적으로 '한 켤레'란 의미의 양사 "双"을 사용하고, 보기B의 지갑은 양사 "个"를 많이 사용하며, 보기C의 바지는 양사 "条"를 많이 사용한다. 즉, 녹음에 언급된 "双"은 신발의 양사이며, 지갑과 바지는 "双"과 함께 쓰이지 않는다.

단어 鞋 xié 신발
双 shuāng (양사)켤레
不好意思 bù hǎo yìsi 죄송합니다
只有 zhǐ yǒu ~만 있다

而且 érqiě 게다가
最后 zuìhòu 맨 마지막
颜色 yánsè 색
号码 hàomǎ 사이즈
比较 bǐjiào 비교적
全 quán 다 갖추고 있다
试 shì 신어보다, ~해보다

32

女：马力，你最大的爱好就是踢足球吧。
男：其实除了踢足球，我也很喜欢听音乐，你呢？
女：我啊，我喜欢看电影，但是要说最爱的话，我更喜欢下厨房。
男：真的吗？下次给我们做几个菜怎么样？

问：女的最大的爱好是什么？

여 : 마리야, 너가 가장 좋아하는 취미는 축구지?
남 : 사실 축구 말고 나는 음악 듣는 것도 좋아해. 너는?
여 : 나는 영화 보는 것을 좋아하는데, 제일 좋아하는 것을 말하라면, 나는 주방에 들어가서 음식을 만드는 것을 더 좋아하지.
남 : 정말이야? 다음번에 우리에게 음식 좀 만들어주면 어때?

문 : 여자가 제일 좋아하는 취미는 무엇인가요?

A 음식 만들기
B 음악 듣기
C 영화 보기

정답 A

해설 이 문제는 보기 세 개가 모두 녹음 속에 언급되기 때문에 귀로는 듣고, 눈으로는 보기를 보면서, 손으로는 보기 옆에 간단하게 필기를 해야 정확한 답을 찾을 수 있다. 눈으로 선택항의 보기를 주시하면서 보기B의 음악 듣기 옆에는 '남'이라고 표기를 해 놓고, 보기C의 옆에는 재빨리 '여'라고 표기를 해놔야 한다. 이어서 녹음 속의 여자는 자기가 가장 좋아하는 것을 "下厨房"이라고 말했는데 "下厨房"이 "做个菜"와 연관된 말임을 유추해 보면 정답은 보기는 A이다.

단어 爱好 àihào 취미
踢足球 tī zúqiú 축구를 하다
其实 qíshí 사실은
除了 chúle ~을 제외하고
更 gèng 더욱
下厨房 xià chúfang 주방에 들어가 음식을 만들다
做几个菜 zuò jǐ ge cài 음식 몇 가지를 만들다

33

男：给你买了明天的飞机票，你先去北京准备一下这次会议。 女：只有我一个人，你和经理不去了吗？ 男：张经理身体不好，不能坐飞机，我和他坐火车，晚两天到。 女：那好，到时候我去车站接你们。
问：男的打算怎么去北京？

남 : 당신에게 내일 비행기표를 사주겠으니, 당신이 먼저 베이징에 가서 이번 회의를 준비하세요.
여 : 저 혼자만요? 당신과 사장님은 안 가시나요?
남 : 장 사장님의 건강이 별로 안 좋으셔서, 비행기를 타실 수가 없어요. 난 사장님과 기차를 타고 이틀 뒤에 도착할 겁니다.
여 : 알겠습니다. 이틀 후 제가 기차역으로 마중 나갈게요.

문 : 남자는 어떻게 베이징에 갈 것인가요?

A 비행기를 타고서
B 기차를 타고서
C 차를 타고서

정답 B

해설 문제의 선택항을 보고 '교통수단'을 묻는 문제임을 빨리 인지한다. 여자는 비행기를 타고 가고, 남자는 건강상태가 별로 안 좋은 장 사장님과 기차를 타고 간다고 하였다.

단어 飞机票 fēijīpiào 비행기표
准备 zhǔnbèi 준비하다
会议 huìyì 회의
身体不好 shēntǐ bù hǎo 건강이 좋지않다
到时候 dào shíhou 그때가 되다
接 jiē (사람)맞이하다

34

女：你看我这条裙子怎么样？昨天刚买的，才300块。 男：没想到这么贵的裙子你也买。 女：这还贵？你不觉得我穿着很漂亮吗？ 男：漂亮是漂亮，但是300块也太贵了点儿吧。
问：关于女人的裙子，下面哪一个是错的？

여 : 당신이 보기에 제 이 치마가 어때요? 어제 샀는데, 겨우 300콰이밖에 안 해요.
남 : 그렇게 비싼 치마를 당신이 살 줄 정말 몰랐어요.
여 : 이게 비싸다구요? 제가 입고 있는게 예쁘다고 생각되지 않나요?
남 : 예쁘긴 하지만 300콰이는 너무 비싸요.

문 : 여자의 치마에 관해 틀린 것은?

A 여자는 비싸다고 여긴다
B 여자가 입었는데 예쁘다
C 300콰이에 산 것이다.

정답 A

해설 문제의 선택항을 보고 '세부사항'을 묻는 문제임을 빨리 인지한다. 이런 문제는 장소나 사물 등을 묻는 문제에 비해 난이도가 높다. 여자가 처음에 한 말 "昨天刚买的，才300块"에서 사용한 부사 "才"는 '겨우'라는 뜻으로 양이 적음을 의미한다. 그러므로 여자는 '300콰이'가 적은 돈을 나타내고 있으며, 치마가 비싸지 않다고 여기는 것을 알 수 있다. 그리고 여자의 치마가 예쁘지 않냐고 묻는 질문에 남자는 "漂亮是漂亮"이라고 하면서 예쁘다고 하였으므로 보기B는 내용과 일치한다.

단어 条 tiáo (치마양사)벌
裙子 qúnzi 치마
才 cái 겨우, 단지
没想到 méi xiǎngdào ~일 줄 미처 생각 못하다
漂亮 piàoliang 예쁘다
贵 guì 비싸다
错的 cuò de 틀린 것
以后 yǐhòu 이후로

35

男：好久不见，最近忙什么呢?

女：也没忙什么，每天就是上课、下课、吃饭、睡觉。

男：现在去学校有点儿早，我请你先喝杯咖啡怎么样?

女：不了，谢谢，今天有数学考试，我要早点儿去教室。

问：女的现在要做什么?

남 : 오랜만이야. 요즘 뭐해?

여 : 특히 바쁜 것은 없고, 매일 그저 수업하고, 수업 끝나고 밥 먹고 잠 자.

남 : 지금 학교에 가는 건 조금 이르잖아. 커피 한잔 할래?

여 : 고맙지만 괜찮아. 오늘은 수학 시험이 있어서 난 교실에 일찍 갈래.

문 : 여자는 지금 무엇을 하려고 하나요?

A 아침을 먹는다
B 커피를 마신다
C 교실에 간다

정답 C

해설 문제의 선택항이 '동사+빈어'구조로 이루어져 있음을 보고 '무엇을 하는지'를 묻는 문제임을 빨리 인지한다. 남자가 커피를 마시자고 한 제의에 여자는 수학 시험이 있다고 빨리 교실로 가겠다고 말했다. 그러므로 대화 속에 언급되지 않은 보기A는 우선 제거하고, 보기C를 답으로 골라준다.

단어 好久不见 hǎojiǔ bú jiàn 오랜만이다
最近 zuìjìn 최근
忙 máng 바쁘다
杯 bēi (양사)잔
考试 kǎoshì 시험
教室 jiàoshì 교실

36

女：今天晚上回家吃饭吗?

男：回不来，公司来了客人，和他们一起在外边吃。

女：别喝太多，早点儿回来。

男：知道了，别担心。

问：根据对话，他们可能是什么关系?

여 : 오늘 저녁에 집에 와서 식사를 할거예요?

남 : 못 들어가요. 회사에 손님이 오셔서, 손님들과 밖에서 먹을거예요.

여 : (술)너무 많이 마시지 말고, 좀 일찍 들어와요.

남 : 알았어요. 걱정마요.

문 : 대화에 따르면, 이들은 어떤 관계일까요?

A 동료
B 부부
C 이웃

정답 B

해설 녹음에 언급된 "晚上回家吃饭", "早点儿回来"라는 문장에서 남녀는 같은 집에서 사는 부부라는 것을 알 수 있다. 대화 속에 언급된 "公司"라는 단어를 근거로 동료 사이라고 판단하기에는 무리가 있다. 일반적으로 "咱们"이란 단어가 앞에 붙어 "咱们公司", "咱们单位"라고 표현해야 같은 회사 동료임을 확실히 알 수 있다.

단어 回家 huíjiā 집에 돌아오다/가다
外边 wàibiān 밖
担心 dānxīn 걱정하다

37

男：大学以后，你是去公司上班还是接着上学?

女：我想还是先工作吧。

男：那你打算做什么工作?

女：学了这么长时间历史，我希望以后能在中学教课。

问：女的最想在哪儿工作?

남 : 대학교 이후에, 너는 취직할거니? 아니면 학업을 이어 나갈거니?

여 : 내 생각에, 먼저 일하는 게 좋을 것 같아.

남 : 그러면 너는 어떤 일을 할 계획이니?

여 : 이렇게 오랫동안 역사를 배웠잖니. 앞으로 중, 고등학교에서 강의를 하고 싶어.

문 : 여자는 어디에서 일하기를 가장 희망하나요?

A 학교
B 병원
C 회사

정답 A

문제의 선택항을 보고 '장소'를 묻는 문제임을 빠르게 인지한다. 대화 속에 언급된 "工作"란 단어를 듣고 바로 보기C를 고르면 안된다. "工作"란 회사에서 하는 일만 가르키는게 아니라 모든 직무를 포괄하는 단어이다. 여자가 한 말 "我希望以后能在中学教课"중의 "教课"를 통해 여자가 원하는 구체적인 직업을 알 수 있다. "教课"는 '강의를 하다'는 뜻 이므로 강의를 할 수 있는 장소인 보기A를 답으로 고른다.

上班 shàngbān 출근하다
还是 háishi (선택의문문)아니면
接着 jiēzhe 이어서
上学 shàngxué 공부하다
还是…吧 háishi…ba ~하는 것이 좋다
打算 dǎsuan ~할 계획이다
希望 xīwàng 희망하다
教课 jiāokè 강의를 하다

38

女：这几天你在做什么？
男：每天看看书、听听音乐、睡睡觉。
女：住在这里，不用看书不用写作业，真好啊！我每天写生词、做作业、听写、考试，累死了。
男：好什么！每天吃药。你喜欢这儿，我们换换怎么样？你来医院，我去教室。

问：男的在什么地方？

여 : 요 며칠 뭐 했니?
남 : 매일 책도 좀 보고, 음악도 좀 듣다가, 잠도 좀 잤어.
여 : 여기에 있으면, 공부를 안 해도 되고, 숙제도 할 필요가 없고, 정말 좋겠구나. 난 매일 단어를 쓰고, 숙제하고, 받아쓰기를 하고, 시험을 보고, 힘들어 죽겠어.
남 : 매일 약을 먹는데, 뭐가 좋니? 여기가 좋으면 우리 바꿀까? 네가 병원으로 오고 내가 교실로 가는거야.

문 : 남자는 어디에 있나요?

A 병원
B 호텔
C 교실

A

문제의 선택항을 보고 '장소'를 묻는 문제임을 빠르게 인지한다. 여자가 부럽다고 하는 말에 남자가 "好什么！每天吃

药"라고 한 대답에서 남자가 현재 있는 곳이 병원이라는 것을 알 수 있다. 보기C와 혼동하지 않도록 하며, 보기B는 언급되지 않았다.

睡觉 shuìjiào 잠을 자다
住 zhù 살다
不用 bú yòng ~할 필요없다
听写 tīngxiě 받아쓰기
累死了 lèisǐ le 힘들어 죽겠다
好什么 hǎo shénme (반어용법)좋긴 뭐가
吃药 chī yào 약을 먹다
换 huàn 바꾸다

39

男：你的脚现在还疼吗？
女：什么？我的脚一点儿也不疼。
男：不疼？那你刚才在那么多人面前大叫"我的脚疼死了"。
女：是这样，你看我穿着这么漂亮的新鞋，但他们没有一个人注意它。

问：女的为什么在很多人面前大叫？

남 : 발이 아직도 아프니?
여 : 뭐라고? 내 발은 조금도 아프지 않아.
남 : 안 아프다고? 네가 방금 그렇게 많은 사람들 앞에서 '발이 아파 죽겠네'라고 큰 소리쳤잖아.
여 : 그건 말이지, 내가 이렇게 예쁜 신발을 신고 있었는데, 아무도 신발에 관심을 갖지 않더라고.

문 : 여자는 왜 많은 사람들 앞에서 큰 소리를 쳤나요?

A 그녀의 발이 아파서
B 친구를 보아서
C 사람들에게 그녀의 신발을 보라고

C

남자가 여자에게 방금 발이 아파서 큰 소리를 쳤냐고 묻자 여자는 "你看我穿着这么漂亮的新鞋，但他们没有一个人注意它"이라며, 정말로 발이 아파서 그런 것이 아니라 예쁜 신발을 봐주는 사람이 없어서 사람들의 이목을 집중시키려고 큰 소리를 쳤다고 말했다.

脚 jiǎo 발
疼 téng 아프다
大叫 dà jiào 크게 소리치다
新鞋 xīn xié 새 신발
注意 zhùyì 주의하다, 신경쓰다

40

女：这个星期六我搬家，你来给我帮帮忙吧。
男：没问题。你住得离公司那么近，怎么还想搬家？
女：虽然离公司不远，但这儿环境不好，晚上不安静。
男：我还以为你要换工作呢！星期六几点搬家？我一定去。

问：女的为什么搬家？

여 : 이번 주 토요일에 이사하는데, 네가 와서 나를 좀 도와줘.
남 : 좋아. 너는 회사에 그렇게 가까이 살면서 왜 이사하려고 하니?
여 : 비록 회사에서 멀지는 않지만 환경이 좋지 않아서 저녁에 시끄러워.
남 : 난 네가 직장을 옮기려는 줄 알았네. 토요일 몇 시에 이사를 하니? 내가 꼭 갈게.

문 : 여자는 왜 이사를 하나요?

A 직장을 옮겨서
B 환경이 좋지 않아서
C 회사에서 멀어서

해설 문제의 선택항을 보고 '세부사항'을 묻는 문제임을 빨리 인지한다. 남자가 "怎么还想搬家？"라며 이사하고 싶은 원인을 묻고 있다. 이에 여자는 "虽然离公司不远, 但这儿环境不好"라고 이사하고 싶은 원인을 설명하고 있다. 그러므로 보기C는 제거하고, 답을 보기B로 고른다. 보기A는 남자가 "以为"란 단어 뒤에 사용한 말로 사실이 아니다. "以为"는 듣기영역에서 각별히 주의해야 할 단어로, '~인 줄 알았는데 아니다'라는 의미이다.

단어 搬家 bānjiā 이사하다
给…帮忙 gěi…bāngmáng ~를 돕다
离 lí ~로부터 ~까지
环境 huánjìng 환경
安静 ānjìng 조용하다
以为 yǐwéi ~인 줄 알았는데

2. 독해(阅读)

제1부분

제1부분은 총 10문항이다. 응시자는 주어진 20개 문장 중, 주어진 내용과 서로 상응하는 문장들을 연결시킨다.

41-45

A 아닙니다. 제가 빌린 것 입니다.
B 나는 중국에 여행을 가고 싶어요. 어느 계절에 가면 좋을지 말씀해 주실래요?
C 샤오장이 알고 있어서, 그가 나를 데리고 왔어요.
D 당신의 얼굴이 왜 이렇게 붉어요? 혹시 열이 나는 거 아닌가요?
E 물론이죠. 먼저 버스를 탄 후에 지하철로 갈아타면 되요.
F 방금 모두가 자신의 의견을 말했습니다. 장 사장님, 사장님께서 한 말씀 하시죠.

41 어느 계절이든 다 좋아요. 당신이 어느 계절을 좋아하느냐에 달렸지요.

정답 B

해설 문제에 언급된 "哪个季节都不错"는 보기B의 질문 "你说哪个季节去好？"에 대한 가장 적합한 대답이 될 수 있다.

단어 主要看 zhǔyào kàn ~을 주로 봐야한다
旅游 lǚyóu 여행

42 나는 샤오왕이 한 말이 일리가 있다고 생각해요. 그의 의견에 동의합니다.

정답 F

해설 문제에 언급된 "有道理", "同意"는 상대방의 의견에 동의할 때 쓰인다. 그러므로 42번의 문장은 보기F의 "张经理, 请您谈一下吧"라는 문장과 자연스럽게 이어질 수 있다.

단어 觉得 juéde ~라 여기다

有道理 yǒu dàolǐ 일리가 있다
同意 tóngyì 동의하다
意见 yìjiàn 의견
刚才 gāngcái 방금 전
谈 tán 말하다
看法 kànfǎ 견해

43 아닙니다. 우리는 방금 술을 약간 마셨거든요.

정답 D

해설 문제 지문에 언급된 "你想到哪儿去了"는 상대방이 한 말에 대한 완곡한 부정의 표현이다. 즉 상대방의 추측에 대해 부정하는 것이다. 즉, 열이 나고 묻는 "是不是发烧了？"라는 질문에 대해 '아니다'라고 답을 하는 것이다. 그리고 "喝了一点儿酒"는 보기D의 얼굴이 붉어졌다는 "脸怎么这么红"의 대답으로 나올 수 있는 말이다.

단어 刚 gāng 방금
喝 hē 마시다
酒 jiǔ 술
脸 liǎn 얼굴
怎么 zěnme (원인)왜
发烧 fāshāo 열이 나다

44 당신은 어디에서 베이징 여행 지도를 사셨나요?

정답 A

해설 "从哪儿"에 대한 답으로 장소가 명확하게 언급되지 않고 있다. 그러나 보기A에 언급된 "不是, 是我借的"는 산 것이 아니고, 빌려 온 것이라는 지도의 출처를 밝히고 있다. 그러므로 답은 보기A이다.

단어 从 cóng ~로 부터
哪儿 nǎr (장소)어디
旅游地图 lǚyóu dìtú 여행지도
借 jiè 빌리다

45 당신은 어떻게 저희 집을 찾으셨나요?

정답 C

해설 문제에 언급된 "怎么找到"는 방법을 묻는 표현이다. 집을 어떻게 찾았냐는 질문에 대한 알맞은 답은 보기C "小张知道，他带我们来的"가 적당하다. 답은 보기C이다.

단어 怎么 zěnme (방법)어떻게
找 zhǎo 찾다
带 dài (사람을)데리고

46-50

A 그렇고 말고요. 올해 저는 하마터면 고향에 돌아갈 표를 못 살 뻔 했어요.
B 이렇게 높은 건물에서, 당신은 왜 엘리베이터를 안 타시나요?
C 저희 학교는 8시에 바로 수업을 시작하는데, 너무 일러서 저는 일어나지 못해요.
D 당신의 중국어 실력은 좋네요. 이번 시험에서 회화와 듣기가 모두 95점이에요.
E 당신이 그들에게 잘 말해서, 그들에게 조금 주의하라고 하면 되는 거 아닌가요.

46 아마도 당신이 매일 늦게 자서 그럴 겁니다. 조금 일찍 자면 일어날 수 있어요.

정답 C

해설 문제 언급된 "睡觉太晚", "早点儿睡", "能起来"와 보기C에 언급된 "太早了", "起不来"는 서로 관련있는 내용이므로, 답을 보기C로 고른다.

단어 可能 kěnéng 아마도
睡觉 shuìjiào 잠을 자다
晚 wǎn 늦다
能 néng ~할 수 있다
起不来 qǐ bu lái 일어날 수 없다

47 우리 이웃은 TV를 볼 때, 늘 문을 열고 보는데다가 프로그램 소리를 아주 크게 틀어요.

정답 E

해설 문제에 언급된 "总是开着门，而且把节目的声音开得特别大"의 내용은 이웃에게 민폐가 되는 행동이다. 그러므로 보기E의 "让他们注意点儿"이라고 이웃에게 말할 수 있다.

단어 邻居 línjū 이웃
总是 zǒngshì 늘
开着门 kāizhe mén 문을 연 채로
而且 érqiě 게다가
把 bǎ ~을
节目 jiémù 프로그램
开 kāi (TV 등을)틀다, 켜다
注意 zhùyì 조심하다

48 듣자 하니, 중국은 설날에 기차표를 사기가 아주 어렵다면서요.

정답 A

해설 문제에 언급된 "火车票特别难买"에 대한 대답으로 보기A "差一点儿没买到回家的票"는 적합하다. 문제의 "火车票"와 보기A의 "回家的票"의 연관성을 생각해 보면 답을 쉽게 찾을 수 있다.

단어 春节 Chūnjié 설
特别 tèbié 매우
难买 nán mǎi 사기 어렵다
可不是 kě bú shì (동의)그렇고 말고
差一点儿 chà yìdiǎnr 하마터면

49 이것도 일종의 단련이지요. 저는 매일 몇 번을 오르락 내리락 해서 습관이 됐어요.

정답 B

해설 문제의 "上下"와 "锻炼"을 연관시켜보면, 단련하는 것이 걸어서 올라가고 내려온다는 의미임을 알수 있다. 그러므로 문제는 보기B에 언급된 "怎么不坐电梯?"의 적당한 대답이 될 수 있다.

단어 锻炼 duànliàn 단련하다
上 shàng 오르다
下 xià 내려가다
习惯 xíguàn 습관되다, 익숙해지다
楼 lóu 건물
怎么 zěnme (원인)왜
坐电梯 zuò diàntī 엘리베이터를 타다

50 무슨 말씀이세요. 제 회화실력은 아직 한 참 멀었어요.

还 hái 아직
不错 bú cuò 괜찮다, 좋다
分 fēn 점수

정답 **D**

해설 문제에 언급된 "哪儿啊"는 상대방의 칭찬에 대한 겸양의 표현으로 완곡한 부정을 나타내며 칭찬과 호응을 이룰 수 있다.

단어 哪儿啊 nǎr a (반어법)어디요
差得远 chà de yuǎn 아직 한 참 멀다

제2부분

제2부분은 총 10문항이다. 모든 문제는 1–2개의 문장으로 구성되어 있으며, 문장 가운데에는 하나의 빈칸이 있다. 응시자는 선택 항목 중, 빈칸에 들어갈 알맞은 단어를 선택한다.

51-55

A 雨伞 yǔsǎn 우산
B 放心 fàngxīn 마음 놓다
C 倒 dào (액체를)따르다
D 关于 guānyú ~에 관하여
E 声音 shēngyīn 소리
F 在 zài 있다

51 아버지와 어머니는 내가 결혼한 후 그들과 (같이) 살기를 희망하신다.

정답 **F**

해설 개사들 중에 일부 몇 개의 개사는 동사 뒤에 위치해 보어 역할을 하기도 한다. '같이 있다'는 "在一起"라고 표현한다. 그래서 '같이 살다'를 중국어로 옮기면 "住在一起"라고 표현한다.

단어 希望 xīwàng 희망하다
结婚 jiéhūn 결혼하다
和…住在一起 hé…zhù zài yìqǐ ~와 같이 살다

52 이 문제에 (관하여), 나는 마땅히 라오왕의 의견을 들어야 한다고 생각한다.

정답 **D**

해설 개사 "关于"는 범위를 나타내는 말로 "关于这个问题"라는 표현은 자주 사용된다. 주의할 사항은 이 개사는 주어 뒤, 술어 앞에는 사용되지 않으며, 개사구를 이루어 문장의 첫머리로 나온다는 것이다.

단어 问题 wèntí 문제
觉得 juéde ~라고 여기다
应该 yīnggāi 마땅히
意见 yìjiàn 의견

53 길에 차가 많아서 아이들이 혼자 학교에 가는 것을 엄마들은 조금 (마음을 놓지) 못한다.

정답 **B**

해설 지문에 언급된 "路上车很多"는 아이들의 안전을 걱정하는 말이므로 "不放心"과 호응을 이룬다.

단어 路上 lù shàng 길에
车 chē 차
一个人 yí gè rén 혼자, 한 사람
有点儿 yǒu diǎnr 약간

54 그가 그제 축구 시합을 보러 갔는데, 돌아올 때 비가 내렸다. 그는 (우산)을 가져가지 않아서 집에 돌아온 다음

에 감기에 걸렸다.

정답 A

해설 문제에서 "下雨"를 보고 우산을 바로 떠올려야 한다. 그리고 감기에 걸렸다는 내용이므로 우산을 가져가지 않아서 비를 맞았다는 사실을 유추할 수 있다. 문법적인 측면에서 접근하면, "没带"는 동사의 부정형으로 일반적으로 동사 뒤에는 명사가 온다.

단어 前天 qiántiān 그저께
足球比赛 zúqiú bǐsài 축구 시합
下雨 xiàyǔ 비가 내리다
带 dài (물건을)지니다
感冒 gǎnmào 감기걸리다

55 어제 나는 중국인 친구의 집에 가서 밥을 먹었는데, 그들은 매우 정이 넘쳤다. 내게 계속 술을 따라 주어서 나는 많이 마셨다.

정답 C

해설 괄호 앞에는 개사구 "给我"가 오고 괄호 뒤에는 명사 "酒"가 왔으므로 괄호에는 술어가 들어가야 한다. 빈어 "酒"를 가질 수 있는 동사를 보기 중에서 고르면 된다. 문제 뒷부분에 "喝了很多"라는 문장이 나오는데, 술을 계속 따라 줘서 많이 마셨다는 내용이 자연스러우므로 답은 보기C "倒"이다.

단어 朋友家 péngyoujiā 친구의 집
热情 rèqíng 정이 넘치다. 친절하다
一直 yìzhí 줄 곧
酒 jiǔ 술

56-60

A 虽然 suīrán 비록 ~이지만
B 习惯 xíguàn 적응되다
C 爱好 àihào 취미
D 关系 guānxi 관계
E 终于 zhōngyú 드디어
F 小心 xiǎoxīn 조심하다

56

A 샤오류, 혹시 무슨 (관계가) 있는 거 아닌가요? 어떻게 한 번에 바로 그렇게 좋은 일을 찾을 수 있죠?
B 당신은 모르시는군요. 그의 작은 아버지가 그 회사의 사장이잖아요.

정답 D

해설 괄호에 동사 "有"의 빈어가 들어가야 한다. '인맥이 있다', '어떤 관계가 있다'라는 표현은 "有关系"라고 한다.

단어 怎么 zěnme (놀람)어떻게
一下子 yíxiàzi 한 번에
找到 zhǎodào 찾다
叔叔 shūshu 작은 아버지
当 dāng 되다
经理 jīnglǐ 사장

57

A 너는 이번에 상하이 가는 길에 (조심해야) 한다. 지갑은 반드시 잘 챙겨야 해.
B 맞아요. 샤오왕이 지난번에 기차에서 내려보니, 지갑이 안 보이더래요.

정답 F

해설 지문 내용상 지갑을 잃어버리지 않도록 조심하라는 의미를 가지고 있으므로 괄호에는 "小心"이 가장 적당하다. 그리고 먼 길을 떠나는 사람에게 자주 하는 인사 표현으로 "路上小心"도 기억해두자.

단어 路上 lù shàng 길에, 이동 중에
一定 yídìng 반드시
把 bǎ ~을
放好 fànghǎo 잘 넣다, 잘 챙기다
下火车 xià huǒchē 기차에서 내리다
不见了 bú jiàn le (물건이 사라져서) 보이지 않는다

58

A 듣자하니, 왕밍이 당신네 공장의 공장장이 됐다던데요.
B 그래요. (비록) 그가 젊(지만), 그는 실력이 좋고 사람도 좋아서, 모두들 그를 뽑기를 원했어요.

정답 A

해설 "但"에서 힌트를 얻어, 보기A "虽然"을 떠올린다. "虽然…但…"은 전환관계를 뜻하는 관련사로 사용빈도가 매우 높은 관련사이다.

단어 当 dāng 되다
厂长 chángzhǎng 공장장
年轻 niánqīng 젊다
水平 shuǐpíng 수준, 실력
愿意 yuànyì 원하다

选 xuǎn 고르다, 선택하다

59

A 직장을 옮기는 일을 당신은 어떻게 생각하세요?
B 며칠 생각해 봤는데, 이제서야 저는 (드디어) 결정을 했습니다. 반드시 옮길 거예요.

정답 E

해설 괄호 앞뒤에 있는 주어 "我"와 술어 "决定" 사이에는 부사, 조동사, 개사 등이 위치할 수 있다. 부사 "终于"는 어느 정도의 시간이 흐른 다음에 바라던 바가 이루어졌을 때 사용하는 단어이다. 문맥상 이 괄호에는 "终于"가 들어가는 것이 가장 적합하다.

단어 换 huàn 바꾸다
工作 gōngzuò 일
想得怎么样 xiǎng de zěnmeyàng 생각 좀 해보셨나요?
好几天 hǎo jǐ tiān 며칠
决定 juédìng 결정하다

60

A 밖에 많이 추운데, 당신 어디 가시려고요?
B 저는 저녁 식사 후에 나가서 걷는 것이 (습관이라서요.)

정답 B

해설 동사 "习惯"은 빈어로 구를 가질 수 있으며 '~하는 것이 습관 되다'라는 의미로 사용된다. 그래서 "吃完晚饭后出去走一走"를 빈어로 가질 수 있는 동사는 보기 중에 "习惯"이다. 그러므로 답은 보기B이다.

단어 冷 lěng 춥다
哪儿 nǎr (장소)어디
吃完 chīwán 다 먹다
后 hòu ~한 후에
走一走 zǒu yi zǒu 좀 걷다

제3부분

제3부분은 총 10문항이다. 10문항은 모두 하나의 단문과 하나의 질문으로 구성되어 있다. 응시자는 시험지에 주어진 선택 항목 3개 중에서 정답을 고른다.

61

됐어. 이런 모양의 휴대폰을 겨우 1000콰이에 판다고 하는데, 이렇게 좋은 일이 어디 있을 수 있겠니?

★ 이 말이 뜻하는 바는:

A 휴대폰을 하나 얻었다
B 이것은 분명 새 휴대폰이 아닐 것이다
C 이런 휴대폰은 이렇게 저렴할 리가 없다

정답 C

해설 문제에 언급된 "得了"는 상대방이 무엇을 하겠다고 하였을 때 그것을 저지하는 의미이다. 그리고 "哪有这样的好事？"은 의문사가 사용된 반어용법으로 "哪有"는 '없다'를 뜻한

다. '1000콰이에 파는 그런 좋은 일은 없다'라는 뜻으로 물건의 질에 비해 가격이 저렴하다는 뜻이고, "哪有"를 사용해서 그런 일은 일어나지 않는다고 부정하고 있다. 즉 그렇게 싸게 팔릴 리가 없다는 뜻이다.

단어 得了 dé le (저지)됐다
样子 yàngzi 모양, 디자인
手机 shǒujī 휴대폰
只 zhǐ ~만
哪有 nǎ yǒu (반어용법)어디 있니?, 없다
不会 bú huì ~하지 않을 것이다
便宜 piányi 싸다

62 저는 지금 회의 중이라 말을 하기가 불편해요. 조금 후에
전화를 드리겠습니다.

★ 그의 뜻은:

A 조금 있다 다시 당신을 때리다
B 조금 있다 당신을 찾으러 가다
C 조금 있다 다시 당신에게 전화를 걸다

정답 C

해설 지문에 언급된 "以后打给你"의 "以后"는 "一会儿"과 같
은 의미이다. "打给你"는 '당신에게 전화를 하다'의 뜻이고,
보기A의 "打你"는 '당신을 때리다'의 뜻으로 "打"의 의미가
다르게 사용되고 있다. 전화를 못 받아서 상대방에게 다시
걸 때는 "回电话"라고 표현한다. 그러므로 답은 보기C이다.

단어 开会 kāihuì 회의하다
不方便 bù fāngbiàn 하기에 불편하다
以后 yǐhòu ~후에
打给你 dǎ gěi nǐ 당신에게(전화를)걸다
回电话 huí diànhuà (걸어 준 사람에게)다시 전화를
하다

63 길도 이렇게 멀고, 오늘 날씨도 안 좋고, 당신 일도 아주
많아서 저는 당신이 안 오실 줄 알았습니다.

★ 이 말의 뜻은:

A 길이 너무 멀다
B 당신은 어떻게 오셨나요
C 나는 당신을 한 참 기다렸습니다.

정답 B

해설 지문에 언급된 "我以为你今天不会来了呢"라는 문장은
상대방이 오지 않을 줄 알았는데 뜻밖에 왔다는 의미이다.
이곳에 사용된 "以为"는 '~인 줄 알았는데'의 뜻으로 발
생한 일이 생각한 것과 같지 않음을 뜻한다. 보기B는 안 올
줄 알았는데 뜻밖에 나타난 사람에게 할 수 있는 말이므로
답은 보기B 이다. 보기A는 틀린 내용이 아니지만, 화자가
표현하고자 하는 의미는 아니다.

단어 远 yuǎn 멀다
事情 shìqing 일
又 yòu 또
以为 yǐwéi ~인 줄 알다
怎么来了 zěnme lái le (놀람)어떻게 왔어요

64 오늘 식사를 하다가 우연히 예전의 동창을 만났는데, 그
는 벌써 중학교 교장선생님이 됐다. 하지만 그는 예전처

럼 뚱뚱하고 말이 없고 웃기 좋아하는데 단지 좀 늙었을
뿐이다.

★ 그의 친구는 예전에 어땠나요?

A 뚱뚱하다
B 늙었다
C 말하기 좋아한다

정답 A

해설 지문 뒷부분에 언급된 "但是他和过去一样，胖胖的、不
爱说话"를 근거로 보기A가 답이라는 것을 알 수 있다. 보기
B는 현재의 사실로, 질문에 대한 대답은 될 수 없다.

단어 时 shí ~때
遇到 yùdào (우연히)만나다
以前 yǐqián 예전에
当 dāng 되다
校长 xiàozhǎng 교장
和…一样 hé…yíyàng ~와 같다
过去 guòqù 과거, 예전
胖 pàng 뚱뚱하다
就是 jiù shì 단지, 그러나
老 lǎo 늙다

65 당신이 모르는 것도 아니잖아요. 나는 여자가 내 앞에서
우는 것이 가장 겁나요. 그녀가 울기만 하면 나는 어떻게
해야 할지 모르겠어요.

★ 그녀가 우는 것을 보면, 나는:

A 무섭다고 여긴다
B 어떻게 해야 할지 모르겠다
C 왜 그런지 알고 싶다

정답 B

해설 지문에 언급된 "我最怕…"는 '~하는 것이 가장 겁나다'는
뜻으로, 어떤 상황이 벌어지는 것이 가장 골치 아프다는 뜻
이다. 보기A의 "很害怕"는 공포를 느끼는 '무섭다'는 뜻으
로 지문과 의미가 다르다. 지문 뒷부분에 언급된 "她一哭我
就不知道怎么办好了"를 근거로 보기B가 답임을 알 수 있
다.

단어 不是不知道 bú shì bù zhīdao (2중부정)알다
最怕 zuì pà 제일 두렵다
哭 kū 울다
一…就… yī…jiù… ~하기만 하면~하다
怎么办 zěnme bàn 어떻게 하나

66 중국에 온 다음에 나는 중국인들이 차 마시기를 좋아한다는 것을 알았다. 그러나 지역이 다르면 차를 마시는 습관도 다르다. 북방 사람들은 꽃차를 좋아하고, 남방 사람들은 녹차를 좋아한다. 나도 꽃차와 녹차를 좋아하지만, 홍차를 가장 좋아한다.

★ 중국 남방 사람들이 제일 좋아하는 것은:

A 홍차
B 녹차
C 꽃차

정답 B

해설 "北方人喜欢花茶, 南方人喜欢绿茶"를 근거로 남방 사람들이 좋아하는 것은 녹차로 답은 보기B이다.

단어
发现 fāxiàn 알아채다. 발견하다
喝茶 hēchá 차를 마시다
不同 bù tóng 다르다
习惯 xíguàn 습관, 관습
不太一样 bú tài yíyàng 조금 다르다
花茶 huāchá 꽃차
绿茶 lǜchá 녹차
最 zuì 제일
红茶 hóngchá 홍차

67 아이가 처음으로 집을 떠나 베이징에 가서 대학을 다녀, 나와 아이아빠는 아이에 대한 걱정이 많아요. 학교생활에 적응하지 못할까 하는 걱정 외에도, 문제가 생겼을 때 잘 해결하지 못할까봐도 걱정이 돼요.

★ 아래에서 엄마가 걱정하는 문제가 아닌 것은 무엇인가요?

A 아이의 공부성적
B 아이의 학교 생활
C 문제가 생겼을 때 어떻게 할지

정답 A

해설 지문에 언급된 "除了怕她在学校里生活不习惯, 还担心她遇到问题的时候自己不能很好地解决。"는 "除了…, 还担心…"구조로 '~도 걱정스럽고, 또 ~도 걱정스럽다'는 뜻이다. 보기B, C는 엄마가 걱정하고 있는 내용이지만, 보기 A는 지문에서 언급하지 않았다.

단어
第一次 dì yī cì 처음
离开 líkāi 떠나다
到…去 dào…qù ~로 가다
上大学 shàng dàxué 대학을 다니다

对 duì ~에 대하여
不放心 bú fàngxīn 마음을 놓지 못하다
除了…还… chúle…hái… ~말고도, 또
怕 pà 걱정된다
生活 shēnghuó 생활
不习惯 bù xíguàn 적응 안 되다
遇到问题 yùdào wèntí 문제에 부딪히다
担心 dānxīn 걱정되다
解决 jiějué 해결하다

68 원래는 시험 후에 먼저 상하이에 갔다가, 그 후에 난징에 가고, 그리고나서 또 황산을 오르고, 맨 나중에 산둥과 베이징에 가서 친구들도 좀 보고, 만리장성에도 올라가 볼 계획이었다. 그러나 기차표를 사기가 힘들어서, 나는 난징과 상하이 외에 그 어디에도 못 갔다.

★ 다음 중 그가 가 본 곳은?

A 산둥
B 황산
C 난징

정답 C

해설 "我除了南京和上海以外, 哪儿都没去"라는 문장은 "除了…以外, 都没…"의 구조가 사용된 것으로 '~을 제외하고, ~도 못했다'의 뜻이다. 이 문장을 근거로 난징과 상하이에만 갔다 왔고 다른 곳은 가지 못했다는 것을 알 수 있다.

단어
原来 yuánlái 원래는
打算 dǎsuan ~계획이다
考试 kǎoshì 시험
先…然后…再…最后… xiān…ránhòu…zài…zuìhòu… 먼저 ~하고, 후에 ~하고
爬 pá 오르다
因为 yīnwèi ~때문에
不好买 bù hǎo mǎi 사기 어렵다
除了…以外, 都没 chúle…yǐwài, dōu méi (유일함 강조)~을 제외하고 ~도 못하다

69 음식에 대하여 저마다 좋아하는 것이 달라서, 어떤 이는 이것도 싫고 저것도 싫다고 하는데 내 부인이 딱 그런 사람이다. 우리 집사람은 닭고기, 오리고기도 안 먹고, 소고기, 양고기도 안 먹는다. 푸른 채소도 일 년 사계절동안 몇 종류만 먹는다. 사람들이 이런 것들을 먹는 것을 보면 집사람은 "어떻게 이렇게 많은 사람들이 그런 음식을 좋아하는지 정말 이상해요!"라고 말을 한다.

★ 부인은 무엇에 대해 이상하다고 여기나요?

A 양고기를 먹는 사람들
B 밥 먹기 싫어하는 사람들
C 많이 먹는 사람들

정답 A

해설 "怎么有那么多人喜欢吃那些东西, 真奇怪"라는 문장에서 부인은 "那些东西"를 먹는 사람들을 이상하게 생각하고 있다는 것을 알 수 있다. 그렇다면 "那些东西"는 무엇일까? 일반적으로 지시대명사는 앞에 언급된 단어를 대신한다. 부인이 잘 안 먹는 음식들을 나열했으므로 그 중에서 답을 찾으면 된다.

단어 对 duì ~에 대하여
饭菜 fàncài 음식
喜好 xǐhào 기호
妻子 qīzi 부인
鸡 jī 닭
鸭 yā 오리
牛羊肉 niúyángròu 소, 양고기
青菜 qīngcài 푸른 채소
爱吃 ài chī 먹기 좋아하다
怎么有 zěnme yǒu (반어용법)어떻게 있나, 없다
奇怪 qíguài 이상하다

70 오늘은 주말이라 원래는 푹 자려고 했는데, 회사에서 갑자기 전화가 와서 공항으로 중요한 손님을 마중 나가라고 했다. 나는 어쩔 수 없이 가서 손님을 맞이했다. 그를 호텔에 모셔다 드리고, 또 그와 같이 밥을 먹었다. 그러다 보니 오후가 되었고, 어쩔 수 없이 주말에도 쉬지 못했다.

★ 그는 어떻게 주말을 보내고 싶었나요?

A 집에서 쉬고 싶었다
B 공항에 사람을 배웅나가다
C 손님과 같이 있다

정답 A

해설 "原来打算好好睡一觉"라는 문장을 통해 화자가 집에서 쉬고 싶었다는 것을 알 수 있다. 지문에서 언급된 "我只好去了"의 "只好"를 통해 보기B, C는 내가 원해서 한 것이 아니라 어쩔 수 없이 마지못해 하는 것임을 알 수 있다.

단어 周末 zhōumò 주말
原来 yuánlái 원래는
打算 dǎsuan ~할 계획이다
睡一觉 shuì yí jiào 잠을 자다
突然 tūrán 갑자기
接 jiē (사람을)맞이하다
要 yào (사역)~하라고 하다
只好 zhǐhǎo 어쩔 수 없이
送到 sòngdào ~까지 모셔다 드리다
没办法 méi bànfǎ 방법이 없다

3. 쓰기(书写)

제1부분

제1부분은 총 5문항이다. 모든 문제에는 여러 개의 단어가 제시되어 있다. 응시자는 주어진 단어를 사용하여 하나의 완성된 문장을 만든다.

모의고사 1
모의고사 2
모의고사 3
모의고사 4
모의고사 5

71 정답 **这几本新书都不错。**

이 몇 권의 새 책은 모두 괜찮다.

해설 먼저 주어 "新书"와 형용사 술어 "不错"를 확인한다. 지시사와 수량사는 명사 앞에 순서대로 올 수 있으므로 "这几本"을 주어 앞에 위치시킨다. 부사 "都"는 주어 뒤, 술어 앞에 온다.

단어 不错 bú cuò 괜찮다
这几本 zhè jǐ běn 이 몇 권
新书 xīnshū 새 책
都 dōu 모두

72 정답 **那是在火车站买的。**

저것은 기차역에서 산 것이다.

해설 먼저 주어 "那"와 술어 "是"를 확인한다. "的"는 동사구 뒤에 붙여서 동사를 명사화 시키며 '동사+的'는 빈어역할을 할 수 있다. 그러므로 '주어+술어+개사구+빈어' 순서로 나열하면 "那是火车站买的"가 된다.

단어 在火车站 zài huǒchēzhàn 기차역에서
的 de ~한 것
那 nà 그것
买 mǎi 사다
是 shì 이다

73 정답 **那儿的西瓜特别甜。**

그곳의 수박은 아주 달다.

해설 주어 "西瓜"와 형용사술어 "甜"을 확인한다. 구조조사 "的"는 주어나 빈어 앞에서 수식의 역할을 한다. 그러므로 "那儿的"는 주어 앞에 오고, 부사 "特别"는 주어 뒤, 술어 앞에 온다.

단어 特别 tèbié 매우, 아주
那儿的 nàr de 그곳의
西瓜 xīguā 수박
甜 tián 달다

74 정답 **你一定别忘了带护照。**

너는 반드시 여권 가져가는 것을 잊어서는 안 된다.

해설 주어 "你"와 술어 "别忘了", 빈어 "带护照"를 확인한다. "别忘了"는 '~하는 것을 잊지 마라'의 뜻으로 동사구 빈어를 가질 수 있다. 부사 "一定"은 주어 뒤, 술어 앞에 온다.

단어 带护照 dài hùzhào 여권이 지니다
别忘了 bié wàngle 잊지 마라
一定 yídìng 반드시

75 정답 **马丁学习汉语非常认真。**

마딩은 중국어 공부를 아주 열심히 한다.

해설 먼저 주어 "马丁"과 술어 "学习", 빈어 "汉语"를 확인한다. 다시 "马丁学习汉语"가 술어 "认真"의 대주어가 된다. 부사 "非常"은 대주어 뒤, 술어 앞에 온다.

단어 认真 rènzhēn 열심히 하다
马丁 Mǎdīng (인명)마딩
学习汉语 xuéxí Hànyǔ 중국어 공부하다
非常 fēicháng 매우

제2부분

제2부분은 총 5문항이다. 모든 문제는 하나의 빈칸이 들어간 문장으로 구성되어 있다. 응시자는 빈칸에 들어갈 알맞은 한자를 쓴다.

76 정답 **错**

이 글자는 쓰기 어려워서, 나는 자주 (틀리게) 쓴다.

해설 동사 "写" 뒤의 괄호에는 보어 성분이 와야 한다. 문제에서 "不好写"라고 언급하였으니 내용상 '쓰는데 어떠하다'가 되어야 하며, 병음 'cuò'를 고려해 '틀리다'의 뜻인 "错"가 들어가야 한다. 틀리지 않고 정확하게 썼다라는 표현은 "写对"라고 한다.

단어 字 zì 글자
不好写 bù hǎo xiě 쓰기 어렵다
常常 chángcháng 자주
写错 xiěcuò 잘못 쓰다, 틀리게 쓰다

77 정답 **算**

수업이 끝나고, 나는 먼저 은행에 가서 환전을 한 다음에 밥을 먹으러 갈 (것이다).

해설 괄호에는 "打"와 합쳐져 한 단어를 이룰 글자가 들어가야 한다. 괄호 뒤에 동사가 있으므로 그 앞에는 조동사가 와야 하고, 조동사 역할을 하는 단어로 "打算"이 있다. 병음 'suan'에도 부합하므로 답은 "算"이 되어야 한다.

단어 下课 xiàkè 수업이 끝나다
打算 dǎsuan ~할 계획이다
先…然后再… xiān…ránhòu zài… 먼저 ~하고 후에 ~하다
换钱 huànqián 환전하다

78 정답 **祝**

샤오왕, 듣자 하니 내일이 네 생일이라면서! 생일 (축하해)!

해설 생일 축하의 의미를 전달할 때 사용하는 인사로 "祝你生日快乐！"가 있다. 이런 기본적인 인사는 꼭 알고 있어야 한다. 그 외에도 상대방에게 축복의 의미, 축원의 의미를 담을 때 맨 앞에 "祝"를 많이 붙인다. 병음 'zhù'에도 부합하므로 답은 "祝"이다.

단어 生日 shēngrì 생일
祝 zhù 축하하다

79 정답 **商**

주말에 (상점)에는 사람들이 분명 많을 거야. 월요일부터 금요일까지 시간 있니?

해설 "（　）店里"가 한 단어가 되어야 하고, 병음 'shāng'에도 부합해야 한다. "里"는 명사 뒤에 붙어 명사를 장소화 한다. 그러므로 "（　）店"이 장소를 뜻하는 단어가 되어야 하며 "商"이 정답이다.

단어 周末 zhōumò 주말
商店 shāngdiàn 상점
周一 zhōuyī 월요일

80 정답 **诉**

당신의 친구들에게 이 영화가 아주 좋으니, 저녁에 모두 가서 보자고(알려주세요).

해설 "告（　）"가 한 단어가 되어야 하며, 병음 'su'와도 일치해야 한다. 괄호 뒤에 "你的朋友们"은 "告（　）"의 빈어로, 당신의 친구들에게 '~하세요'라는 의미의 동사가 와야 한다. 답은 "诉"이다.

단어 告诉 gàosu 알리다

新汉语水平考试

HSK
3级

모의고사 해설

HSK三级模拟试题（四）答案

一、听力

第一部分	1. B	2. D	3. F	4. E	5. A	6. E	7. B	8. A	9. C	10. D
第二部分	11. ✓	12. ×	13. ✓	14. ✓	15. ×	16. ×	17. ×	18. ×	19. ×	20. ✓
第三部分	21. C	22. A	23. C	24. A	25. B	26. B	27. A	28. A	29. B	30. A
第四部分	31. C	32. A	33. B	34. B	35. B	36. B	37. C	38. C	39. A	40. C

二、阅读

第一部分	41. C	42. D	43. F	44. A	45. B	46. D	47. E	48. A	49. B	50. C
第二部分	51. F	52. A	53. D	54. C	55. B	56. F	57. E	58. B	59. D	60. A
第三部分	61. A	62. C	63. B	64. C	65. C	66. C	67. B	68. B	69. C	70. A

三、书写

第一部分	71.	她正在图书馆写作业。			
	72.	桌子上放着几张照片。			
	73.	我们应该开个会。			
	74.	我打算去中国学习两年。			
	75.	你愿意和我结婚吗？			
第二部分	76. 照	77. 鞋	78. 冒	79. 街	80. 间

1. 듣기(听力)

제1부분

제1부분은 총 10문항이다. 모든 문제는 하나의 대화로 이루어져 있으며, 두 번씩 들려준다. 응시자는 시험지에 주어진 여러 그림 중 들려주는 대화 내용과 일치하는 것을 선택한다.

1

> 男：这条裙子不错，你穿上一定很漂亮。
> 女：太贵了，颜色也不好，我不喜欢。

> 남 : 이 치마 괜찮네. 네가 입으면 분명 예쁠거야.
> 여 : 너무 비싸. 색상도 별로고. 마음에 안들어.

정답 B

해설 녹음에 언급된 "这条裙子"에서 힌트를 얻어, 치마가 있는 보기B를 답으로 고른다.

단어 条 tiáo (치마의 양사)벌
裙子 qúnzi 치마
不错 bú cuò 괜찮다
穿 chuān 입다
颜色 yánsè 색상

2

> 女：听说昨天你们去老王家吃饭了。
> 男：是啊，我们到他家的时候，他正在厨房忙着做菜呢。

> 여 : 듣자 하니, 어제 당신들이 라오왕 댁에 식사하러 갔었다면서요.
> 남 : 네, 우리가 라오왕의 집에 도착했을 때 그는 때마침 주방에서 음식을 만드느라 바빴어요.

정답 D

해설 녹음에 언급된 "在厨房忙着做菜"에서 힌트를 얻어, 남자가 앞치마를 두르고 요리장갑을 끼고 있는 보기D를 답으로 고른다.

단어 吃饭 chīfàn 밥 먹다
正 zhèng 지금, 막
厨房 chúfáng 주방
忙着 mángzhe ~하느라 바쁘다
做菜 zuòcài 음식을 만들다, 요리하다

3

> 男：这是你的女儿吗? 长得真漂亮。
> 女：是我弟弟的女儿，有点儿像我，是吧?

> 남 : 애가 당신의 딸인가요? 정말 예쁘게 생겼네요.
> 여 : 제 남동생의 딸이에요. 저를 조금 닮긴 했죠?

정답 F

해설 대화의 주된 내용은 딸에 대한 것이다. 녹음에 언급된 "女儿"에서 힌트를 얻어, 여자아기가 있는 보기F를 답으로 고른다.

단어 长得 zhǎng de 생기다
漂亮 piàoliang 예쁘다
像 xiàng 닮다

4

> 女：请坐，您哪儿不舒服?
> 男：医生，我最近总是头疼，疼得睡不着觉。

> 여 : 앉으세요. 어디가 불편하신가요?
> 남 : 의사 선생님, 제가 요즘에 계속 머리가 아파요. 잠을 못 잘 정도로 아파요.

E

녹음에 언급된 "哪儿不舒服？", "医生", "头疼"에서 힌트를 얻어, 환자를 진료하고 있는 보기E를 답으로 고른다.

哪儿 nǎr (장소)어디
不舒服 bù shūfu (몸이)불편하다
最近 zuìjìn 최근
总是 zǒngshì 늘
头疼 tóuténg 머리가 아프다
睡不着觉 shuì bu zháo jiào 잠을 이룰 수가 없다

5

男：我去看看还有没有今天的票。
女：没有今天的买明天的也可以。

남 : 내가 오늘 표가 있는지 가볼게.
여 : 오늘 표가 없으면 내일 것을 사도 괜찮아.

A

녹음에 언급된 "票"에서 힌트를 얻어, 표와 관계가 있는 영화관이나 극장 같은 보기A를 답으로 고른다.

还 hái 아직
票 piào 표
可以 kěyǐ 괜찮다, 좋다

6

男：你看见我的眼镜了吗，我刚才放在这儿，怎么不见了。
女：你看，那不是吗？

남 : 내 안경 봤어? 방금 여기가 뒀었는데, 어째 안 보이지?
여 : 봐라, 저기 의자 위에 있는 것 아니니?

E

녹음에 언급된 "眼镜", "在椅子上"에서 힌트를 얻어, 의자 위에 안경이 있는 보기E를 답으로 고른다.

眼镜 yǎnjìng 안경
刚才 gāngcái 방금
放 fàng 놓다
不见了 bú jiàn le (사물이 사라져)보이지 않는다
椅子 yǐzi 의자

7

女：我想让儿子参加游泳班，你看怎么样？
男：好啊，小孩子学起来一定很快。

여 : 나는 아들을 수영학원에 보내고 싶어요, 당신의 생각은 어때요?
남 : 좋지. 아이는 분명히 빨리 배울거야.

B

녹음에 언급된 "儿子", "游泳"에서 힌트를 얻어, 남자 아이가 수영을 하고 있는 보기B를 답으로 고른다.

让 ràng ~하게 하다
参加 cānjiā 참가하다
游泳班 yóuyǒngbān 수영학원
你看 nǐ kàn 당신 보기에
学起来 xué qǐlai 배우기에

8

男：我能不能把行李箱先放在这儿，一会儿我再来拿。
女：放一会儿可以，不能放太长时间。

남 : 제가 우선 여행 가방을 이곳에 두었다가, 잠시 후에 다시 와서 찾아가도 될까요?
여 : 잠시 놔두는 것은 괜찮은데요, 시간이 너무 길면 안 됩니다.

A

녹음에 언급된 "行李箱"에서 힌트를 얻어, 여행 가방이 있는 보기A를 답으로 고른다.

把 bǎ ~을
行李箱 xínglixiāng 여행 가방
再 zài 다시
拿 ná 가져가다
放 fàng 놓다

9

女：明天去爬山时一定多照几张相。
男：对了，我的相机坏了，你一定别忘了带相机。

여 : 내일 등산할 때 꼭 사진을 몇 장 더 찍어야지.
남 : 참, 내 카메라가 망가졌어. 너 잊지 말고 카메라 꼭 가져와.

정답 C

해설 녹음에 언급된 "相机"에서 힌트를 얻어, 카메라가 있는 보기 C를 답으로 고른다.

단어 爬山 páshān 등산하다
时 shí ~할 때
照相 zhàoxiàng 사진을 찍다
张 zhāng (사진의 양사)장
相机 xiàngjī 사진기, 카메라
坏 huài 망가지다
别忘了 bié wàngle 잊지 마라
带 dài (물건을)지니다

10

> 男：刚才跟你说话的那个背书包的女孩是谁?
> 女：那是我们班同学李华。
>
> 남 : 방금 너와 말을 한, 가방을 맨 그 여자는 누구야?
> 여 : 우리 반 친구 리화야.

정답 D

해설 녹음에 언급된 "背书包的女孩"에서 힌트를 얻어, 여자가 배낭을 매고 있는 보기D를 답으로 고른다.

단어 刚才 gāngcái 방금 전
跟…说 gēn…shuō ~에게 말하다
背 bēi (등에 짐을)매다
书包 shūbāo 책가방

제2부분

제2부분은 총 10문항이다. 모든 문제는 두 번씩 들려준다. 모든 문제에는 한 사람이 한 단락의 문장을 읽은 다음, 다른 한 사람은 그 문장과 관련된 문장을 제시한다. 시험지에도 이 문장이 제시되어 있으며, 응시자는 들려준 단문의 내용과 맞는지 판단한다.

11

> 你能不能帮我打个电话? 告诉经理我病了，今天不能去公司了。
>
> 당신이 저 대신 전화 좀 해주실 수 있나요? 사장님께 제가 병이 나서 오늘 회사에 못 간다고 좀 알려 주세요.

★ 나는 오늘 출근 할 수 없다.

정답 √

해설 녹음에 언급된 "今天不能去公司了"는 문제의 "今天不能去上班"과 같은 의미이다. 녹음의 앞부분에서 출근하지 못하는 이유를 설명하고 있다.

단어 帮 bāng 돕다
打电话 dǎ diànhuà 전화하다
告诉 gàosu 알리다
病 bìng 병나다
不能 bù néng 할 수 없다
上班 shàngbān 출근하다

12

> 到中国一个多月了，我还没吃过中国菜呢，小张说他会做，星期六请我去他家吃。
>
> 중국에 온 지 한 달여가 되었는데, 나는 아직 중국 음식을 먹어보지 못했다. 샤오장이 자기가 요리할 줄 안다며, 토요일에 나를 그의 집으로 식사초대를 했다.

★ 나는 중국 음식을 싫어한다.

정답 ✕

해설 녹음의 "还没吃过中国菜"에 언급된 "还没+동사+过"는 '어떤 동작을 지금까지 해 본적이 없다'는 경험의 부정을 나타내는 형식이다. 먹어보지 못했다고 말했지만 중국 음식을 싫어한다고 단정짓기는 어렵다.

단어 还没吃过 hái méi chīguo 먹어 본 적이 없다
中国菜 Zhōngguócài 중국음식
会做 huì zuò 할 줄 알다
请 qǐng ~을 청하다

13

你没听说过《西游记》这本书? 这本小说在中国是一本人人都知道的书。

당신은 〈서유기〉라는 책 이름을 못 들어봤나요? 이 소설은 중국에서 누구나 다 아는 책입니다.

★ 〈서유기〉라는 책은 아주 유명하다.

정답 √

해설 녹음에 언급된 "人人都知道"는 '누구나 다 알다' 즉 '아주 유명하다'는 뜻이다. 문제의 "很有名"와 같은 뜻이다.

단어 听说 tīngshuō 듣자하니
西游记 Xīyóujì (책이름)서유기
小说 xiǎoshuō 소설
人人 rénrén 사람마다, 누구나 다
有名 yǒumíng 유명하다
知道 zhīdao 알다

14

我每天六点一刻起床, 八点去学校上课。每周除了星期四, 下午也上课。

나는 매일 아침 6시 15분에 일어나서, 8시에 학교에 수업하러 간다. 매주 목요일을 제외하고, 오후에도 수업을 한다.

★ 매주 목요일 오후에는 수업이 없다.

정답 √

해설 녹음의 "每周除了星期四, 下午也上课。"에 언급된 "除了"는 '~을 제외하고'의 의미이다. 목요일을 제외하고 오후에 수업을 한다는 뜻은 목요일 오후에만 수업이 없다는 뜻이다. 그러므로 답은 √이다. 듣기영역에서 "除了"는 주의해서 들어야 한다.

단어 一刻 yí kè 15분
起床 qǐchuáng 일어나다
每周 měi zhōu 매 주
除了 chúle 제외하고
上课 shàngkè 수업하다

15

刘强是我原来的同事, 他现在不工作了。他喜欢旅游, 现在正准备骑车去全国旅游呢。

류챵은 우리의 예전 동료인데, 지금은 일을 그만두었다. 그는 여행을 좋아해서 요즘 자전거를 타고 전국여행을 하려고 한다.

★ 류챵은 차로 여행을 할 것이다.

정답 ✕

해설 녹음에는 "骑车去全国旅游"라고 언급되었는데, 문제에는 "开车去旅游"라고 하였다. '자전거를 타다'의 "骑车"와 '차를 타다'의 "开车"는 다른 개념이므로 답은 ✕이다.

단어 原来 yuánlái 예전의
同事 tóngshì 동료
不…了 bù…le 더 이상 ~하지 않다
旅游 lǚyóu 여행하다
准备 zhǔnbèi 준비하다
骑车 qíchē 자전거를 타다
打算 dǎsuan ~할 계획이다

16

我妻子最大的爱好是听音乐和看电视, 我也喜欢看电视, 特别是看电视里边的球赛。

아내가 가장 좋아하는 것은 음악 듣기와 TV시청이다. 나도 TV시청을 좋아하는데, 특히 TV에서 하는 축구경기를 좋아한다.

★ 나와 아내는 모두 음악 듣는 것을 좋아한다.

정답 ✕

해설 아내의 두가지 취미는 음악듣기와 TV시청이다. '나'에 관해서는 "我也喜欢看电视"이라고만 언급하고, 음악과 관련된 내용은 언급하지 않았다. 범위를 나타내는 부사 "都"에 주의하자.

단어 爱好 àihào 취미
听音乐 tīng yīnyuè 음악을 듣다
看电视 kàn diànshì TV를 보다
特别是 tèbié shì 특히나
球赛 qiúsài 축구경기

17

小刘没去医院? 那就是去公司了, 他一定不会回家休息的。

> 샤오류가 병원에 안 갔니? 그럼 회사에 갔을 거야. 그가 집에 가서 쉴 리가 없어.

★ 샤오류는 이미 집으로 돌아갔다.

정답 X

해설 녹음에 "一定不会"라는 '반드시 그러지 않을 것이다'란 수식어가 "回家(休息)"를 꾸미고 있다. 녹음에서 샤오류가 집에 안 가고 회사에 갔을 것이라고 했는데, 문제에서 샤오류는 집에 이미 돌아갔다고 했으므로 답은 X이다.

단어 一定 yídìng 반드시
不会…的 bú huì…de ~하지 않을 것이다
回家 huíjiā 집에 돌아가다
休息 xiūxi 쉬다

18

> 这已经不是我第一次来北京了，去年我和爸爸妈妈一起来中国旅行，到过北京、西安和上海。

> 저는 이번에 처음으로 베이징에 온 것이 아니에요. 작년에 저는 아버지, 어머니와 함께 중국 여행을 했었는데, 베이징, 시안, 상하이에 가봤어요.

★ 이번에 그가 처음으로 중국에 왔다.

정답 X

해설 녹음에서 "这已经不是我第一次来北京了"라고 언급했는데, 베이징은 중국의 수도이므로 베이징에 가봤다면 중국에 가본 것으로 간주할 수 있다. 게다가 후반부에 "到过北京、西安和上海"를 언급하면서 여러 도시를 가봤다고 했으므로 답은 X이다.

단어 第一次 dì yī cì 처음
一起 yìqǐ 같이
旅行 lǚxíng 여행하다

19

> 小王感冒了，有点儿头疼，还常常口渴。晚上睡觉也不好，所以今天上课的时候他很累，脸色也不好，老师让他回去休息了。

> 샤오왕은 감기에 걸려서 두통도 약간 있고, 자주 갈증도 느끼며, 저녁에 잠도 잘 못 잔다. 그래서 오늘 수업을 할 때 그는 아주 피곤해 했으며, 얼굴색 안 좋아서 선생님께서는 그에게 돌아가서 쉬라고 했다.

★ 샤오왕은 오늘 수업하러 가지 않았다.

정답 X

해설 녹음 후반부에 언급된 "今天上课的时候他很累"와 "老师让他回去休息了"를 통해 샤오왕이 수업에 갔다는 것을 알 수 있다. 그러므로 녹음과 문제는 일치하지 않는다.

단어 感冒 gǎnmào 감기걸리다
头疼 tóuténg 머리가 아프다
口渴 kǒukě 입이 마르다
所以 suǒyǐ 그래서
累 lèi 힘들다
脸色 liǎnsè 안색
让 ràng ~하게 하다

20

> 我今天进城买了一件冬天穿的衣服。我这么高的个儿买件衣服也太不容易了，跑了七八个商店才买到这种特大号的。

> 나는 오늘 시내에 나가서 겨울 옷 한 벌을 샀다. 나처럼 이렇게 키가 큰 사람은 옷을 사는 것이 쉽지 않다. 7,8군데 상점을 돌아다닌 후에 이런 특대 사이즈를 겨우 샀다.

★ 나는 알맞은 옷을 샀다.

정답 √

해설 녹음에서 문제에 언급된 "合适"라는 단어를 직접적으로 언급하지 않았다. 하지만 녹음에 언급된 "我这么高的个儿", "才买到这种特大号的"를 통해 화자가 키가 큰 사람에게 알맞은 특대사이즈의 옷을 샀다는 것을 알 수 있다.

단어 进城 jìnchéng 시내에 가다
穿 chuān 입다
不容易 bù róngyì 쉽지 않다
个儿 gèr 키
跑 pǎo 돌아다니다
特大号 tèdàhào 특대 사이즈
合适 héshì 알맞다

제3부분

제3부분은 총 10문항이다. 모든 문제는 두 번씩 들려준다. 모든 문제는 두 사람의 대화로, 두 문장으로 구성되어 있다. 세 번째 사람이 이 대화와 관련된 질문을 한다. 응시자는 시험지에 주어진 3개의 선택항목 중에서 정답을 고른다.

21

男：小方，这本书你是借别人的还是自己买的?

女：都不是，这是朋友送我的生日礼物。

问：这本书是：

남 : 샤오팡, 이 책은 네가 남의 것을 빌린 것이니 아니면 네가 산 것이니?

여 : 다 아니야. 이 책은 친구가 내 생일 선물로 선물한 것이야.

문 : 이 책은 :

A 샤오팡이 산 것이다

B 샤오팡이 빌린 것이다

C 다른 사람이 선물한 것이다

정답 **C**

해설 녹음에서 보기의 내용을 모두 언급했다. 처음에 남자가 빌린 것인지 산 것인지 물었고, 이에 샤오팡이 둘 다 아니라고 대답했다. 그러므로 보기A, B는 제거한다. 샤오팡이 생일 선물로 친구에게서 받은 것이라고 했으며 답은 보기C가 된다.

단어 借 jiè 빌리다
别人 biérén 다른 사람
还是 háishi (선택)아니면
自己 zìjǐ 본인
送 sòng 선물하다

22

女：在教室和球场都没找到你，没想到在路上遇到你了。

男：找我有什么事?

问：女的在哪儿找到男的?

여 : 교실과 운동장에서 널 찾지 못했는데, 생각지도 못하게 너를 길에서 만나게 될 줄이야.

남 : 무슨 일로 날 찾았니?

문 : 여자는 어디에서 남자를 찾았나요?

A 길에서

B 운동장에서

C 교실에서

정답 **A**

해설 녹음을 듣기 전에 먼저 보기를 보고 '장소'를 묻는 문제임을 빨리 인지한다. 보기에 언급된 장소 세 곳은 녹음에 모두 언급되었는데, "没想到"라는 단어를 주의해서 들어야 한다. "没想到+미처 생각지 못한 사실"의 형식을 통해 길에서 만난 것이 사실이라는 것을 알 수 있다.

단어 没想到 méi xiǎngdào ~일 줄 몰랐다
路上 lù shàng 길에서
遇到 yùdào 우연히 만나다

23

男：你怎么了? 这是哭还是笑?

女：我从来没有像今天这么高兴过。

问：女的觉得：

남 : 너 왜 그래? 우는 거야 아니면 웃는 거야?

여 : : 나는 오늘처럼 이렇게 기뻤던 적이 없어.

문 : 여자는 무엇을 느끼나요?

A 매우 괴롭다

B 매우 화나다

C 매우 기쁘다

정답 **C**

해설 녹음을 듣기 전에 먼저 보기를 보고 '태도'나 '감정'을 묻는 문제임을 빨리 인지한다. 여자가 한 말 "从来没有像今天

这么高兴过"는 부정의 의미로 "没有"가 사용되었지만, 이는 부정을 뜻하는 것이 아니라 반어용법으로 최상급의 의미를 가진다. "从来没有+형용사+过"는 '지금까지 이렇게 ~ 해 본 적이 없다' 즉, '최고로 ~하다'의 뜻이다.

 哭 kū 울다

还是 háishi (선택)아니면

笑 xiào 웃다

从来 cónglái 지금까지, 이제껏

像 xiàng ~처럼

24

> 女：怎么现在才来，你看都六点半了，晚了二十分钟，我以为你忘了。
>
> 男：对不起，打不到出租车，我是坐公共汽车来的。
>
> ---
>
> 问：男的应该几点到？

여 : 왜 이제서야 와? 봐, 벌써 6시 반이야. 20분이나 늦어서, 나는 네가 잊은 줄 알았어.

남 : 미안해. 택시를 잡을 수가 없어서 버스를 타고 왔어.

문 : 남자는 몇 시에 도착했어야 했나요?

A 6:10

B 6:20

C 6:30

정답 **A**

해설 녹음을 듣기 전에 먼저 보기를 보고 '시간'을 묻는 문제임을 인지한다. 그러면 관련 단어들을 더 주의깊게 들을 수 있다. 지금은 6시 반이라고 하였는데, 20분 늦어서 안 올 줄 알았다고 말하는 부분에서 약속시간이 6시 10분임을 알 수 있다. 답은 보기A이다.

단어 怎么 zěnme (원인)왜

才 cái 비로소

都…了 dōu…le 벌써 ~이다

以为 yǐwéi ~인 줄 알았는데

忘 wàng 잊다

打 dǎ (택시를)타다

25

> 男：球踢得真没意思，这些运动员不像在比赛，像是在做游戏。
>
> 女：就是，在家看看电视、上上网也比花钱到这儿看这样的比赛好得多。
>
> ---
>
> 问：他们可能在做什么？

남 : 정말 재미없게 공을 차네. 저 선수들은 경기하는 것 같지 않고, 마치 오락 게임을 하는 것 같아.

여 : 맞아. 집에서 TV를 보거나, 인터넷을 하는 것이 돈을 들여 여기까지 와서 이런 경기를 보는 것보다 훨씬 낫지.

문 : 이들은 무엇을 하고 있나요?

A 인터넷을 하다

B 경기를 보다

C TV를 보다

정답 **B**

해설 녹음을 듣기 전에 먼저 보기를 보고 무엇을 하는지 묻는 문제임을 빨리 인지한다. 이런 문제 유형의 보기는 '동사+빈어'의 구조로 이루어져 있다. 대화 속의 이들은 지금 형편없는 경기를 보면서 이런 경기를 볼 바에야 집에서 TV를 보거나 인터넷을 하는 것이 좋겠다고 푸념하고 있다.

단어 踢 tī (공을)차다

没意思 méi yìsi 재미없다

不像 bú xiàng ~같지 않다

在 zài ~하고 있다

比赛 bǐsài 시합하다

做游戏 zuò yóuxì 게임하다

上网 shàngwǎng 인터넷하다

比 bǐ (비교)~보다

花钱 huāqián 돈을 쓰다

好得多 hǎo de duō 훨씬 좋다

26

> 女：这件衬衫才卖50块钱，但是我买了手机以后就只有30块了。
>
> 男：我这儿有钱，喜欢你就买吧，差多少钱我借给你。
>
> ---
>
> 问：女的买衬衫还差多少钱？

모의고사 1

모의고사 2

모의고사 3

모의고사 4

모의고사 5

여 : 이런 블라우스가 겨우 50콰이야. 그런데 내가
　　휴대전화를 산 후라 고작 30콰이밖에 없네.

남 : 나한테 조금 있어. 좋아하면 사. 모자라는 돈은
　　내가 빌려줄게.

문 : 여자가 블라우스를 사는데 얼마가 모자라나요?

A　10콰이
B　20콰이
C　30콰이

정답　**B**

해설　녹음을 듣기 전에 먼저 보기를 보고 '돈'을 묻는 문제임을
빨리 인지한다. 녹음에 블라우스는 50콰이인데, 가진 돈은
30콰이라고 했으니, 모자라는 돈은 20콰이이다. 시간이나
돈과 관련된 문제는 덧셈이나 뺄셈을 해야 하는 문제 형식으
로 출제되기도 하니 주의해서 들어야 한다.

단어　衬衫 chènshān 블라우스
　　　手机 shǒujī 휴대전화
　　　以后 yǐhòu ~후에
　　　只有 zhǐ yǒu ~만 있다
　　　差 chà 모자라다
　　　借给 jiè gěi ~에게 빌려 주다

27　男 : 你想吃点儿什么，今天我请你。
　　女 : 那好，我们去"迎客来"吃面条怎么样？

　　问 : "迎客来"可能是什么地方？

　　남 : 너는 뭐 먹고 싶니? 오늘 내가 살게.
　　여 : 잘 됐다. 우리 '잉커라이'가서 면을 먹을까?

　　문 : '잉커라이'는 어떤 곳일까요?

A　음식점
B　공원
C　사무실

정답　**A**

해설　녹음을 듣기 전에 먼저 보기를 보고 '장소'를 묻는 문제임
을 인지한다. 녹음에 언급된 "想吃点儿什么", "去迎客来
吃面条"에서 '잉커라이'가 음식점임을 알 수 있다.

단어　想 xiǎng ~하고 싶다
　　　请 qǐng 한 턱 쏘다
　　　面条 miàntiáo 면류
　　　怎么样 zěnmeyàng 어떤가요?

28　女 : 这几种手机都太贵了，还有没有便宜
　　　点儿的？颜色、样子都没关系，能用就
　　　行了。

　　男 : 那您看看这种，如果一次给6个月的电
　　　话费，送手机。

　　问 : 女的买手机时最关心什么？

　　여 : 이 휴대전화 몇 가지는 너무 비싸네요. 좀 싼 것
　　　은 없나요? 색, 디자인 모두 상관없어요. 사용
　　　만 할 수 있으면 돼요.

　　남 : 그럼 이런 종류를 보세요. 한 번에 6개월 치 전
　　　화비를 내시면 휴대전화를 그냥 드립니다.

　　문 : 여자가 휴대전화를 사는데 제일 신경 쓰는 것은
　　　무엇인가요?

A　가격
B　스타일
C　색

정답　**A**

해설　녹음을 듣기 전에 먼저 보기를 보고 '대상(무엇)'을 묻는 문
제임을 빨리 인지한다. 여자가 휴대전화를 사려고 하는데
"太贵了"라고 하면서 좀 저렴한 것을 보여달라고 하고 있
다. 이 부분에서 여자가 가격에 가장 신경을 쓴다는 것을 알
수 있다.

단어　颜色 yánsè 색상
　　　没关系 méi guānxi 상관없다
　　　就行了 jiù xíng le 그럼 된다
　　　能用 néng yòng 사용할 수 있다
　　　给 gěi 주다
　　　电话费 diànhuàfèi 전화비
　　　送 sòng 주다
　　　钱数 qiánshù 가격

29　男 : 别坐那儿吃，到桌子这儿来吧，一边吃
　　　饭一边看电视，对身体不好。

　　女 : 这个节目特别有意思，马上就演完了。

　　问 : 女的在做什么？

　　남 : 거기에 앉아서 먹지 말고, 식탁으로 와. 먹으면
　　　서 TV를 보면 건강에 안 좋아.

　　여 : 이 프로그램이 너무 재미있어. 금방 끝나.

　　문 : 여자는 무엇을 하고 있나요?

A 숙제를 하고 있다
B TV를 보고 있다
C 공연을 하고 있다

정답 **B**

해설 녹음을 듣기 전에 먼저 보기를 보고 '무엇을 하는지'를 묻는
문제임을 빨리 인지한다. 남자가 한 말 "一边吃饭一边看电
视, 对身体不好"에서 여자가 지금 뭔가를 먹으면서 TV를
보고 있다는 것을 알 수 있다.

단어 别 bié ~하지 마라
一边…一边… yìbiān…yìbiān… ~하면서 ~하다
对…不好 duì…bù hǎo ~에 좋지 않다
节目 jiémù 프로그램
特别 tèbié 매우, 아주
有意思 yǒu yìsi 재미있다
演 yǎn 연기하다, 공연하다

30

| 女：先生，您去哪儿？ |
| 男：一直向前开，到前边那条街道向右，我 |
| 去那边的中国银行。 |

| 问：女的可能是： |

| 여 : 손님, 어디로 가시죠? |
| 남 : 쭉 앞으로 가신 다음에 앞쪽의 저 거리에 도착 |
| 해서 오른쪽으로 돌아주세요. 저는 거기 중국은 |
| 행에 가려고요. |

문 : 여자는 무엇을 하는 사람일까요?

A 기사
B 의사
C 종업원

정답 **A**

해설 녹음을 듣기 전에 먼저 보기를 보고 '직업'을 묻는 문제임을
빨리 인지한다. 그래야 관련단어가 더 잘 들린다. 여자가 어
디에 가냐고 물었는데, 남자가 여자에게 "一直向前开"라고
부탁했다. 이곳에 사용된 "开"는 "开车"의 "开"로 운전하다
는 뜻이며, 여자는 운전을 할 수 있는 사람이므로 답은 보기
A이다.

단어 向前 xiàng qián 앞으로
开 kāi (차를)몰다, 운전하다
条 tiáo 거리의 양사
街道 jiēdào 거리
向右 xiàng yòu 오른쪽으로 향하다

제4부분

제4부분은 총 10문항이다. 모든 문제는 두 번씩 들려준다. 모든 문제는 두 사람의 대화로, 4-5문장으로 구성되어 있다. 세 번째 사람이 이 대화와 관련된 질문을 한다. 응시자는 시험지에 주어진 3개의 선택항목 중에서 정답을 고른다.

31

男：您好，我想借这几本书。
女：太多了，最多三本。
男：好，就借这三本吧。可以借多长时间？
女：一个月。

问：说话人可能在哪儿？

남 : 안녕하세요. 이 책들을 빌렸으면 합니다.
여 : 너무 많습니다. 최대 3권까지 입니다.
남 : 네, 그럼 이 3권을 빌리죠. 얼마 동안 빌릴 수 있나요?
여 : 한 달 입니다.

문 : 화자는 어디에 있나요?

A 교실
B 서점
C 도서관

정답 C

해설 녹음을 듣기 전에 먼저 보기를 보고 '장소'을 묻는 문제임을 인지한다. 교실이나 도서관에서 "看书"할 수 있고, 서점에서는 일반적으로 "买书"가 가능하며, "借书"할 수 있는 곳은 도서관이다.

단어 借 jiè 빌리다

32

女：这家我是第一次来，不知怎么样？
男：这家真的不错，我来过好几次了。
女：我看不懂菜单，你常在这儿吃，那你点吧。
男：那我就不客气了，服务员，点菜！

问：说话人现在在哪儿？

여 : 이곳을 저는 처음 오는데, 어떤지 모르겠네?
남 : 여기 정말 괜찮아. 나는 몇 번 와봤지.
여 : 메뉴판을 봐도 모르겠네. 네가 여기서 자주 먹으니, 네가 주문해.
남 : 그럼 사양하지 않고 시킬게. 여기, 주문이요.

문 : 화자들은 어디에 있나요?

A 음식점
B 공원
C 상점

정답 A

해설 녹음을 듣기 전에 먼저 보기를 보고 '장소'를 묻는 문제임을 빨리 인지한다. 관련된 단어인 "菜单", "吃", "点菜"를 통해 대화의 장소가 음식점임을 유추할 수 있다. 상점과 공원은 언급되지 않았다.

단어 不知 bù zhī 모르다
家 jiā 음식점의 양사
看不懂 kàn bu dǒng 알아 보지 못하다
菜单 càidān 메뉴판
点 diǎn 주문하다
不客气 búkèqì 사양하지 않다

33

男：你现在还住在原来那儿吗？
女：我爸妈还住在那儿，我早就搬了。
男：什么时候搬的？我儿子上大学时你还住在那儿呢。
女：工作后我就不住在家里了，买了房子。

问：女人什么时候搬的家？

남 : 당신은 원래 살던 곳에서 아직까지 살고 있나요?

여 : 저희 엄마, 아빠가 아직 거기에 사시고, 저는 진작에 이사를 했어요.

남 : 언제 이사했어요? 우리 아들이 대학에 다닐 때, 당신은 여전히 그 동네에 살고 있었잖아요.

여 : 취업 후에 집에서 나왔어요. 집을 샀지요.

문 : 여자는 언제 이사를 했나요?

A 결혼 후

B 취업 후

C 대학 진학 후

정답 **B**

해설 녹음을 듣기 전에 먼저 보기를 보고 '때'를 묻는 문제임을 빨리 인지한다. 대화에서 남자의 아들이 대학을 다닐 때 여자는 부모님의 집에 살았다고 했으므로 보기C가 틀렸다는 것을 알 수 있다. 남자의 "什么时候搬的？"라는 질문에 여자는 "工作后我就不住在家里了"라고 대답을 하는데, "工作后"는 "上班后"와 같은 뜻이고, "不住在家里了"는 "搬家"와 같은 의미라고 볼 수 있으므로 답은 보기B이다. 보기A는 언급되지 않았다.

단어 还 hái 아직, 여전히
住 zhù 살다
原来 yuánlái 예전의, 원래의
搬 bān 이사하다
工作后 gōngzuò hòu 취업 후

34

女 : 昨天买东西时借了你10块钱，我给你送来了。

男 : 你这个人啊，怎么这么客气，这么点儿钱，不用还了。

女 : 那不行，"有借有还，再借不难"吗？

男 : 你这么说，那我就收下了。

问 : 女的来做什么？

여 : 어제 물건 살 때 너한테 빌린 10콰이, 갚으러 왔어.

남 : 이 사람도 참. 뭘 그렇게 예의 차려. 고작 그 정도 돈은 갚을 필요가 없어.

여 : 그럼 안되지. "빌렸으면 갚아야, 다시 빌리려고 할 때 또 어렵지 않게 빌릴 수 있지"라고 하잖아?

남 : 네가 그렇게 말하니, 그럼 받도록 하지.

문 : 여자는 무엇을 하러 왔나요？

A 돈을 빌리다

B 돈을 갚다

C 거스름 돈을 주다

정답 **B**

해설 녹음을 듣기 전에 먼저 보기를 보고 '무엇을 하는지'를 묻는 문제임을 빨리 인지한다. 보기가 모두 '동사+빈어'구조로 이루어져 있다. 여자는 어제 빌린 돈 10콰이를 갚겠다며 "我给你送来了"라고 말했는데, 이것은 "还钱"과 같은 의미이다. 따라서 답은 보기B이다. 남자가 받으려 하지 않자, 나중에 빌릴 때 쉽게 빌릴 수 있다는 말을 하기는 했지만 이번에 온 것은 돈을 빌리러 온 것이 아니다. 그러므로 보기A는 제거한다. 보기C는 언급되지 않았다.

단어 时 shí ~할 때
借 jiè 빌리다
送来 sònglái 가져 오다
怎么 zěnme (원인)왜
这么点儿 zhème diǎnr 고작 이 만큼
不用 bú yòng ~할 필요 없다
还 huán 되돌려 주다
收 shōu 받다

35

男 : 我看这条蓝裙子不错，你说呢？

女 : 我不喜欢蓝色。

男 : 那黄色的怎么样？

女 : 太老了，我看只有那条红色的还差不多。

问 : 女的喜欢哪种颜色的裙子？

남 : 내가 보기에 이 파란색 치마가 괜찮은데, 네가 보기에는 어때？

여 : 나는 파란색은 별로야.

남 : 그럼 노란색은 어때？

여 : 너무 노티나잖아. 내가 보기에는 저 빨간색만 그럭저럭 괜찮네.

문 : 여자는 어떤 색의 치마를 좋아하나요？

A 노란색

B 빨간색

C 파란색

정답 **B**

해설 녹음을 듣기 전에 먼저 보기를 보고 '색상'을 묻는 문제임을
인지한다. 보기에 언급된 세 가지 색상이 녹음에 모두 언급
되었으므로 주의깊게 들어야 답을 정확히 고를 수 있다. 남
자가 파란색을 추천하자 여자는 "不喜欢"이라고 했으므로
보기C는 제거한다. 남자가 또 노란색을 추천했더니 여자는
"太老了"라고 말했는데, 이는 '늙어 보인다'는 뜻이다. 이어
서 여자는 빨간색이 "还差不多"라고 말했는데, 이 "还差
不多"는 '마음에 썩 들지는 않지만 그럭저럭 괜찮다'는 표현
이다.

단어 蓝裙子 lánqúnzi 파란색 치마
老 lǎo 늙다, 늙어 보인다
差不多 chà bu duō 그럭저럭 괜찮다

愛好 àihào 취미

36

女：小张，你周末喜欢做什么？
男：我最爱看电影和去超市，你呢？
女：去饭馆，这儿有名的饭馆我差不多都
　　去过。
男：是吗？没想到你还有这样的爱好。

问：女人周末最喜欢做什么？

여：샤오장, 주말에 주로 뭐해?
남：나는 영화를 보거나 슈퍼에 가는 것을 가장 좋
　　아해. 너는?
여：맛집 탐방, 여기 유명한 식당은 거의 다 가봤
　　지.
남：그래? 네게 그런 취미가 있을 거라고 전혀 생각
　　하지 못했어.

문：여자는 주말에 무엇하는 것을 가장 좋아하나
　　요?

A 쇼핑
B 음식점 가기
C 영화보기

정답 **B**

해설 녹음을 듣기 전에 먼저 보기를 보고 '무엇을 하는지'을 묻는
문제임을 빨리 인지한다. 모든 보기들이 '동사+빈어'구조로
이루어져 있다. 남자가 좋아하는 것이 보기A, C이고 여자가
좋아하는 것은 보기B이다.

단어 周末 zhōumò 주말
有名 yǒumíng 유명하다
饭馆 fànguǎn 식당, 음식점
差不多 chàbuduō 거의
没想到 méi xiǎngdào ~일 줄 생각지 못하다

37

男：阿姨，您好，我是小方的同事张华，她
　　在吗？
女：是小张啊，快进来。她刚出去，一会儿
　　就回来。
男：阿姨，我来看看您，听小方说您最近住
　　院了。
女：好了好了，谢谢你，小方在家常提到
　　你，说你在工作中常常帮助她。

问：说话人在什么地方？

남：아주머니, 안녕하세요. 저는 샤오팡의 동료 장
　　화입니다. 장화 있나요?
여：샤오장이구나. 어서 들어오렴. 걔가 막 외출해
　　서 조금 뒤에 돌아올거야.
남：아주머니, 저는 아주머니 뵈러 왔어요. 샤오팡
　　에게 듣자 하니, 최근에 입원하셨다면서요.
여：좋아졌단다. 고마워. 샤오팡이 집에서 자주 너
　　에 대해 말하는데, 업무중에 자주 샤오팡을 도
　　와준다지.

문：화자는 어느 장소에 있나요?

A 회사
B 병원
C 집

정답 **C**

해설 녹음을 듣기 전에 먼저 보기를 보고 '장소'를 묻는 문제임을
빨리 인지한다. 남자는 회사 동료의 어머님이 편찮으시다는
소식을 듣고 동료가 있는 집으로 찾아갔다. 녹음 도입부에
언급된 "她在吗？"와 샤오팡의 엄마가 한 말 "小方在家常
提到你"에서 이들이 지금 샤오팡의 집에서 대화를 나누고
있음을 알 수 있다.

단어 阿姨 āyí 아줌마
同事 tóngshì 동료
一会儿 yíhuìr 잠시후에
最近 zuìjìn 최근
住院 zhùyuàn 병원에 입원하다
提 tí 언급하다
帮助 bāngzhù 돕다

38

女：先生，苹果汁多少钱一瓶？

男：两块五，您要几瓶？

女：给我两瓶，葡萄汁呢？

男：葡萄汁一瓶三块。

女：我要两瓶苹果汁和一瓶葡萄汁。

问：买这些东西，女的花多少钱？

여 : 아저씨, 사과 주스 한 병에 얼마죠?

남 : 2콰이 5마오입니다. 몇 병 드릴까요?

여 : 두 병 주세요. 그리고 포도 주스는요?

남 : 포도 주스는 한 병에 3콰이예요.

여 : 사과 주스 2병과 포도 주스 1병 주세요.

문 : 이것들을 사는데 여자는 얼마를 썼나요?

A 5위안

B 7.5위안

C 8위안

정답 **C**

해설 녹음을 듣기 전에 먼저 보기를 보고 '가격'을 묻는 문제임을 빨리 인지한다. 시간이나 돈과 관련된 문제는 나열식이거나 계산을 해야 하는 문제들이다. 그러므로 보기 옆에 기록을 잘 해야 한다. 2콰이5마오짜리 사과 주스 2병은 5콰이이다. 여기에 3콰이짜리 포도 주스 한병을 더하면 총 8콰이이다.

단어 苹果汁 píngguǒzhī 사과 주스
瓶 píng 병
葡萄汁 pútaozhī 포도 주스

39

男：你是新搬来的吧？

女：是啊，您也住在这个楼里？

男：对，我们是楼上楼下，以后有什么事说话。

女：谢谢，有时间来我家坐坐。

问：说话人是什么关系？

남 : 당신이 새로 이사오신 분이시죠?

여 : 네, 당신도 이 건물에 사세요?

남 : 네, 우리는 윗집 아랫집 사이네요. 앞으로 무슨 일 있으면 말만 하세요.

여 : 감사해요. 시간 되시면 놀러오세요.

문 : 화자들은 어떤 관계인가요?

A 이웃

B 동료

C 친구

정답 **A**

해설 녹음을 듣기 전에 먼저 보기를 보고 '관계'를 묻는 문제임을 빨리 인지한다. 녹음에서 남자가 "新搬来的", "我们是楼上楼下"라고 말하고 "您也住在这个楼里?"라고 물었는데 여자가 "对"라고 대답했으므로 이 둘이 이웃임을 알 수 있다.

단어 新搬来的 xīn bānlái de 새로 이사온 사람
楼 lóu 건물
楼上楼下 lóushàng lóuxià 윗 층, 아래 층

40

女：小王在你们公司开车开得最好，是吗？

男：你听谁说的？

女：是他自己说的。

男：你别听他的，要说英语，他是不错。要说开车，我比他强多了。

问：根据对话可以知道：

여 : 샤오왕이 당신네 회사에서 운전을 가장 잘한다면서요. 그래요?

남 : 누구의 말을 들은 건가요?

여 : 본인이 그렇게 말을 하던데요.

남 : 그 사람 말은 듣지 마세요. 영어는 그 사람이 잘하고, 운전은 제가 그 사람보다 훨씬 잘 할걸요.

문 : 대화에서 우리가 알 수 있는 것은?

A 샤오왕의 영어 실력은 좋지 않다

B 샤오왕의 운전 실력은 아주 좋다

C 남자는 샤오왕보다 운전을 잘 한다

정답 **C**

해설 녹음에 언급된 "要说开车，我比他强多了"에서 남자가 샤오왕보다 운전을 잘한다는 것을 알 수 있다.

단어 开车 kāichē 차를 운전하다
谁说的 shéi shuō de (반어용법)누가 그래?, 아니다
要说 yào shuō ~로 말하자면
不错 bú cuò 괜찮다
比 bǐ (비교)~보다
强多了 qiángduō le (능력 등이)훨씬 좋다

2. 독해(阅读)

제1부분

제1부분은 총 10문항이다. 응시자는 주어진 20개 문장 중, 주어진 내용과 서로 상응하는 문장들을 연결시킨다.

41-45

> A 어떤 것(집)을 원하시나요? 원하시는 조건을 말씀해 보세요.
> B 정말 미치겠군. 샤오장은 왜 아직 안 와?
> C 우리는 이웃인데, 당신은 뭘 그렇게 격식을 차리시나요.
> D 샤오왕, 요즘 뭐 해요?
> E 물론이지. 우리는 먼저 버스를 탄 후에 지하철로 갈아타면 돼.
> F 저도 잘 모르지만, 다른 사람들의 말을 들어보면, 지금 상하이에 외국 학생들이 가장 많다는군요.

41 정말 죄송한데. 이 일 좀 도와주십사 부탁 드려요.

정답 **C**

해설 문제에 언급된 "帮一下忙"이라는 말에 이웃이 흔쾌히 승낙을 하는 보기C가 자연스럽게 어울린다. 보기C에 언급된 "你还客气什么"의 "客气什么"는 "不用客气"의 뜻으로 "真不好意思, 请帮一下忙"이라고 말과 호응을 이룬다.

단어 不好意思 bù hǎo yìsi 미안하다, 죄송합니다
请 qǐng ~을 청하다, ~을 해주세요
帮忙 bāngmáng 돕다
邻居 línjū 이웃
客气 kèqi 예의를 차리다

42 수학 시험이 다음 주에 있는데, 저는 지금 이 시험을 준비중이에요.

정답 **D**

해설 문제에 언급된 "在下周"와 "我正在准备"는 '요즘'과 관련된 내용임을 알 수 있다. 그러므로 문제는 보기D의 "最近在

忙什么？"라는 질문의 좋은 대답이 될 수 있다.

단어 考试 kǎoshì 시험
下周 xiàzhōu 다음 주
准备 zhǔnbèi 준비하다
最近 zuìjìn 최근
忙什么？ máng shénme？ 뭐하니?

43 저는 남부에 가서 공부하고 싶은데, 당신은 어떤 도시가 가장 괜찮다고 생각되나요?

정답 **F**

해설 문제에 언급된 "哪个城市"라는 물음에 보기F "上海"가 대답으로 가장 적합하다. 상대방의 의향을 묻는 "你觉得…?"라는 물음에 대해 "我也不太清楚"라는 대답은 올 수 있다.

단어 想 xiǎng ~하고 싶다
觉得 juéde ~라고 여기다
城市 chéngshì 도시
不太清楚 bú tài qīngchu 잘 모르겠다
现在 xiànzài 지금

44 아저씨, 이 근처에 집을 세 얻었으면 하는데요.

정답 **A**

해설 "你想在这儿附近租个房子。"는 보기A의 집을 세 얻는 조건인 "要求"에 대한 적절한 대답이므로 답은 보기A이다.

단어 想 xiǎng ~하고 싶다
附近 fùjìn 근처
租 zū 세 얻다, 임대하다
要 yào 원하다, 요구하다
要求 yāoqiú 요구

45 조급해 하지 말고, 더 기다려보자. 약속한 시간에서 2분이 남았어.

정답 **B**

해설 문제에 "别着急, 再等等"은 보기B "真急人", "怎么还没到?"에 대한 적절한 대답이 될 수 있다.

단어 别着急 bié zháojí 조급해하지 마라
离 lí ~로부터 ~까지
说好 shuōhǎo ~하자고 약속하다
差 chà 부족하다
急 jí 조급하다. 미치겠다
到 dào 도착하다

46-50

A 한 가지 일이 있는데, 내가 너한테 말해야 할지 말아야 할지 모르겠어.
B 가장 더울 때에, 에어컨이 왜 문제지?
C 죄송해요. 모두 제 잘못입니다. 화를 내지 마세요. 이번에는 반드시 잊지 않겠습니다.
D 내가 산동 사투리 몇 마디를 배웠는데, 아주 재밌어. 너, 들어볼래?
E 편리하긴 편리하지만, 여기 물건이 대형 슈퍼보다 많이 비싸요.

46 좋아, 네가 말하는 몇 마디를 내가 들어보지. 네가 배운 것이 비슷한지 아닌지 보자.

정답 **D**

해설 문제에 언급된 "好啊"는 상대방의 요구를 흔쾌히 받아들일 때 사용하는 표현이다. 문제 D에 "你想听吗?"의 좋은 대답이 될 수 있다. 그리고 문제에 언급된 "说几句"의 "几句"는 보기D의 "几句山东话"와 같은 뜻이다.

단어 几句 jǐ jù 몇 마디
像 xiàng ~와 같다
山东话 Shāndōnghuà 산둥말, 산동 사투리
特别 tèbié 매우, 아주
有意思 yǒu yìsi 재미있다

47 채소를 팔고, 과일을 파는 사람들이 이렇게 많고, 너희 집에서도 이렇게 가까우니, 이번에 당신들은 편하겠어요.

정답 **E**

해설 문제에 언급된 "方便了"와 보기E에 언급된 "方便是方便"는 같이 연결지어 생각할 수 있으며, 문제의 "卖菜卖水果的这么多"와 보기E의 "这儿的东西比大超市贵多了"도 같이 연결지을 수 있다. 그러므로 답은 보기E가 가장 적합하다.

단어 卖水果的 mài shuǐguǒ de 과일 파는 사람
离 lí ~로부터 ~까지
又 yòu 또
这下 zhè xià 이번에는
方便 fāngbiàn 편리하다
就是 jiù shì 그러나
比 bǐ (비교)~보다
大超市 dàchāoshì 대형 슈퍼

48 무슨 일인데? 우리 사이에 또 말 못할 것이 있어?

정답 **A**

해설 문제에 언급된 "不能说的事"은 보기A의 "有件事", "该不该对你说"와 호응될 수 있다.

단어 之间 zhījiān 사이
还有 hái yǒu 또 있다
该不该 gāi bu gāi ~해야 하는지 말아야 하는지?
对…说 duì…shuō ~에게 말하다

49 새로 산 것인데, 문제가 있는 것은 아니겠지. 내가 보기에는 전기가 나간 것 같은데, 빨리 전화해서 물어봐.

정답 **B**

해설 문제에 언급된 "没电"은 '건전지가 다 되다', '전기가 나가다'의 뜻으로 가전제품과 관련된 말이다. 그러므로 보기B의 "空调"와 연관시킬 수 있다.

단어 不会 bú huì ~하지 않을 것이다
问题 wèntí 문제
像 xiàng ~인 것 같다
没电 méi diàn 전기가 나가다
打电话 dǎ diànhuà 전화 걸다
正是 zhèngshì 때마침
最 zuì 가장
空调 kōngtiáo 에어컨
坏 huài 망가지다

50 당신이란 사람은 어째 그래요? 당신한테 몇 차례나 말했는데, 왜 늘 기억을 못해요?

정답 **C**

해설 문제에 언급된 "怎么总是记不住？"는 보기C의 "一定忘 不了"와 호응된다.

단어 怎么了 zěnme le 어찌 그러니?
跟…说 gēn…shuō ~에게 말하다
次 cì 차례, 회수
怎么 zěnme (원인)왜
总是 zǒngshì 항상, 늘
记不住 jì bu zhù 기억 못하다
错 cuò 틀리다
别生气 bié shēngqì 화내지 마라
一定 yídìng 반드시
忘不了 wàng bu liǎo 잊을 수 없다

제2부분

제2부분은 총 10문항이다. 모든 문제는 1~2개의 문장으로 구성되어 있으며, 문장 가운데에는 하나의 빈칸이 있다. 응시자는 선택 항목 중, 빈칸에 들어갈 알맞은 단어를 선택한다.

51-55

A 把 bǎ ~을
B 除了 chúle 제외하고
C 上 shàng 접속하다
D 声音 shēngyīn 소리
E 只 zhǐ 단지, 겨우
F 突然 tūrán 갑자기

51 엄마는 말씀을 하시다가, 왜 (갑자기) 멈추시고 말씀을 하지 않으셨는지 모르겠다.

정답 F

해설 앞 부분에 언급된 "说着说着"는 "동사1+着+동사1+着"의 형식으로 동작이 지속되고 있음을 나타낸다. "停下来"는 말 을 하다가 중간에 멈췄음을 알 수 있다. 동사 앞에는 보통 부사가 온다. 보기D와 보기F가 부사인데, "说着说着"형식 이 사용되었으므로 내용상 "突然"이 가장 적합하다.

단어 说着说着 shuōzhe shuōzhe 말하다가
不知 bù zhī 모르다
为什么 wèishénme 왜

停下来 tíng xiàlai 멈추다

52 그는 일을 빨리 한다. 두세 번 만에 방(을) 아주 깨끗하 게 청소한다.

정답 A

해설 괄호 앞의 부사 "就"와 괄호 뒤의 명사 "房间" 사이에 동사 혹은 개사가 들어가야 한다. 그런데 명사 뒤에 "打扫"라는 동사가 있으므로 괄호에는 개사가 들어가야 한다. 개사 "把" 는 동사 뒤의 빈어 성분을 동사 앞으로 이동시킬 때 사용하 며, 개사 "把" 뒤의 명사는 의미상 동사의 빈어가 된다.

단어 做事 zuòshì 일을 하다
三下两下 sānxià liǎngxià 두 세번
打扫 dǎsǎo 청소하다
得 de 정도 보어 구조조사
干干净净 gāngan-jìngjìng 깨끗하다

53 그 사과를 그는 (겨우) 한 입 먹고는 먹지 않았다.

정답 D

해설 주어 "他"와 동사 "吃" 사이에는 일반적으로 부사, 조동사

등 상황어가 위치한다. 뒤에 "不吃了"가 나오므로 의미상 '겨우 한 입 먹었다'가 가장 적합하며 부사 "只"이 들어가야 한다. 그래서 답은 보기D이다.

단어 苹果 píngguǒ 사과
一口 yì kǒu 한 입

54 도서관에서 인터넷 (접속을 할) 수 있어. 저녁에 내가 그곳에 가서 너에게 이메일을 보낼게.

정답 C

해설 괄호 앞에 조동사 "可以"가 있고, 괄호 뒤에 명사 "网"이 있으므로 괄호에는 동사나 개사가 들어가야 한다. 그런데 명사 "网" 뒤에 다른 동사가 없으므로 괄호에는 동사 술어가 들어가야 한다. '인터넷에 접속하다'라는 "上网"은 자주 사용되는 단어이므로 잘 기억해두자.

단어 图书馆 túshūguǎn 도서관
上网 shàngwǎng 인터넷 접속하다
给…发电子邮件 gěi…fā diànzǐ yóujiàn ~에게 이메일을 보내다

55 요즘 나는 피곤함을 자주 느껴, 매일 밥을 먹는 것을 (제외하고는) 잠을 잔다.

정답 B

해설 "除了"는 '제외하다'의 뜻인데, "就是"과 호응하여 "除了…就是…"형태로 자주 사용되며 '~을 제외하고, ~이다'를 뜻한다. '피곤하여 매일 밥을 먹는 것을 제외하면 잠을 잔다'가 55번 문제의 내용이므로 답은 보기B가 가장 적합하다.

단어 最近 zuìjìn 최근, 요즘
总是 zǒngshì 늘
觉得 juéde ~라 여기다
累 lèi 힘들다, 피곤하다
睡觉 shuìjiào 잠을 자다

56-60

A	还是 háishi	(선택)아니면
B	决定 juédìng	결정하다
C	爱好 àihào	취미
D	环境 huánjìng	환경
E	当然 dāngrán	당연히
F	着急 zháojí	조급하다

56

> A 잘 오셨어요. 제가 지금 당신을 찾아가려 했는데요.
> B 무슨 일인데 이렇게 (급해요)?

정답 F

해설 괄호 앞의 "这么"는 형용사나 심리동사의 앞에 위치해 정도의 깊이를 나타내는 역할을 한다. 보기B, F가 동사나 형용사인데, 상대방이 "找你"한다는 말에 대한 대답으로 보기F "着急"가 적합하다.

단어 正好 zhènghǎo 딱 좋다, 딱 알맞다
找 zhǎo 찾다
这么 zhème 이렇게

57

> A 오늘 참석해 주셔서 저는 무척 기쁩니다. 그리고 당신께서 주신 선물도 감사합니다.
> B 오늘이 당신의 생일인데, 제가 (당연히) 와야지요.

정답 E

해설 괄호 뒤에 조동사 "要"가 위치해 있다. 그러므로 괄호에는 부사가 들어가야 하며, 보기E "当然"이 가장 적합하다.

단어 能 néng 할 수 있다
参加 cānjiā 참석하다
太…了 tài…le 너무 ~하다
高兴 gāoxìng 기쁘다
送 sòng 선물하다
礼物 lǐwù 선물
要 yào ~해야 한다

58

> A 손님, 손님께서 입으신 이 셔츠가 너무 잘 어울리시네요. 제가 포장해 드릴께요.
> B 우선 잠시만 기다리세요. 여자 친구가 와서 본 다음에 살지 안 살지 (결정하도록 할게요.)

정답 B

해설 괄호 앞에 부사 "再"가 있으므로 괄호에는 동사가 들어가야 한다. 괄호 뒤의 내용은 살지 안 살지 결정한다는 의미가 들어가야 하므로 답은 보기B "决定"이다.

단어
穿 chuān 입다
衬衫 chènshān 와이셔츠
包起来 bāo qǐlai 포장하다
先…等…再… xiān…děng…zài… 먼저 ~하고, ~한 후에, 다시 ~하다.
还是 háishi (선택)아니면

59

A 샤오왕, 지금 시간이 있니? 같이 차나 한 잔 하자.
B 좋아. 아래층에 바로 찻집이 있는데, 그 곳의 (환경이) 근사해.

정답 D

해설 괄호 앞에 있는 "的"는 명사를 수식할 때 명사 앞에 사용하는 구조조사이다. 그러므로 괄호에 명사가 들어가야 함을 알 수 있다. 보기 중에 명사는 보기C, D가 있는데, 내용상 보기 D "环境"이 가장 적합하다.

단어
时间 shíjiān 시간
喝杯茶 hē bēi chá 차 한 잔 마시다
楼下 lóuxià 아래 층
茶馆 cháguǎn 찻집

60

A 마리야, 요 며칠 너 왜 이렇게 말랐어? 병이 난 거야 (아니면) 집 생각나서 그래?
B 모두 아니야. 여기에 막 와서, 친구도 없고, 게다가 여러모로 적응이 아직 잘 안돼.

정답 A

해설 괄호 뒤에 있는 문장부호는 물음표이다. 그런데 지문에는 '의문사'도 없고, "吗"도 없으니, 선택의문문을 빨리 떠올려야 한다. 선택의문문은 "A还是B"의 형식으로 'A아니면B'를 의미한다.

단어
怎么 zěnme (원인)왜
瘦 shòu 마르다
病 bìng 병 나다
想家 xiǎng jiā 집을 그리워하다
刚 gāng 갓, 막
而且 érqiě 게다가
还 hái 아직
习惯 xíguàn 적응되다, 습관되다

제3부분은 총 10문항이다. 10문항은 모두 하나의 단문과 하나의 질문으로 구성되어 있다. 응시자는 시험지에 주어진 선택 항목 3개 중에서 정답을 고른다.

61 오늘 이런 날씨 같으면, 아무리 놀기에 좋은 곳이라도 나는 가고 싶지 않아.

★ 이 글에서 알 수 있는 것은 :

A 오늘 날씨가 좋지 않다
B 나는 노는 것을 좋아하지 않는다
C 이곳은 놀기 좋지 않다

정답 A

해설 지문 "再好玩的地方我都不想去了"에서 언급된 "再"는 '아무리 ~한다 하더라도'의 의미이다. 그러므로 이 글은 가고 싶지 않다는 뜻이다. 언급된 "像今天这样的天气"에서 날씨 때문에 가고 싶지 않다는 것을 유추할 수 있다. 그러므로 답은 보기A이고 나머지 보기B, C는 언급되지 않았다.

단어 像 xiàng ~과 같다
天气 tiānqì 날씨
再 zài 아무리 ~한다 하더라도
好玩 hǎo wán 놀기 좋다
不想 bù xiǎng ~하고 싶지 않다

62 리리는 정말 예쁘게 생겼어. 여러 사람들이 그녀에게 소개해준 남자친구가 최소한 20명이야. 하지만 그녀 눈에 든 사람은 한 명도 없었어.

★ 이 글에 따르면, 리리가 어떻다는 것을 알 수 있나요?

A 남자 친구가 상당히 많다
B 예쁜 남자친구를 사귀려 한다
C 남자친구를 아직 사귀지 못했다.

정답 C

해설 글 뒷부분에 언급된 "没有一个让她满意的"에서 리리가 여러 사람들이 소개시켜준 남자친구에 대해 한 명도 만족스러워 하지 않았다고 했으므로, 남자친구가 아직 없다는 것을 알 수 있다.

단어 长得 zhǎng de 생기다
给…介绍 gěi…jièshào ~에게 소개해 주다

不下 búxià ~이상이다
但是 dànshì 그러나
让 ràng ~하게 하다
满意 mǎnyì 만족하다, 흡족해 하다

63 우리 집 식구들은 매일 아침 6시 반이면 일어난다. 아내의 출근길이 가장 멀어서 매일 제일 먼저 나간다. 나와 아들은 아침을 먹은 다음에, 거의 7시 15분 쯤 되어서, 내가 자전거로 아들을 학교에 보내주고 나는 그 다음에 출근한다.

★ 이들 집에는 모두 몇 명이 있나요?

A 2명
B 3명
C 4명

정답 B

해설 지문에는 모두 3명 "我妻子", "我", "儿子"가 언급되었다.

단어 起床 qǐchuáng 일어나다
上班 shàngbān 출근하다
最 zuì 가장
远 yuǎn 멀다
吃完 chīwán 다 먹다
天天 tiāntiān 날마다, 매일
差不多 chà bu duō 거의
一刻 yí kè 15분
送 sòng 배웅하다
然后…再… ránhòu…zài… ~후에, 다시 ~하다

64 아들이 어렸을 때, 나는 아들이 병에 걸릴까봐 가장 걱정했다. 아들이 조금 자라니, 나는 또 아들의 학습 성적을 걱정하기 시작했다. 아들이 고등학교에 다닐 때는 대학에 떨어질까봐 걱정했고, 지금은 좋은 부인을 찾지 못할까봐 가장 걱정된다.

★ 내가 지금 걱정하는 것은:

A 아이의 공부성적
B 아이의 건강
C 아이의 결혼문제

정답 **C**

해설 이 지문은 어려서부터 성인이 되기까지 시간의 흐름에 따라 걱정되는 부분을 나열하고 있다. 어려서는 건강 문제인 보기 B를 걱정했고, 학교에 다닐 때는 보기A를 걱정했고, 지금은 결혼문제를 걱정한다고 했으므로 답은 보기C이다.

단어 的时候 de shíhou ~할 때
担心 dānxīn 걱정하다
生病 shēngbìng 병이 나다
长大 zhǎngdà 자라다
开始 kāishǐ 시작하다
学习成绩 xuéxí chéngjì 공부 성적
考上 kǎoshàng 시험에 합격하다
上 shàng (학교에)다니다
不放心 bú fàngxīn 걱정되다
找到 zhǎodào 찾았다
结婚问题 jiéhūn wèntí 결혼문제

65 내가 흥미를 갖고 있는 일이면, 아무리 어렵고, 힘들고, 또 아무리 많은 시간을 써야 한다고 하더라도, 나는 하기를 원한다.

★ 이 글의 뜻은 :

A 나는 다른 사람들 보다 똑똑하다
B 나는 어렵고 힘든 일을 하기를 원한다
C 나는 내가 흥미 있는 일을 하고자 한다

정답 **C**

해설 지문에 사용된 관련사 "只要…就…"는 최소한의 조건을 나타내며, '~이기만 하면 ~하다'라는 뜻이다. 그러므로 답은 보기C이고, 보기B는 흥미를 느끼는 일이라는 조건이 빠져 있어서 정답이라고 할 수 없다.

단어 只要 zhǐyào 이기만 하면
兴趣 xìngqù 흥미
就是…也… jiùshì…yě… 설령 ~라 하더라도
再 zài 아무리 ~하더라도
难 nán 어렵다
累 lèi 힘들다
花 huā (시간을)쓰다
愿意 yuànyì 원하다

66 중국 친구가 결혼을 하는데, 그가 나를 초대했고, 나는 매우 기뻤다. 중국에 온 다음에 나는 아직 한 번도 중국 친구 집에 가본적이 없으며, 중국인의 결혼식을 보는 것은 더 말할 것도 없다.

★ 나는 무엇을 하려고 하나?

A 중국인과 결혼하다
B 중국친구 집에 놀러 간다
C 친구 결혼을 보러 간다

정답 **C**

해설 친구가 나를 결혼식에 초청해줘서 매우 기쁘다고 언급했다. 후반부에 언급된 "更别说"는 '~하지 마라'는 부정의 의미가 아니라 점층 및 심화의 의미를 가지는 '~는 더 말할 것도 없다'는 뜻이다. 즉 중국인의 집에 놀러 가본 적도 없으니, 중국 친구의 결혼식에 가봤을 리는 더욱 없다는 뜻이다. 보기A는 내가 중국인과 결혼한다는 뜻인데 나는 결혼식에 초대를 받은 것이지 결혼하는 당사자가 아니다.

단어 结婚 jiéhūn 결혼하다
请 qǐng ~하도록 청하다
参加 cānjiā 참석하다
极了 jí le 매우
还 hái 아직
一次也没有 yí cì yě méi yǒu 한번도 ~해보지 못했다
更别说 gèng bié shuō ~은 더 말할 것도 없다

67 여기서부터 베이징까지 어떻게 해도 2–3시간은 걸리는데, 네가 말한 30분이 어떻게 가능하니? 비행기를 탄다고 해도 도착할 수 없어.

★ 여기서 베이징까지:

A 비행기(노선)가 없다
B 아무리 빨라도 2시간 걸린다
C 30분이면 도착한다

정답 **B**

해설 지문에 언급된 "怎么也要两三个小时"은 아무리 빨리 간다 해도 2–3시간이 걸린다는 뜻이다. 그리고 "怎么可能"은 반어용법으로 부정의 뜻을 담고 있다. 즉 30분은 불가능하다는 의미이다. 그리고 맨 마지막에 "到不了"는 비행기를 타고 30분 안에 도착할 수 없다는 뜻이다. 답은 보기B이다.

단어 从…到… cóng…dào… ~로부터 ~까지
怎么也要 zěnme yě yào 아무리 그렇다 해도 ~는 걸린다

怎么可能　zěnme kěnéng （반어용법）어떻게 가능
해?, 불가능하다
到不了　dào bu liǎo 도착할 수 없다

68 당신은 음식 주문이 뭐가 어렵냐며, 한자를 알고 지갑에
돈만 있으면 먹고 싶은 것을 주문하고 또 비싼 것을 주
문하면 되지 않느냐고 말 할 수도 있다. 주문이 말은 쉬
워도 사실은 그렇지 않다.

　★ 이 글의 뜻은 :

A 주문은 배울 필요 없다
B 주문은 쉽지 않다
C 주문은 메뉴판을 봐야 한다

B

해설 지문의 도입부에 "有什么难的？"라는 문장에서 반어법을
사용해 주문이 쉽다는 것을 말하고 있는데, 맨 마지막에 사
용된 전환의 의미인 "其实"의 뒤를 주의 깊게 살펴야 한다.
화자가 말하고자 하는 핵심은 "其实" 다음에 오기 때문이
다. 그러므로 답은 보기B이다. 지문 앞부분만 본다면 보기A
를 답으로 고를 수도 있으니 전체적인 내용을 파악해야 한
다.

단어 会说　huì shuō ~라 말할 수도 있다
菜　cài 음식
难　nán 어렵다
只要　zhǐyào ~이기만 하면
认识　rènshi 알다
点　diǎn 주문하다
不就…吗？　bú jiù…ma？ （반어용법）~인 것 아니
니?, 그렇다
说起来　shuō qǐlai 말하기에는
简单　jiǎndān 쉽다
其实　qíshí 사실은

69 나는 할아버지께서 역사와 관련된 책을 좋아하신다는 것
을 알고 있다. 할아버지 생신 때, 한 권을 사서 선물해
드렸다. 이 생일 선물을 보시고, 할아버지께서는 매우 기
뻐하셨으나, 나는 할아버지의 말씀을 듣고 그렇게 기쁘
지 않았다. 할아버지께서 '고맙구나, 내가 이 책을 벌써
몇 번 봤는데, 정말 좋은 책이더구나'라고 말씀하셨기 때
문이다.

　★ 그는 왜 기쁘지 않았나요?

A 할아버지께서 그 책을 좋아하지 않는다
B 그 책은 역사책이 아니다
C 할아버지께서 벌써 이 책을 보셨다

C

해설 "因为爷爷说，谢谢你，我已经看过好几次了，这本书真
的很好"에서 원인을 묻는 질문에 대한 답을 찾을 수 있다.
그래서 답은 보기C이다.

단어 关于　guānyú ~에 관한
历史　lìshǐ 역사
送给　sòng gěi ~에게 선물하다
但是　dànshì 그러나
因为　yīnwèi 때문에
真的　zhēn de 정말로

70 여기는 원래 이름이 없던 작은 골목으로 겨우 160미터 정
도 된다. 그러나 요 몇 년 사이에 이 작은 골목은 점점 유
명해졌다. 많은 외국인들이 이곳에 와서 물건을 사면서
자주 "OK"라고 말했고, 물건 파는 사람들도 덩달아 "OK"
라는 말을 했다. 그 후에 사람들은 이 작은 골목을 "OK"
거리라고 부르게 되었다.

　★ 이 길은 왜 "OK"거리라고 불리나요?

A 사람들이 "OK"라고 말하는 것을 자주 들을 수 있다
B 많은 사람들이 이곳에 와서 노래 부르는 것을 좋아한
다
C 많은 외국 커피숍이 있다

A

해설 "买东西"하는 외국인들도, "卖东西"하는 중국인들도 "OK"
라고 자주 말해서 이 거리가 "OK"거리가 되었다.

단어 原来　yuánlái 원래는, 예전에는
条　tiáo 거리의 양사
小街　xiǎojiē 작은 골목
短　duǎn 짧다
米　mǐ （도량형)미터
越来越　yuèláiyuè 점점
变得　biàn de ~게 변하다
有名　yǒumíng 유명하다
常常　chángcháng 종종
跟着　gēnzhe 따라서
后来　hòulái 후에
把　bǎ ~을
叫　jiào ~라고 부르다

3. 쓰기(书写)

제1부분

제1부분은 총 5문항이다. 모든 문제에는 여러 개의 단어가 제시되어 있다. 응시자는 주어진 단어를 사용하여 하나의 완성된 문장을 만든다.

---

71 정답 **她正在图书馆写作业。**

그녀는 지금 도서관에서 숙제를 하고 있다.

해설 먼저 주어 "她"와 술어 "写", 빈어 "作业"를 확인한다. 동작의 진행을 나타내는 부사 "正"은 주어의 뒤에 온다. 그러므로 "正在图书馆"은 주어 뒤, 술어 앞에 오는 것이 가장 좋다. 올바른 문장 순서는 "她正在图书馆写作业。"이다.

단어 正在图书馆 zhèng zài túshūguǎn 지금 도서관에 있다
作业 zuòyè 숙제
写 xiě 쓰다

72 정답 **桌子上放着几张照片。**

책상에 몇 장의 사진이 놓여 있다.

해설 동사 뒤에 "着"가 붙어 있고 장소와 관련된 단어가 제시어 속에 보이면, 이 문제는 존현문의 올바른 순서를 묻는 문제임을 빨리 인지한다. 동사 뒤에 "着"가 붙어 있는 존현문의 기본 형식은 "장소+동사着+사물"이다. 그러므로 장소 "桌子上"을 맨 앞에 놓고, 수량사인 "几张"은 사물명사 "照片"을 앞에서 수식한다. 올바른 문장 순서는 "桌子上放着几张照片。"이다.

단어 照片 zhàopiàn 사진
桌子上 zhuōzi shàng 책상 위의
放着 fàngzhe 놓여 있다
几张 jǐ zhāng 몇 장

73 정답 **我们应该开个会。**

우리는 마땅히 회의를 좀 열어야 해요.

해설 먼저 주어 "我们"과 술어 "开(个)", 빈어 "会"를 확인한다. 여기서 "会"는 조동사가 아니라 빈어로 쓰였으며, 조동사

"应该"는 주어 뒤, 술어 앞에 위치시킨다. 올바른 문장 순서는 "我们应该开个会。"이다.

단어 应该 yīnggāi 마땅히
会 huì 회의
开 kāi (회의를)열다

74 정답 **我打算去中国学习两年。**

나는 중국에 가서 2년 동안 공부를 할 예정이다.

해설 먼저 주어 "我"와 동사1 "去(中国)", 동사2 "学习"를 확인한다. 동사가 연달아 사용된 문장을 연동구라고 하며, 연동구는 여러 종류가 있다. 그중에 목적을 나타내는 연동구는 장소와 관련된 동사가 먼저 오고, 그 다음에 일반 동작동사가 온다. 조동사 "打算"은 주어와 동사 사이에 오며, 시량보어 "两年"은 동사 뒤에 올 수 있는데, 이 문장에서 동사1 뒤에 장소빈어인 "中国"가 바로 뒤에 와서 "两年"을 동사 바로 뒤에 끼워 넣을 수 없다. 그러므로 동사2 뒤에 위치시킬 수밖에 없다. 올바른 문장 순서는 "我打算去中国学习两年。"이다.

단어 打算 dǎsuan ~할 계획이다
去中国 qù Zhōngguó 중국에 가다
两年 liǎng nián 2년
学习 xuéxí 공부하다

75 정답 **你愿意和我结婚吗?**

당신은 저와 결혼해 주시겠어요?

해설 먼저 주어 "你"와 술어 "愿意"를 확인한다. 동사 "愿意"의 빈어는 일반적으로 '주어+술어'로 이루어진 구이거나, '동사+빈어'로 이루어진 구이다. 동사"结婚"은 개사 "和"와 함께 "和…结婚"의 형식으로 사용된다. 그러므로 동사 "愿意"의 빈어는 "和我结婚"이 되어야 하고, 의문조사 "吗"는 맨 뒤

에 온다. 올바른 문장 순서는 "你愿意和我结婚吗?"이다.

단어 结婚 jiéhūn 결혼하다
吗 ma 입니까?
愿意 yuànyì 원하다
和我 hé wǒ 나와

제2부분

제2부분은 총 5문항이다. 모든 문제는 하나의 빈칸이 들어간 문장으로 구성되어 있다. 응시자는 빈칸에 들어갈 알맞은 한자를 쓴다.

76 정답 照

그의 (여권) 번호를 이메일로 제게 보내주시겠습니까?

해설 "他的"의 구조조사 "的"는 명사가 수식어를 가질 때 사용되며, 수식어와 명사 사이에 온다. "护( )"는 명사가 되어야 하며, 발음 'zhào'와 일치하는 글자는 "照"이다.

단어 请 qǐng ~을 해주세요
把 bǎ ~을
护照 hùzhào 여권
号 hào 번호
电子邮件 diànzi yóujiàn 이메일

77 정답 鞋

오늘 거리에 나가서 그녀는 예쁜 꽃무늬 치마와 (구두) 한 켤레를 샀다.

해설 동사 "买"의 빈어는 "裙子"와 "皮( )"이다. 그러므로 "皮( )"는 명사가 되어야 한다. 괄호 앞에 있는 "一双"이라는 양사는 괄호에 들어갈 단어가 신발이라는 것을 알려준다. 발음도 'xié'이므로 글자는 "鞋"가 되어야 한다.

단어 上街 shàngjiē 쇼핑 가다
一条 yì tiáo (치마의 양사)벌
花裙子 huāqúnzi 꽃무늬 치마
一双 yì shuāng (신발의 양사)켤레
皮鞋 píxié 구두

78 정답 冒

듣자 하니, 어제 (감기)에 걸렸다며. 오늘은 좀 어때? 괜찮아졌어?

해설 주어 "你"의 술어는 "感( )"이다. 괄호 뒤에 동태조사 "了"가 있으므로 괄호에는 동사가 들어가야 한다. 발음이 'mào'이며 건강과 관련된 단어는 감기라는 뜻의 "感冒"이다.

단어 听说 tīngshuō 듣자하니
感冒 gǎnmào 감기걸리다
觉得 juéde ~라고 여기다

79 정답 街

모두 열심히 해서, 짧은 시간에 (거리)를 깨끗하게 청소했다.

해설 괄호 앞의 개사 "把"에서 힌트를 얻는다. 개사는 단독으로 사용되기 보다 뒤의 명사성분을 이끌고 개사구를 이루어, 일반적으로 술어의 앞에 사용된다. 문제의 "( )道"는 개사 "把"가 이끄는 것이고, 괄호 뒤에는 동사 "打扫"가 있으니. "( )道"는 명사가 되어야 한다. 발음 'jiē'와 부합되면서 청소라는 단어와 관련이 있는 "街道"의 "街"가 정답이다.

단어 认真 rènzhēn 열심히 하다
一会儿 yíhuìr 짧은 시간
把 bǎ ~을
街道 jiēdào 거리
打扫 dǎsǎo 청소하다
干干净净 gāngan-jìngjìng 깨끗하다

80 정답 **间**

우리는 오랜 (시간) 못 봤다. 그래서 나도 그가 지금 어떻게 지내는지 잘 모른다.

해설 "很长"은 일반적으로 명사를 수식한다. 발음 'jiān'에 부합되는 글자로 "时间"의 "间"이 가장 적합하다.

단어 时间 shíjiān 시간
见面 jiànmiàn 만나다
不知道 bù zhīdao 모르다
过 guò 생활하다, 지내다

新汉语水平考试

HSK
3级

모의고사 해설

⑤

HSK三级模拟试题（五）答案

一、听力

第一部分	1. B	2. F	3. A	4. D	5. E	6. B	7. D	8. A	9. E	10. C
第二部分	11. ✓	12. ✓	13. ×	14. ✓	15. ✓	16. ✓	17. ×	18. ×	19. ✓	20. ×
第三部分	21. C	22. C	23. A	24. C	25. B	26. A	27. B	28. B	29. C	30. C
第四部分	31. C	32. A	33. A	34. B	35. C	36. B	37. C	38. A	39. B	40. A

二、阅读

第一部分	41. B	42. F	43. D	44. A	45. C	46. C	47. A	48. E	49. B	50. D
第二部分	51. C	52. F	53. A	54. D	55. B	56. F	57. D	58. A	59. E	60. B
第三部分	61. B	62. A	63. A	64. C	65. B	66. A	67. B	68. B	69. C	70. B

三、书写

第一部分	71.	时间过得太快了！			
	72.	火车站离小王的家很近。			
	73.	我要买学汉语的书。			
	74.	他希望能当中学老师。			
	75.	你哪天去买衣服？/ 哪天你去买衣服？			
第二部分	76. 慢	77. 宜	78. 哭	79. 绩	80. 累

1. 듣기(听力)

제1부분은 총 10문항이다. 모든 문제는 하나의 대화로 이루어져 있으며, 두 번씩 들려준다. 응시자는 시험지에 주어진 여러 그림 중 들려주는 대화 내용과 일치하는 것을 선택한다.

모의고사 ❶ ❷ ❸ ❹ ❺

1

女 : 三年前的今天，我们就是在这儿见面的。
男 : 时间过得多快啊，来，为我们能在一起干一杯。

여 : 3년 전 오늘, 우리는 여기서 만났어.
남 : 시간이 정말 빨리 가는구나! 자, 우리가 같이 있을 수 있다는 것에 건배!

정답 B

해설 "干一杯"에서 힌트를 얻어, 남녀가 건배를 하고 있는 보기B를 답으로 고른다.

단어 就是 jiù shì (강조)바로
见面 jiànmiàn 만나다
过 guò (시간이)지나다, 흐르다
为 wèi ~을 위하여
干杯 gānbēi 건배하다

2

男 : 今天的雪下得真大啊，树上和地上都白了。
女 : 太冷了，我的脸、耳朵和鼻子都红了。

남 : 오늘 눈이 정말 많이 내리네. 나무도 땅도 온통 흰색이야.
여 : 너무 추워. 난 얼굴, 귀, 코가 모두 빨개졌어.

정답 F

해설 "雪下"에서 힌트를 얻어, 눈사람이 있는 보기F를 답으로 고른다.

단어 树上 shù shàng 나무에
地上 dì shàng 땅에
冷 lěng 춥다
脸 liǎn 얼굴
耳朵 ěrduo 귀
鼻子 bízi 코

3

女 : 快看，那种动物胖胖的，真可爱！
男 : 你是说熊猫啊，我最喜欢它了。

여 : 어서 봐봐. 저런 동물은 통통해서 정말 귀여워!
남 : 너 판다 말하는 거지. 나는 판다가 가장 좋아.

정답 A

해설 "熊猫"에서 힌트를 얻어, 판다가 있는 보기A를 답으로 고른다.

단어 动物 dòngwù 동물
胖 pàng 뚱뚱하다
可爱 kě'ài 귀엽다
熊猫 xióngmāo 판다

4

男 : 黑板上写的是什么? 我看不清楚。
女 : 你最好去医院检查一下，看是不是需要买个眼镜。

남 : 칠판에 쓴 것 뭐야? 잘 안 보이네.
여 : 너 병원에 가서 검사해 보는 것이 가장 좋겠다. 안경을 사야 하는 건지 아닌지 봐봐.

107

해설 "黑板"에서 힌트를 얻어, 칠판이 있는 보기D를 답으로 고른다.

단어 黑板 hēibǎn 칠판
写 xiě 쓰다
看不清楚 kàn bu qīngchu 잘 안 보인다
最好 zuì hǎo ~하는 것이 가장 좋다
检查 jiǎnchá 검사하다
需要 xūyào 필요하다
眼镜 yǎnjìng 안경

5

女 : 请问，我坐50路公共汽车能不能到体育馆?
男 : 可以啊，但是不在这儿，要到路那边的车站去坐。

여 : 뭐 좀 물어볼게요. 50번 버스를 타면 체육관에 가나요?
남 : 네. 그런데 여기가 아니고, 길 저쪽 버스 정류장에 가서 타셔야 해요.

정답 **E**

해설 "公共汽车"와 "车站"에서 힌트를 얻어, 버스정류장 그림인 보기E를 답으로 고른다.

단어 坐 zuò (차를)타다
50路 wǔshí lù (버스)50번
公共汽车 gōnggòngqìchē 버스
到 dào 도착하다
要 yào ~해야 한다

6

男 : 下个星期我就回国了，这个冰箱送给你吧。
女 : 太好了，这样我就不用去买新的了。

남 : 다음 주에 난 귀국하니까, 이 냉장고를 네게 줄게.
여 : 잘 됐네. 그럼 난 새것을 사러 갈 필요가 없네.

정답 **B**

해설 "冰箱"에서 힌트를 얻어, 냉장고가 있는 그림 보기B 를 답으로 고른다.

단어 回国 huíguó 귀국하다
冰箱 bīngxiāng 냉장고
送给 sòng gěi ~에게 무상으로 주다
不用 bú yòng ~할 필요없다

7

女 : 外边的风怎么刮得这么大！
男 : 路上差一点儿就把我的帽子刮掉了。

여 : 밖에 바람이 어쩜 이렇게 세게 부니!
남 : 길에서 하마터면 내 모자가 날아갈 뻔 했어.

정답 **D**

해설 녹음에 언급된 "风怎么刮得这么大"에서 힌트를 얻어, 바람이 세차게 불어 사람들이 웅크리고 있는 보기D를 답으로 고른다.

단어 外边 wàibiān 밖에
风 fēng 바람
怎么 zěnme (원인)왜
刮 guā (바람이)불다
差一点儿 chà yìdiǎnr 하마터면
把 bǎ ~을
帽子 màozi 모자

8

男 : 怎么不开门，是不是又在房间里看电视了?
女 : 我哪看电视了，我是在给朋友写信。

남 : 왜 문 안 열어. 또 방에서 TV 보는거야?
여 : 내가 무슨 TV를 봐, 친구에게 편지 쓰고 있잖아.

정답 **A**

해설 녹음에 언급된 "写信"에서 힌트를 얻어, 편지봉투가 있는 보기A를 답으로 고른다.

단어 怎么 zěnme (원인)왜
开门 kāimén 문을 열다
哪 nǎ (반어용법)어디
在 zài ~하고 있다
给…写信 gěi…xiě xìn ~에게 편지쓰다

9

> 女：你什么时候换的手机？真漂亮！
> 男：昨天手机掉洗衣机里了，只好又买了一个。

> 여 : 너 언제 휴대폰 바꿨어? 정말 예쁘다.
> 남 : 어제 휴대폰을 세탁기에 빠뜨렸거든. 어쩔 수 없이 또 하나 샀지.

정답 **E**

해설 녹음에 언급된 "手机"에서 힌트를 얻어, 휴대폰이 있는 보기 E를 답으로 고른다.

단어 换 huàn 바꾸다
手机 shǒujī 휴대폰
掉 diào 떨어뜨리다
洗衣机 xǐyījī 세탁기
只好 zhǐ hǎo 어쩔 수 없이

10

> 男：这次比赛你想表演什么节目？
> 女：我准备跳个舞，你看怎么样？

> 남 : 이번 경연대회에서 넌 어떤 프로그램을 공연할 거니?
> 여 : 난 춤을 출까 하는데, 네가 보기에 어때?

정답 **C**

해설 "跳个舞"에서 힌트를 얻어, 여자가 춤을 추고 있는 보기 C를 답으로 고른다.

단어 比赛 bǐsài 시합, 경연대회
表演 biǎoyǎn 공연하다. 연기하다
节目 jiémù (프로그램)내용
准备 zhǔnbèi 준비하다
跳舞 tiàowǔ 춤을 추다

제2부분

제2부분은 총 10문항이다. 모든 문제는 두 번씩 들려준다. 모든 문제에는 한 사람이 한 단락의 문장을 읽은 다음, 다른 한 사람은 그 문장과 관련된 문장을 제시한다. 시험지에도 이 문장이 제시되어 있으며, 응시자는 들려준 단문의 내용과 맞는지 판단한다.

11

> 你怕我下了车不知道怎么走啊？别担心，我知道，小王家我去过一次。

> 넌 내가 차에서 내린 다음에 어떻게 가는지 모를까 봐 걱정되지? 걱정마, 난 알아. 샤오왕집에 한 번 가 봤어.

★ 나는 샤오왕 집에 가는 길을 안다.

정답 √

해설 지문에 언급된 "我知道"는 샤오왕의 집에 가는 길을 안다는 뜻이다. 그러므로 문제에 언급된 "我认识去小王家的路"와 같은 내용이 된다.

단어 怕 pà ~할까봐
怎么 zěnme (방법)어떻게
别担心 bié dānxīn 걱정마라

去过 qùguo 가 본 적 있다
认识 rènshi (길을)알다

12

> 我昨天下午在这儿买了一件衣服，回家后发现有点儿小，我想换一件。

> 제가 어제 오후에 여기서 옷 한 벌을 샀는데, 집에 가서 보니 조금 작아요. 교환하고 싶어요.

★ 내가 산 옷이 맞지 않는다.

정답 √

해설 "发现有点儿小，我想换一件"은 '나에게 옷이 작으니 교환하고 싶다' 란 뜻으로 "不合适"과도 같은 뜻이다.

단어 发现 fāxiàn 발견하다
有点儿 yǒu diǎnr 약간
小 xiǎo 작다
换 huàn 바꾸다
不合适 bù héshì 알맞지 않다, 적합하지 않다

13

> 快走吧，已经差一刻八点了，再不走就
> 该迟到了。
>
> 어서 가자. 8시되기 15분 전이야. 출발하지 않으면 지각할거야.

★ 지금은 8시 15분이다.

정답 ✕

해설 "差一刻八点"은 '8시가 되기 15분 전이다'라는 뜻으로 '7시 45분'을 가리킨다.

단어 差一刻八点 chà yí kè bā diǎn 8시 되기 15분 전
再不走 zài bù zǒu 계속 가지 않는다, 출발하지 않는다
迟到 chídào 지각하다

14

> 他起床后一看表，脸也没洗、牙也没
> 刷，饭也没吃一口，背上书包就往学校跑。
>
> 그는 잠자리에서 일어나 시계를 보더니, 세수도 안 하고, 양치질도 안 하고, 밥도 한 술 뜨지 않은 채, 가방을 매고 학교로 뛰어갔다.

★ 그는 오늘 늦게 일어났다.

정답 √

해설 "起晚了"가 녹음에 직접적으로 언급되지 않았지만 전체적인 내용이 늦잠을 자고 일어나 분주한 아침의 풍경을 묘사하고 있다.

단어 起床 qǐchuáng 기상하다
表 biǎo 시계
刷 shuā (치아를)닦다
背 bēi 매다
往 wǎng ~를 향하여
起晚了 qǐwǎn le 늦게 일어나다

15

> 小王喜欢上网打游戏，玩一晚上也不
> 觉得累，但是一提到学数学，他就想睡觉。
>
> 샤오왕은 인터넷 게임을 즐긴다. 저녁 내내 게임을 해도 피곤한 줄 모르지만, 수학은 언급만 해도, 그는 졸려 한다.

★ 샤오왕은 수학 공부를 좋아하지 않는다.

정답 √

해설 수학이라는 말만 꺼내도 졸립다는 것은 수학을 좋아하지 않는다는 것이다.

단어 上网 shàngwǎng 인터넷 접속하다
打游戏 dǎ yóuxì 게임하다
不觉得 bù juéde 못 느끼다
累 lèi 피곤하다
提 tí 언급하다
睡觉 shuìjiào 잠을 자다

16

> 我的中国朋友张红是北京大学的学
> 生，她住的地方在学校附近，周末我要去那
> 儿找她玩儿。
>
> 나의 중국인 친구 장홍은 베이징대학교 학생이다. 그녀가 사는 곳이 학교 근처인데, 나는 주말에 그곳에 가서 그녀와 놀 것이다.

★ 장홍은 학교에 살고 있지 않다.

정답 √

해설 "她住的地方在学校附近"을 근거로 장홍은 학교 안이 아니라 학교 근처에 살고 있다는 것을 알 수 있다. 참고로, 학교안 기숙사에 살고 있다는 표현은 "住校", "住宿舍"라고 한다.

단어 住 zhù 살다
在 zài ~에 있다
附近 fùjìn 부근
周末 zhōumò 주말

17

> 一些孩子起床晚，没时间吃早饭，还
> 有些孩子觉得不饿，不吃早饭就去上学，这
> 样时间长了，对身体很不好。

어떤 아이들은 늦게 일어나기 때문에 아침을 먹을 시간이 없고, 또 어떤 아이들은 배고프지 않아 아침을 먹지 않고 등교하는데, 이렇게 오래 지내다 보면, 건강에 매우 좋지 않다.

★ 배가 고프지 않으면 아침을 먹지 않아도 괜찮다.

정답 ✗

해설 "这样时间长了, 对身体很不好"라는 문장은 아침을 거르면 건강에 해롭다는 것을 강조하고 있다.

단어 有些 yǒu xiē 일부
起床 qǐchuáng 기상하다
晚 wǎn 늦다
还 hái 또
对…很不好 duì…hěn bù hǎo ~에 매우 좋지 않다

18
我常去小公园里喝茶。那儿的茶馆虽然不大, 但是很安静。坐在里边, 一边喝茶一边看书, 真是舒服极了。

나는 공원에 차를 마시러 자주 간다. 그곳의 찻집은 비록 크지 않지만 매우 조용해서, 찻집에 앉아서 차를 마시고 책을 보는 것이 정말 좋다.

★ 공원에는 아주 큰 찻집이 있다.

정답 ✗

해설 "那儿的茶馆虽然不大"에서 찻집이 크지 않다고 직접적으로 언급하고 있다.

단어 常 cháng 자주
喝茶 hēchá 차를 마시다
虽然…但是 suīrán…dànshì 비록 ~이나, 그러나 ~이다
极了 jí le 매우
安静 ānjìng 조용하다
一边…一边… yìbiān…yìbiān… ~하면서 ~하다
舒服 shūfu 편하다, (마음이 여유로워)좋다

19
明明今年才6岁, 但是他常常提一些大人也回答不出来的问题, 像"白鸡聪明还是黑鸡聪明?"对这些问题, 爸爸妈妈也只好说不知道。

밍밍은 올해 겨우 6살인데, 어른들도 대답하기 곤란한 문제들을 자주 묻곤 한다. '흰 닭이 똑똑해? 아니면 검은 닭이 똑똑해?'와 같은 이런 문제에 대해, 아빠와 엄마는 '모른다'고 대답할 수 밖에 없다.

★ 아빠와 엄마는 밍밍의 문제에 대답을 할 수 없다.

정답 √

해설 "大人也回答不出来的问题"에서 엄마, 아빠가 밍밍의 질문에 자주 대답을 못 해주고 있다는 것을 알 수 있다.

단어 才 cái 겨우
常常 chángcháng 자주
提 tí 제기하다
回答不出来 huídá bu chūlai 대답할 수 없다
像 xiàng ~처럼
聪明 cōngming 똑똑하다
还是 háishi 아니면
对 duì ~에 대하여
只好 zhǐ hǎo 어쩔 수 없이
回答不了 huídá bu liǎo 대답할 수 없다

20
如果去电脑公司, 骑车最方便了。如果坐汽车, 先坐20路, 坐三站到体育场, 然后换25路汽车或者换地铁, 再坐三站就到了。

만약에 컴퓨터 회사에 가려면 자전거를 타는 것이 가장 편리하다. 버스를 타려면 먼저 20번 버스를 타고 세 정거장을 지나 체육관에 도착한 다음에, 25번 버스로 갈아타거나 지하철로 갈아타서 세 정거장을 더 가면 도착한다.

★ 컴퓨터 회사에 가는데, 지하철이 가장 편리하다.

정답 ✗

해설 녹음에서 버스와 지하철을 타는 방법에 대해 자세히 설명하고 있지만, 도입부에서 "骑车最方便了"라고 했으므로 자전거를 타는 것이 가장 편리한 방법이다.

단어 电脑 diànnǎo 컴퓨터
骑车 qíchē 자전거를 타다
方便 fāngbiàn 편리하다
如果 rúguǒ 만약
先…然后…再… xiān…ránhòu…zài… 먼저 ~하고, 다음에 ~하고, 그리고 ~하다

坐 zuò (차를)타다
站 zhàn 정거장

或 huò 혹은

제3부분

제3부분은 총 10문항이다. 모든 문제는 두 번씩 들려준다. 모든 문제는 두 사람의 대화로, 두 문장으로 구성되어 있다. 세 번째 사람이 이 대화와 관련된 질문을 한다. 응시자는 시험지에 주어진 3개의 선택항목 중에서 정답을 고른다.

21
女：怎么开这么长时间的会?
男：其实没有重要的事，但经理说起来没完，大家都在下边睡觉。

问：男人认为今天的会:

여 : 왜 이렇게 오랜 시간 동안 회의를 열까요?
남 : 사실 중요한 일은 없어요. 그런데 사장님께서 말씀을 시작하시면 끝이 없어서, 모두 아래쪽에 앉아서 졸아요.

문 : 남자는 오늘 회의를 어떻다고 여기나요?

A 매우 중요하다
B 반드시 열어야 한다
C 중요하지 않다

정답 C

해설 "其实没有重要的事"은 보기C "没意思"와 비슷한 뜻이다. "没意思"는 '재미없다', '중요하지 않다'의 뜻이 있으므로 상황에 따라 판단을 잘해야 한다.

단어 开 kāi 열다
会 huì 회의
其实 qíshí 사실은
重要 zhòngyào 중요하다
经理 jīnglǐ 사장
说起来 shuō qǐlai 말을 시작하다
没完 méi wán 끝이 없다

22
男：这个饭馆儿怎么这么小，我们去一家大一点的吧。
女：别看这个饭馆小，菜做得好极了，来晚了就没有坐的地方了。

问：这个饭馆怎么样?

남 : 이 식당은 왜 이렇게 작아! 우리 다른 큰 곳으로 갑시다.
여 : 작다고 얕보지 마세요. 음식은 정말 잘해요. 그래서 늦게 가면 앉을 자리도 없어요.

문 : 이 식당은 어떤가요?

A 음식이 맛이 없다
B 손님이 적다
C 식사하는 사람들이 많다

정답 C

해설 "菜做得好极了，去晚了就没有坐的地方了"에서 이 식당은 늦게 가면 앉을 자리가 없을 정도로 손님이 많다는 것을 알 수 있다.

단어 怎么这么 zěnme zhème 어쩜 이렇게
家 jiā 식당의 양사
别看 bié kàn 얕보지 마라
好极了 hǎojí le 아주 좋다
坐 zuò 앉다

23

女：你也去参加晚会吧，今天来的名人很多。
男：我真想去，但是你看我身边这些事，我
　　能离开吗？

问：男的为什么不参加晚会？

여 : 너도 저녁 파티에 가자. 오늘 유명한 사람들 많
　　이 온대.
남 : 나도 가고 싶지만 내 주변의 일들을 좀 봐봐. 내
　　가 떠날 수 있겠니?

문 : 남자는 왜 저녁 파티에 가지 않나요?

A　시간이 없어서
B　참석하고 싶지 않아서
C　친구가 와서

정답 A

해설 "我身边这些事，我能离开吗？"에서 일이 많아 파티에 갈
시간이 없다는 것을 알 수 있다.

단어 参加 cānjiā 참석하다
　　　　晚会 wǎnhuì 이브닝 파티
　　　　想去 xiǎng qù 가고 싶다
　　　　我身边 wǒ shēnbiān 내 주변의, 나의
　　　　能…吗？néng…ma？(반어용법)~할 수 있니?, 그
　　　　럴 수 없다
　　　　离开 líkāi 떠나다

24

男：今年夏天怎么这么热！
女：是啊，去年就够热的，今年比去年还热。

问：今年夏天怎么样？

남 : 올 여름은 왜 이렇게 더운거야!
여 : 그러게. 작년에도 꽤 더웠는데, 올해는 작년보
　　다 더 더워.

문 : 올 여름은 어떤가요？

A　약간 덥다
B　작년보다 덥지 않다
C　작년보다 더 덥다

정답 C

해설 여자가 한 말 "今年比去年还热"는 보기C "比去年更热"
와 같은 뜻이다.

够…的 gòu…de 꽤 ~하다
比 bǐ (비교)~보다
还 hái 더

25

女：服务员，一共多少钱？
男：这是50，找您15块，欢迎您以后再来。

问：女的花了多少钱？

여 : 아저씨. 모두 얼마에요？
남 : 이건 50콰이짜리니까, 15콰이 거슬러 드릴게요.
　　다음에 또 오세요.

문 : 여자는 얼마를 썼나요？

A　15콰이
B　35콰이
C　50콰이

정답 B

해설 "这是50，找您15块"는 50콰이를 받고 15콰이를 거슬러 주
었다는 뜻이다. '50-15=35'이므로 답은 보기B 35콰이이다.

단어 找 zhǎo 찾다
　　　　欢迎 huānyíng 환영하다
　　　　以后 yǐhòu 이후에
　　　　再来 zài lái 다시 오다

26

男：已经到吃午饭的时间了，一块儿去吃点
　　儿，下午再忙吧。
女：不了，我还要去银行取些钱。

问：女的要去哪儿？

남 : 벌써 점심을 먹을 때가 되었네. 같이 가서 먹고,
　　오후에 또 일합시다.
여 : 아닙니다. 전 은행에 가서 돈을 좀 찾아야겠어
　　요.

문 : 여자는 어디에 가려고 하나요？

A　은행
B　음식점
C　사무실

정답 A

해설 남자가 식당에 가서 밥을 먹고, 오후에 계속해서 일을 하자

고 하였는데, 여자가 "不了"라고 사양하며 은행에 가봐야 한다고 했다.

단어 吃午饭 chī wǔfàn 점심 먹다
一块儿 yíkuàir 같이
忙 máng 바쁘게 일하다
取些钱 qǔ xiē qián (은행에서)돈을 좀 찾다

27

| 女：小黄，你去哪儿了，经理上午一直找你。 |
| 男：有什么事啊？我一个朋友住院了，早上我从家里出来就去超市了，买了点儿东西去医院看他。 |
| 问：小黄从家出来后先做什么了？ |

여 : 샤오황, 어디에 갔었니? 사장님께서 오전에 계속 찾으셨어.
남 : 무슨 일이죠? 제 친구가 병원에 입원을 해서, 아침에 집을 나서면서 바로 슈퍼에 들렀고, 물건들을 좀 사서 병원에 친구를 보러 갔었어요.
문 : 샤오황은 집에서 나온 다음에 무엇을 먼저 했나요?

A 병원에 갔다
B 슈퍼에 갔다
C 친구를 보러 갔다

정답 B

해설 선택항을 보고 행위와 관련된 문제임을 인지한다. 샤오황이 집에서 나와 첫 번째로 한 일은 슈퍼에 간 것이다.

단어 哪儿 nǎr (장소)어디
一直 yìzhí 줄 곧
住院 zhùyuàn 입원하다
去超市 qù chāoshì 슈퍼에 가다
去医院 qù yīyuàn 병원에 가다

28

| 男：老王，最近有什么好事，几天不见，你更胖了。 |
| 女：哪有什么好事，最近身体不好，住了一个多星期医院。 |
| 问：从对话可以知道： |

남 : 라오왕, 요즘 무슨 좋은 일이 있으신가봐요. 며칠 못 봤는데, 풍채가 더 좋아지셨어요.
여 : 좋은 일은 무슨, 최근에 건강이 안 좋아서 일주일 넘게 병원에 입원해 있었어요.
문 : 대화에서 알 수 있는 것은:

A 여자는 예전에 말랐었다
B 여자의 건강이 좋지 않다
C 여자에게 좋은 일이 생겼다

정답 B

해설 "最近身体不好，住了一个多星期医院"을 근거로 여자는 건강이 안 좋아 병원에 일주일 동안 입원해 있었다는 것을 알 수 있다. 대화 속의 "哪有什么好事"은 반어용법으로 좋은 일이 없음을 뜻한다.

단어 最近 zuìjìn 최근에
更 gèng 더욱, 더
胖 pàng 뚱뚱하다
哪有 nǎ yǒu (반어용법)어디 있나?, 없다
住 zhù 묵다, (병원에)입원하다

29

| 女：晴晴，怎么还不睡觉？不是说好每天九点半一定睡觉吗？你看现在已经十点了。 |
| 男：妈妈，还有十分钟就演完了，你让我看完吧。 |
| 问：孩子想什么时候睡觉？ |

여 : 칭칭, 왜 아직 안 자고 있어? 매일 9시 반에 자기로 약속한 거 아니야? 지금 벌써 10시가 된 걸 봐.
남 : 엄마, 10분만 더 있으면 끝나요. 다 보게 해 주세요.
문 : 아이는 언제 자고 싶은가요?

A 9:50
B 10:00
C 10:10

정답 C

해설 선택항을 보고 '시간'과 관련된 문제임을 인지한다. 지금이 10시고, 칭칭이 10분 더 보겠다고 했으므로, 10시 10분에 자려고 한다는 것을 알 수 있다.

단어 怎么 zěnme (원인)왜

不是… 吗? bú shì…ma? (반어용법)~아니니?, 그렇다

说好 shuōhǎo 약속하다

演完了 yǎnwán le 연기를 끝내다

让 ràng ~하게 하다

A 그녀는 그 책을 보지 않았다

B 그 책이 보이지 않는다

C 그 책은 재미없다

정답 C

해설 여자가 한 말 "不怎么样"은 보기C "不太好"와 같은 뜻이다. "看不下去"는 계속해서 볼 수 없다는 뜻으로 물건이 보이지 않는다는 "不见了"의 뜻이 아니다.

단어 给…介绍 gěi…jièshào ~에게 소개하다

不怎么样 bù zěnmeyàng 별로이다

看不下去 kàn bu xiàqu 계속 볼 수가 없다

30

男：我给你介绍的那本书看了吗？不错吧。

女：不怎么样，我看了一点儿就看不下去了。

问：女的是什么意思？

남 : 내가 너에게 알려준 책 봤니? 괜찮지?

여 : 별로더라. 조금 봤는데 더 못 보겠더라.

문 : 여자의 말은 무슨 뜻인가요?

제4부분

제4부분은 총 10문항이다. 모든 문제는 두 번씩 들려준다. 모든 문제는 두 사람의 대화로, 4~5문장으로 구성되어 있다. 세 번째 사람이 이 대화와 관련된 질문을 한다. 응시자는 시험지에 주어진 3개의 선택항목 중에서 정답을 고른다.

31

男：妈，你看我的头发怎么样？

女：怎么是黄色的？还一边长一边短？

男：您不懂，这是最新的。

女：这样不行，你去街道上看看，哪有这样的？

问：看了儿子的头发，妈妈：

남 : 엄마, 제 머리 모양이 어때요?

여 : 어째서 노란색인거니? 게다가 한 쪽은 길고, 한 쪽은 짧고?

남 : 엄마가 모르셔서 그래요. 이게 최신 유행이에요.

여 : 그 머리 모양은 안된다. 거리에 나가 봐라. 어디 그렇게 하고 다니는 사람이 있나.

문 : 아들의 머리를 보고, 엄마는:

A 기쁘다

B 괴롭다

C 화나다

정답 C

해설 엄마는 "这样不行"이라고 말하며 아들의 머리 모양에 반대하고 있다. 그리고 "哪有这样的？"의 의문사 "哪"는 반어용법으로 사용되었으며, "哪有"는 '없다'는 뜻이다.

단어 头发 tóufa 머리카락

还 hái 또

一边…一边… yìbiān…yìbiān… 한 쪽은~, 한쪽은 ~

不懂 bù dǒng 모르다

街道 jiēdào 거리

哪有 nǎ yǒu (반어용법)어디 있니?, 없다

32

女：老王，你脸色不太好，是不是不舒服？
男：没关系，只是有点儿累，我已经去过医院了。
女：那就先回去吧，在家休息休息吧。
男：那哪行，一会儿还有一个会议呢。

问：说话人可能是什么关系？

여 : 라오왕, 안색이 안좋아요. 아프세요?
남 : 괜찮아요. 그저 조금 힘들어서 그래요. 병원에 벌써 갔다 왔어요.
여 : 그럼 먼저 들어가서 집에서 좀 쉬세요.
남 : 어떻게 그럴 수 있겠어요? 잠시 후에 회의도 있어요.

문 : 화자들은 어떤 관계인가요?

A 동료
B 이웃
C 부부

정답 A

해설 남자가 한 말 "一会儿还有一个会议"에서 이 두 사람이 회사 동료임을 짐작할 수 있다.

단어 脸色 liǎnsè 안색
不舒服 bù shūfu 불편하다
只是 zhǐ shì 단지
休息 xiūxi 쉬다
哪行 nǎ xíng (반어용법)어디 가능한가요?, 불가능하다
会议 huìyì 회의

33

男：叫了你好几声都没听见，站在路中间想什么呢？
女：刚下班，我正想去哪家饭馆吃饭呢。
男：想好了吗？
女：还没想好，你给我介绍一家？

问：说话人在什么地方？

남 : 당신을 몇 번이나 불렀는데 제 소리는 못 듣고, 길 중간에 서서 무슨 생각을 하세요?
여 : 조금 전에 퇴근해서, 지금 어느 음식점에 가서 밥을 먹을까 생각하고 있었어요.
남 : 결정했어요?
여 : 아직 결정하지 못 했어요. 당신이 소개해줄래요?

문 : 대화를 하는 사람들이 어디에 있나요?

A 길에서
B 음식점
C 사무실

정답 A

해설 선택항을 보고 '장소'와 관련된 문제임을 인지한다. 남자가 한 말 "站在路中间想什么呢?"를 근거로 길에서 대화하고 있음을 알 수 있다.

단어 叫 jiào 부르다
没听见 méi tīngjiàn 못 듣다
路中间 lù zhōngjiān 길 중간
哪家饭馆 nǎ jiā fànguǎn 어느 음식점
想好了 xiǎnghǎo le 결정하다
给…介绍 gěi…jièshào ~에게 소개하다

34

女：你觉得生活中什么最重要？
男：当然是房子，如果我有了钱，第一就是要买房子。
女：我不同意，我觉得最重要的不是钱和房子，是健康。
男：健康也重要，但只有健康没有房子能快乐吗？

问：女的认为最重要的是：

여 : 당신은 생활에서 무엇이 가장 중요하다고 생각되나요?
남 : 물론 집이지요. 만약에 제가 돈이 생긴다면 가장 먼저 집을 살 겁니다.
여 : 제 생각은 달라요. 제가 생각하는 가장 중요한 것은 돈과 집이 아니라, 건강이지요.
남 : 건강도 중요하지만 건강만 있고, 집이 없다면 즐거울까요?

문 : 여자는 무엇이 가장 중요하다고 생각하나요?

A 돈
B 건강
C 집

정답 B

해설 남자는 집이 가장 중요하다고 생각하고, 여자는 건강이 가장 중요하다고 생각한다.

단어 生活 shēnghuó 생활
最 zuì 가장
重要 zhòngyào 중요하다
当然 dāngrán 당연히
不同意 bù tóngyì 동의하지 않다
健康 jiànkāng 건강
能…吗? néng…ma? (반어용법)할 수 있나?, 그럴 수 없다

35
男：你听，外边是谁在唱歌?
女：真好听，是不是小李?
男：我听不出来是谁，但是一定不是小李，是不是小张?
女：你出去看看不就知道是谁了。

问：外边是谁在唱歌?

남 : 들어봐. 밖에서 누가 노래를 부르고 있는거니?
여 : 정말 듣기 좋다. 샤오리인가?
남 : 누구인지 들어서는 모르겠지만 샤오리는 분명히 아니야. 샤오장인가?
여 : 네가 나가보면 누구인지 알 수 있잖아.

문 : 밖에서 누가 노래를 부르고 있나요?

A 샤오리
B 샤오장
C 누구인지 모른다

정답 C

해설 여자가 마지막에 "你出去看看不就知道是谁了"라고 했으므로 밖에서 노래를 부르는 사람이 누구인지 모르는 상황이다.

단어 在 zài ~하고 있다
唱歌 chànggē 노래를 부르다
听不出来 tīng bu chūlai 들어서 모르겠다
一定 yídìng 반드시
不就…了 bú jiù…le (반어용법)~인거 아니니?, 그렇다

36
女：今天周末，我们去唱唱歌、跳跳舞怎么样?
男：又是唱歌跳舞，有什么意思?
女：那你说我们去哪儿?
男：我又想"东来园"的羊肉了，我们好久没去了。

问：男的想去哪儿?

여 : 오늘은 주말이잖아. 노래 부르고, 춤도 추는거 어때?
남 : 또 노래 부르고 춤 추는게 무슨 재미야?
여 : 그럼 어디에 갈지 네가 말해봐.
남 : 또 '동라이위안'의 양고기가 생각나. 우리 한참 안 갔잖아.

문 : 남자는 어디에 가고 싶은가요?

A 춤 추러 가다
B 음식점에 가다
C 노래 부르러 가다

정답 B

해설 여자가 노래 부르고 춤을 추러 가자고 하자, 남자는 "有什么意思?"라는 말로 거절했다. 남자는 "东来园"의 양고기가 생각난다고 했으므로 답은 B이다.

단어 跳舞 tiàowǔ 춤을 추다
又 yòu 또
有什么意思? yǒu shénme yìsi (반어용법)무슨 재미 있니?, 재미없다

37
男：今天也吃，明天也吃，我真不明白，蛋糕有什么好吃的?
女：你不懂，女人都喜欢吃甜甜的东西。
男：我看你还是少吃一点儿吧，已经这么胖，再吃就更胖了。
女：没关系，不吃也一样胖，所以还是喜欢就吃吧。

问：男的为什么不让女的吃蛋糕?

남 : 오늘도 먹고, 내일도 먹고, 난 정말 모르겠어. 케이크가 뭐가 맛있다는 거지?

여 : 네가 몰라서 그래. 여자들은 단것을 좋아해.

남 : 내가 보기에 소식하는게 좋은 것 같아. 지금도 이렇게 뚱뚱한데, 더 먹으면 더 뚱뚱해지잖아.

여 : 괜찮아. 안 먹어도 뚱뚱해. 그러니까 좋아하면 먹어야지.

문 : 남자는 왜 여자에게 케익을 먹지 말라고 하나요?

A 케이크가 맛이 없어서

B 건강에 좋지 않아서

C 많이 먹으면 쉽게 살이 찌므로

정답 C

해설 "我看你还是少吃一点儿吧, 已经这么胖, 再吃就更胖了"를 근거로 보기C가 정답이라는 것을 알 수 있다.

단어 不明白 bù míngbai 모르다
蛋糕 dàngāo 케이크
不懂 bù dǒng 이해 못하다
甜 tián 달다
还是…吧 háishi…ba ~하는 것이 좋다
胖 pàng 뚱뚱하다

38

女 : 下周有个音乐会, 我有两张票, 不知你是不是有兴趣?

男 : 太好了, 我最喜欢听音乐了。是哪天的?

女 : 周三晚上, 那我们就说好一起去。

男 : 周三不行, 那天晚上我正好有考试。

问 : 根据对话, 下面哪一个是错的?

여 : 다음주에 음악회가 있는데, 나에게 표가 2장 있어. 네가 가고 싶은지 모르겠네.

남 : 정말 잘 됐다. 나는 음악감상을 가장 좋아해. 언제야?

여 : 수요일 저녁이야. 그럼 우리 같이 가기로 한거다.

남 : 수요일은 안돼. 그날 저녁에 공교롭게 시험이 있어.

문 : 대화에 근거해, 다음 중 틀린 것은 무엇인가요?

A 남자는 음악을 좋아하지 않는다

B 남자는 음악회에 가고 싶다

C 남자는 일이 있어서 못 간다

정답 A

해설 남자가 한 말 "我最喜欢听音乐了"에서 보기A가 틀린 내용이라는 것을 알 수 있다.

단어 音乐会 yīnyuèhuì 음악회
票 piào 표
兴趣 xìngqù 흥미
说好 shuōhǎo 약속하다
正好 zhènghǎo 때마침

39

男 : 小李, 住了一星期医院, 怎么也没看见你丈夫来医院照顾你?

女 : 他出国学习了, 我没告诉他。

男 : 你真是的! 自己身体不好, 还要照顾孩子。

女 : 没什么, 现在的困难很快就会过去的。

问 : 关于女人, 下面哪一个是错的?

남 : 샤오리, 일주일 동안 병원에 입원해 있었는데, 어떻게 당신 남편이 당신을 간병하러 오는 것을 볼 수 없었죠?

여 : 남편은 외국으로 공부하러 갔어요. 그래서 제가 알리지 않았어요.

남 : 당신도 참 너무하는군요. 본인 건강도 안 좋으면서, 아이까지 돌봐야 하니!

여 : 괜찮아요. 지금의 어려움은 금방 지나가겠죠.

문 : 여자에 관하여, 다음 중 틀린 것은 무엇인가요?

A 그녀는 아이를 돌봐야 한다

B 그녀는 외국으로 공부하러 가고자 한다

C 그녀는 병원에서 진료받고 있다

정답 B

해설 남자가 한 말 "小李, 住了一星期医院。"을 근거로 여자가 병원에 입원해 있으며, "自己身体不好, 还要照顾孩子。"를 근거로 아이도 볼봐야 한다는 것을 알 수 있다. 그리고 외국에 공부하러 간 사람은 아내가 아니라 남편이다.

단어 丈夫 zhàngfu 남편
照顾 zhàogù 돌보다
出国学习 chūguó xuéxí 외국에 공부하러 가다
告诉 gàosu 알리다

真是的 zhēn shì de (불만)정말이지
困难 kùnnan 어려움
过去 guòqù 지나가다

A 샤오왕이 돈이 없어서
B 샤오왕이 그녀를 사랑하지 않아서
C 샤오왕에게 새로운 여자 친구가 생겨서

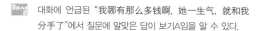 **A**

40

女：小王，听说你快结婚了。	
男：别提了，我们分手了。	
女：啊? 出了什么事，原来不是好好的吗?	
男：她家一定要买房子和汽车，我哪有那么多钱啊，她一生气，就和我分手了。	
问：女朋友和小王分手是因为：	

여：샤오왕, 곧 결혼한다고 들었어요.
남：말도 마요. 저희 헤어졌어요.
여：어머? 무슨 일이에요? 이전에 잘 지내지 않았나요?
남：여자 친구 집에서 꼭 집과 차가 있어야 한다고 했어요. 제가 어디 그렇게 많은 돈이 있겠어요? 그녀가 화가 나서 저와 헤어졌어요.
문：여자친구와 샤오왕이 헤어진 것은 무엇 때문인가요?

대화에 언급된 "我哪有那么多钱啊，她一生气，就和我分手了"에서 질문에 알맞은 답이 보기A임을 알 수 있다.

快…了 kuài…le 곧 ~이다
结婚 jiéhūn 결혼하다
别提了 bié tí le (불만)말도 마라
分手 fēnshǒu (연인이)헤어지다
原来 yuánlái 예전에
一…就… yī…jiù… ~하자마자 ~하다
生气 shēngqì 화를 내다

2. 독해(阅读)

제1부분

제1부분은 총 10문항이다. 응시자는 주어진 20개 문장 중, 주어진 내용과 서로 상응하는 문장들을 연결시킨다.

41-45

A 당신은 아직 모르고 계셨어요? 그가 지금 회사 사장님이세요
B 네가 가서 문을 좀 닫을래?
C 이 일을 꼭 제가 가서 처리해야 하나요?
D 라오왕, 무슨일이세요? 제가 지금 나가려던 참이에요.
E 물론이지. 먼저 버스를 탄 후에 지하철로 갈아타면 돼.
F 내가 저기에 가봤는데, 음식이 별로야. 다른 집으로 가는게 좋겠어.

41 방에 공기가 안 좋은데, 좀 더 열어 놓자.

정답 B

해설 문제에 언급된 '조금 더 열어 놓다'라는 "再开一会儿"은 보기B의 "把门关上"과 호응할 수 있다.

단어 空气 kōngqì 공기
开 kāi 열다
一会儿 yíhuìr 잠시, 짧은 시간
门 mén 문
把 bǎ ~을
关上 guānshàng 닫다

42 배고프니? 앞에 음식점이 있는데, 우리 저기 가서 먹으면 어때?

정답 F

해설 맛에 대해 느낌인 보기F의 "那儿的菜不怎么样"은 "去那儿吃怎么样？"의 대답이 될 수 있다.

단어 饿 è 배고프다

饭馆 fànguǎn 음식점
去过 qùguo 가 본 적 있다
不怎么样 bù zěnmeyàng 별로이다
还是…吧 háishi…ba ~하는 것이 좋다
换 huàn 바꾸다

43 죄송합니다. 공장장님, 제가 몇 마디만 하겠습니다. 긴 시간 빼앗지 않겠습니다.

정답 D

해설 문제의 "我只说两句话", "不会用您很长时间的"는 보기D의 "我正要出去"의 대답이 될 수 있다.

단어 厂长 chǎngzhǎng 공장장
只 zhǐ ~만
正要 zhèng yào 때마침 ~하려 하다

44 오랫동안 라오리를 보지 못했는데, 그는 요즘 뭐하나요?

정답 A

해설 직업을 묻는 "他现在干什么？"에 보기A "他现在是公司的经理了"는 알맞은 대답이 될 수 있다.

단어 好久 hǎojiǔ 오랫동안
干什么 gàn shénme 무엇을 하는지?
公司 gōngsī 회사
经理 jīnglǐ 사장

45 만약에 다른 사람이 가능했다면, 저도 여기에 당신을 모시러 오지 않았겠죠.

锻炼 duànliàn 단련하다

정답 C

해설 문제 "如果别人行，我也就不来这里请你了。"에는 "如果
…，…就不…"라는 가정의 표현이 사용되었는데, 이를 가정
형이 아닌 사실형으로 바꾸면, "别人都不行，所以我才来
请你"가 된다.

단어 行 xíng 가능하다
请 qǐng ~을 청하다
一定 yídìng 반드시
办 bàn 처리하다

46-50

A 라오왕, 왜 이렇게 일찍 체력을 단련하러 나오셨나요?
B 네가 운전하는 차를 나는 겁나서 못 타겠다. 네가 아무
래도 많이 연습하는게 좋겠어.
C 방금 계속 전화를 드렸는데, 왜 안 받으셨나요?
D 이렇게 많은 일이 드디어 끝났어요. 좀 쉴 수 있겠어요.
E 아직 두 사람이 안 왔어요. 공연은 7시면 시작할테니,
만약에 지금 가지 않으면 모두 늦을거에요. 당신은 어
떻게 하실래요?

46 죄송합니다. 제가 이웃집에 갔었는데, 휴대전화를 안 가
져갔었네요.

정답 C

해설 문제의 "没带手机"는 보기C의 "你怎么不接呢？"의 대답
이 될 수 있다.

단어 不好意思 bù hǎo yìsi 죄송합니다
邻居 línjū 이웃
刚才 gāngcái 조금 전
没带 méi dài (물건을)지니지 않았다
一直 yìzhí 줄 곧
怎么 zěnme (원인)왜
不接 bù jiē (전화를)받지 않다

47 이르지 않아요. 공원에 사람들이 벌써 이렇게 많은 걸 보
세요.

정답 A

해설 보기A "你怎么这么早就来锻炼了？"는 "不早了…"의 질
문이 될 수 있다.

단어 公园 gōngyuán 공원
怎么这么 zěnme zhème 어쩌면 이렇게

48 더이상 못 기다리겠어요. 그들에게 전화를 걸어서, 만약
에 그들이 그래도 가고 싶다면, 본인들이 택시를 타고 가
라고 하세요.

정답 E

해설 문제의 "不等了"는 사람을 기다리는 것과 관련 있는 내용으
로 보기E와 호응관계에 있다.

단어 给…打电话 gěi…dǎ diànhuà ~에게 전화하다
如果…就 rúguǒ…jiù 만약 ~라면, 곧 ~하다
坐出租车 zuò chūzūchē 택시를 타다
差 chà 모자라다
演出 yǎnchū 공연

49 주말에 같이 나가 놀자. 내가 새 차를 한 대 샀어.

정답 B

해설 문제에 언급된 "新买了一辆汽车"와 보기B의 "你开车，我
可不敢坐"는 호응관계에 있다.

단어 周末 zhōumò 주말
一起 yìqǐ 같이
辆 liàng (자전거, 차의 양사)대
开车 kāichē 운전하다
不敢 bù gǎn 감히 하지 못하다
还是…吧 háishi…ba ~하는 것이 좋다

50 어디 그렇게 좋은 일이 있겠어요. 새로운 일이 또 시작되
었는걸요.

정답 D

해설 보기D "你可以休息一下了"는 50번의 "哪有那么好的
事，新的工作又开始了。"와 호응관계에 있다.

단어 哪有 nǎ yǒu (반어용법)어디 있나?, 없다
又…了 yòu… le 또 ~이다
开始 kāishǐ 시작하다
终于 zhōngyú 드디어
忙过去 máng guòqu 바쁜 일을 다 처리하다
休息 xiūxi 쉬다

제2부분

제2부분은 총 10문항이다. 모든 문제는 1–2개의 문장으로 구성되어 있으며, 문장 가운데에는 하나의 빈칸이 있다. 응시자는 선택 항목 중, 빈칸에 들어갈 알맞은 단어를 선택한다.

51-55

A 从 cóng ~로부터
B 清楚 qīngchu 분명하다
C 愉快 yúkuài 즐겁다
D 而且 érqiě 게다가
E 声音 shēngyīn 소리
F 换 huàn 바꾸다

---

51 나는 지금의 일을 좋아한다. 동료들과 같이 일해서 매우 (즐겁다).

정답 C

해설 괄호 앞에 부사 "非常"이 있으므로, 괄호에는 술어자리에 올 수 있는 동사가 형용사가 들어가는 것이 적합하다. 보기 B, C, F중에서 의미를 고려하면 C가 정답이다.

단어 喜欢 xǐhuan 좋아하다
工作 gōngzuò 일
和…在一起 hé…zài yìqǐ ~와 같이 있다
非常 fēicháng 매우

52 당신 예전에 일하던 곳 좋지 않았던가요? 왜 일을 (바꾸려고) 하나요?

정답 F

해설 조동사 "要"와 명사 "工作"사이에 있는 괄호에는 동사가 들어가야 한다. "工作"는 괄호의 빈어가 되므로 보기F가 정답이다.

단어 以前 yǐqián 예전에
地方 dìfang 곳
不是…吗？ bú shì…ma？ (반어용법)~아니니?, 그렇다
要 yào ~하려 하다

53 우리가 만나(서부터) 지금까지 벌써 2년이나 되었다.

정답 A

해설 보기A의 개사 "从"은 '~로부터'의 뜻으로 주로 시간이나 거리의 시작을 나타낸다. 그래서 '~로부터, ~까지'는 "从…到…" 형식을 사용한다. 문제에서 '만나서부터'란 의미로 시간의 시작을 나타내므로 "从"을 사용해야 한다.

단어 认识 rènshi 알다

54 외식은 너무 비싸고, (게다가) 많이 기다리기도 해야 해. 그러니 오늘은 그냥 우리 집에서 먹자.

정답 D

해설 문제의 앞 절에서 외식의 단점을 두 가지 언급하면서, 뒤 절에서 집에서 식사하자고 말하고 있다. 외식의 단점 두 가지를 연결시켜줄 접속사로 보기D '而且'가 적합하다.

단어 去外边吃饭 qù wàibiān chīfàn 외식하다
贵 guì 비싸다
等 děng 기다리다

55 이 문제를 내가 이미 아주 (정확하게) 말했는데, 당신은 왜 아직 잘 모르죠?

정답 B

해설 정도보어는 일반적으로 '동사+得+부사+형용사'의 형식으로 많이 사용되며 괄호에는 형용사가 들어가야 한다. "你怎么还不明白？"는 "怎么"를 사용한 반어용법 문장으로 '왜 아직 모르죠?'라는 뜻으로 즉, 당연히 알아야한다는 뜻이다. 괄호안에 "清楚"가 들어가는 것이 가장 좋다.

단어 问题 wèntí 문제
说得 shuō de ~하게 말하다
怎么 zěnme (원인)왜
明白 míngbai 알다

56-60

A	一直	yìzhí	줄 곧
B	相信	xiǎngxìn	믿다
C	爱好	àihào	취미
D	当然	dāngrán	물론이다
E	附近	fùjìn	근처
F	马上	mǎshàng	곧

56

A 어제 저녁에 내가 너의 집으로 널 찾아 갔는데, 집에 없더라.
B 회사에 갑자기 일이 생겨서, 사장님이 나보고 (바로) 오라고 하셨어. 그래서 밥도 못 먹고 뛰어 나갔어.

정답 F

해설 주어 "我"와 동사술어 "去" 사이에는 부사나 조동사가 와야 한다. 보기A, D, F가 모두 부사인데, "马上"이 의미적으로 가장 적합하다.

단어 昨天 zuótiān 어제
找 zhǎo 찾다
没在 méi zài (사람이 ~에)없다
突然 tūrán 갑자기
让 ràng ~하게 하다
所以 suǒyǐ 그래서
跑去 pǎoqù 뛰어가다

57

A 너 정말로 네가 차를 운전해서 학교에 가려고?
B (물론이지). 걱정마, 괜찮을거야.

정답 D

해설 확신에 찬 대답으로 "当然"이 적합하다. "当然"은 "了"와 같이 사용될 수 있다.

단어 真的 zhēn de 정말로
要 yào ~하려 하다
开车 kāichē 운전하다
放心 fàngxīn 안심하다. 마음 놓다
不会…的 bú huì…de ~하지 않을 것이다

58

A 너 어디 갔었니? 내가 널 한참 동안 찾았어.
B 무슨 일이야? 난 조금 전까지도 (계속) 운동장에서 공을 찼었어.

정답 A

해설 부사 "刚才"와 개사구 "在运动场"사이에는 부사나 조동사가 들어가야 하며, 괄호에는 '줄곧'을 뜻하는 "一直"를 사용하여 상황의 지속을 나태내야 한다.

단어 哪儿 nǎr (장소)어디
半天 bàntiān 반나절, 긴 시간
刚才 gāngcái 방금 전
踢球 tīqiú 축구를 하다

59

A 내가 보기에, 너의 새 집은 괜찮아. 크고 환경도 좋잖아.
B 집은 괜찮지만 (근처에) 지하철역과 버스정류장이 없어.

정답 E

해설 사물의 존재를 나타낼 때 존현문을 사용한다. 동사 "有/没有"를 사용한 존현문의 기본 형식은 '장소+有/没有+사물' 이며, 괄호에는 장소를 뜻하는 보기E가 들어가야한다.

단어 觉得 juéde ~라 여기다
不错 bú cuò 괜찮다
环境 huánjìng 환경
又 yòu 또
地铁 dìtiě 지하철
公共汽车站 gōnggòngqìchēzhàn 버스정류장

60

A 듣자 하니, 오랜 시간 동안 TV를 시청하면 점점 뚱뚱해진대.
B 누가 그런 말을 하는 걸 들은 거야? 난 안 (믿어).

정답 B

해설 문제B에 언급된 "谁说的?"는 반어용법을 사용해 부정의 뜻을 나타내고 있다. 화자B는 화자A의 말을 믿지 못하겠다는 뜻이 되어야 하므로 괄호에는 "相信"이 들어가는 것이 가장 적합하다.

단어 长时间 cháng shíjiān 오랜 시간
看电视 kàn diànshì TV를 보다
使 shǐ ~하게 하다
越来越 yuèláiyuè 점점
胖 pàng 뚱뚱하다
谁说的? shéi shuō de? (반어용법)누가 그래?, 아니다

모의고사 1
모의고사 2
모의고사 3
모의고사 4
모의고사 5

제3부분

제3부분은 총 10문항이다. 10문항은 모두 하나의 단문과 하나의 질문으로 구성되어 있다. 응시자는 시험지에 주어진 선택 항목 3개 중에서 정답을 고른다.

61 당신 말이 정말 맞아요. 그의 글씨는 연습할수록 점점 더 보기 좋아지고 있네요.

★ 이 말의 뜻은:

A 그의 글씨를 말하지 말아라
B 그의 글씨는 정말 훌륭하다
C 그가 글씨 연습하는 일을 말하지 말아라

정답 B

해설 "你还别说"는 반어용법을 사용해 상대방의 관점에 동의하고 있는 문장이다. '말을 하지 말아라'는 뜻이 아니며, '글씨를 잘 쓴다'는 뜻이므로 보기B가 정답이다.

단어 你还别说 nǐ hái bié shuō 네 말이 맞다
越…越… yuè…yuè… ~할수록 ~하다
不要说 bú yào shuō 말하지 마라

62 현대 중국인들에게 레스토랑에서 식사를 하고, 비행기를 타고, 여행을 다니는 등의 일들은 이미 생소한 일들이 아니다.

★ 이 글의 뜻은:

A 사람들의 생활이 점점 좋아졌다
B 음식점의 요리가 아주 신선하다
C 비행기를 타고 여행하는 것이 저렴하다

정답 A

해설 "新鲜"은 '(채소나, 생선류 음식등이)신선하다'란 뜻도 있고, '(자주 보던 일들이나 사물이 아니라 사람에게)생소한 느낌을 주다/낯설다/드물다'는 뜻도 있다. 62번 문제에서 후자의 뜻으로 사용되었다. 종합해보면 중국인들의 생활이 많이 향상되었다는 것을 의미한다.

단어 对…来说 duì…lái shuō ~입장에서는, ~에게는
出门旅游 chūmén lǚyóu 여행가다
早就 zǎojiù 진작에
新鲜事 xīnxiān shì 드문 일, 낯선 일
生活 shēnghuó 생활

63 샤오왕의 병세가 막 호전되었기 때문에, 좀 더 쉬어야 하는데, 지금 어떻게 너희들과 같이 여행을 가겠니?

★ 이 글의 뜻은:

A 샤오왕은 여행을 가면 안된다
B 샤오왕이 왜 여행을 안가는가?
C 샤오왕은 혼자 여행가면 안된다

정답 A

해설 샤오왕의 병세가 이제 막 호전되어 더 쉬어야 한다는 것이 화자의 생각이다. 그러므로 보기B는 제거한다. 화자는 샤오왕이 여행 자체를 못 간다는 입장이지, 혼자서 못 간다는 입장은 아니므로 답은 보기A이다.

단어 刚好 gānghǎo 막 좋아지다
再 zài 더
休息 xiūxi 쉬다
怎么能…呢？ zěnme néng…ne？ (반어용법)어떻게 ~할 수 있니?, 그렇게 할 수 없다
和…一起 hé…yìqǐ ~와 같이
不应该 bù yīnggāi ~하면 안 된다

64 그렇게 쉬운 일을 그녀에게 어떻게 말해도 이해를 못하니. 샤오장은 참 너무해.

★ 그는 샤오장이 어떻다고 느끼나요?

A 꽤 괜찮다
B 대단하다
C 똑똑하지 않다

정답 C

해설 앞부분에 언급된 "真是的"는 불만을 나타내는 문장이다. 문제 뒷부분에 언급된 "怎么说她也不明白"는 수차례, 여러 방법으로 말을 했어도 이해하지 못한다는 뜻으로 화자는 샤오장에게 불만을 느끼고 있다.

越来越 yuèláiyuè 점점

단어 **真是的** zhēn shì de (불만)정말이지
简单 jiǎndān 쉽다, 간단하다
怎么 zěnme (방법)어떻게
不明白 bù míngbai 모르다
不聪明 bù cōngming 멍청하다

65 뭐라고요? 당신은 어제의 그런 경기가 괜찮다고요? 제가 보기에 그들은 너무 못 차던걸요.

★ 화자의 뜻은:

A 그는 시합을 보지 않았다
B 그는 시합이 못마땅하다
C 그는 누구와 누구의 시합인지 모른다

정답 **B**

해설 문제 "太不怎么样了"에 언급된 "不怎么样"은 '별로이다'라는 뜻으로 "太…了"를 사용해서 강조하고 있다. 그래서 "太不怎么样了"는 '너무 못하다'는 뜻이다.

단어 **比赛** bǐsài 시합
要我看 yào wǒ kàn 내가 보기에
踢 tī 차다
不怎么样 bù zěnmeyàng 별로이다
不满意 bù mǎnyì 불만이다

66 어제 친구들이 모두 와서 이사를 도왔는데, 친구들이 오르락 내리락하며 오전 내내 도와서 이사를 겨우 끝냈어요. 하지만 모두 일어날 수 없을 정도로 힘들어 했어요.

★ 이사를 다 한 후에, 친구들은:

A 매우 힘들다
B 건물을 오를 수 없다
C 등산가지 않는다

정답 **A**

해설 "累得爬不起来了"는 구조조사 "得"를 사용한 정도보어를 가진 문장으로 힘든 정도를 나타내고 있다. 정도보어는 술어 뒤에서 술어를 보충해, 그 정도의 차이를 설명한다. 일어날 수 없을 정도로 힘들었다는 것은 매우 힘들었다는 뜻으로 보기A가 답이다.

단어 **帮** bāng 돕다
搬家 bānjiā 이사하다
忙 máng 바쁘게 일하다
一个上午 yí gè shàngwǔ 오전 내내
一个个都 yí gègè dōu 한 사람 한 사람 모두
累得 lèi de ~정도로 힘들다

爬不起来 pá bu qǐlai 일어설 수 없다
爬山 páshān 등산하다

67 학생! 전화는 먼저 밖에 나가서 받고, 통화가 다 끝난 후에 다시 들어와요. 여기는 도서관이고, 모두 같이 공부하는데, 자네가 여기서 큰 소리로 말하면 다른 사람들에게 안좋은 영향을 주잖아요.

★ 이들은 어디에 있나요?

A 교실
B 도서관
C 운동장

정답 **B**

해설 문제에서 "这里是图书馆"이라고 언급하였으므로 답은 보기B이다.

단어 **先** xiān 먼저
打完 dǎwán (전화를)다 걸다
以后 yǐhòu ~후에
在学习 zài xuéxí 공부하고 있다
大声说话 dàshēng shuōhuà 큰 소리로 말하다
影响 yǐngxiǎng 영향을 주다

68 나는 밥을 하면서 노래 부르기를 좋아한다. 퇴근 후에 집에 오면, 이미 녹초가 되지만 밥을 해야 해서, 주방에 들어서자마자 노래를 부르기 시작한다. 밥과 반찬을 다 만들 때까지 노래를 부르는데, 노래를 부르면 피곤한지 모르겠다.

★ 그는 왜 밥을 하면서 노래를 부르나요?

A 노래를 부를 시간이 따로 없어서
B 노래를 부르면 피곤하지 않아서
C 밥할 때 심심해서

정답 **B**

해설 "一唱歌就不觉得累了"에서 문제의 답을 찾을 수 있다.

단어 **一边…一边…** yìbiān… yìbiān… ~하면서 ~하다
下班 xiàbān 퇴근하다
还要 hái yào 여전히 ~해야한다
做饭 zuòfàn 밥 하다
厨房 chúfáng 주방
开始 kāishǐ 시작하다
一直 yìzhí 줄곧
一…就… yī…jiù… ~하기만 하면 ~하다
不觉得 bù juéde 못 느끼다

모의고사 ❶
모의고사 ❷
모의고사 ❸
모의고사 ❹
모의고사 ❺

69 나는 괜찮은 집을 세 얻었는데, 싸고, 환경도 좋으며, 세탁기, 냉장고, TV 에어컨도 모두 있다. 그런데 전화가 없어서 어쩔 수 없이 휴대전화 하나를 구입했다.

★ 그는 집의 어떤 부분이 마음에 안 드나요?

A 환경이 좋지 않다
B 냉장고가 없다
C 전화가 없다

정답 C

해설 "就是没有电话，所以我只好自己买了一个手机"에서 사용된 "就是"은 전환의 의미를 나타낸다. 뒷부분에 "只好"를 사용해 화자가 어쩔 수 없이 휴대전화를 샀다고 했으므로 답은 보기C이다.

단어 租到 zūdào 임대하다
便宜 piányi 싸다
环境 huánjìng 환경
洗衣机 xǐyījī 세탁기
冰箱 bīngxiāng 냉장고
空调 kōngtiáo 에어컨
就是 jiù shì 단지, 그러나
只好 zhǐ hǎo 어쩔 수 없이

70 초·중·고등학교 선생님의 역할은 힘들다. 학교에서 모든 선생님들은 자신이 가르친 과목을 학생들이 잘 학습하기를 바라고, 학생들의 성적이 90점 이상이기를 바란다. 그러나 만약에 학생들의 성적이 좋지 않다면, 학생들과 학생들의 어머니, 아버지만 선생님에게 불만이 있는 것이 아니라, 학교 교장선생님께서도 선생님에게 불만을 드러낸다.

★ 왜 초·중·고등학교 선생님의 역할이 어렵나요?

A 학생들이 노는 것을 좋아하기 때문에
B 모두 성적에 신경쓰기 때문에
C 선생님의 업무가 힘들기 때문에

정답 B

해설 문제의 지문을 살펴보면, 학생과 학생의 부모님뿐만 아니라, 교장선생님까지 학생의 성적이 안 좋으면 선생님들에게 불만을 갖는다고 했기 때문에 답은 보기B이다.

단어 难 nán 어렵다
当 dāng 되다
希望 xīwàng 희망하다
学好 xuéhǎo 잘 배우다
教 jiāo 가르치다
门 mén 수업의 양사
成绩 chéngjì 성적
不但…而且… búdàn…érqiě… ~일 뿐만 아니라, 게다가 ~이기도 하다
对…不满意 duì…bù mǎnyì ~에 불만이다
关心 guānxīn 신경쓰다, 관심가지다

3. 쓰기(书写)

제1부분

제1부분은 총 5문항이다. 모든 문제에는 여러 개의 단어가 제시되어 있다. 응시자는 주어진 단어를 사용하여 하나의 완성된 문장을 만든다.

71 정답 **时间过得太快了!**
시간이 정말 빨리 간다.

해설 구조조사 "得"에서 힌트를 얻어 이 문제가 정도보어의 어순 배열을 묻는 문제임을 인지한다. 그리고 주어 "时间"과 술어 "过"를 확인한다. 정도보어는 술어 뒤에 오며 기본 형식이 '술어+得+부사+형용사'이므로 올바른 문장의 순서는 "时间过得太快了。"이다.

단어 太快了 tài kuài le 너무 빠르다
时间 shíjiān 시간
得 de ~한 정도가
过 guò (시간이)가다

72 정답 **火车站离小王的家很近。**
기차역은 샤오왕 집에서 매우 가깝다.

해설 거리의 간격을 나타내는 단어 "离"를 보고 '장소1+离+장소2+가깝다/멀다'의 기본형식을 떠올린다. "离"를 중심으로 앞에는 제1장소 "火车站离"오고 뒤에는 제2장소 "小王的家"가 오며, 거리감을 나타내는 표현들이 문장 맨 뒤에 온다.

단어 火车站 huǒchēzhàn 기차역
离 lí ~로 부터
很近 hěn jìn 가깝다
家 jiā 집

73 정답 **我要买学汉语的书。**
나는 중국어를 공부할 책을 살 것이다.

해설 먼저 주어 "我"와 조동사 "要", 동사 "买", 빈어 "书"를 확인한다. 주어나 빈어를 앞에서 수식할 때 사용되는 구조조사 "的"에서 힌트를 얻어 "学汉语的"를 빈어 앞에 위치시킨다. 올바른 문장순서는 "我要买学汉语的书。"이다.

단어 学汉语的 xué Hànyǔ de 중국어를 공부하는
书 shū 책
要买 yào mǎi 사려 한다

74 정답 **他希望能当中学老师。**
그는 중학교 선생님이 될 수 있기를 바란다.

해설 먼저 주어 "他"와 술어 "希望"을 확인한다. "希望"이란 동사는 빈어로 명사 하나만 갖지 않고 '주술구'형식을 가진다. 그러므로 빈어자리에 '조동사+동사+빈어'로 이루어진 긴 구조가 올 수 있으며, 올바른 문장 순서는 "他希望能当中学老师。"이다.

단어 能当 néng dāng 될 수 있다
中学老师 zhōngxué lǎoshī 중학교 선생님
希望 xīwàng 희망하다

75 정답 **你哪天去买衣服? / 哪天你去买衣服?**
당신은 언제 옷을 사러 갈 건가요?

해설 먼저 주어 "你"와 술어 "去买", 빈어 "衣服"를 확인한다. 시간사 "哪天"은 주어 앞뒤에 모두 올 수 있다. 그러므로 "你哪天去买衣服?"와 "哪天你去买衣服?" 모두 정답이다.

단어 衣服 yīfu 옷
哪天 nǎ tiān 어느날
去买 qù mǎi 가서 사다

모의고사 ① ② ③ ④ ⑤

127

제2부분

제2부분은 총 5문항이다. 모든 문제는 하나의 빈칸이 들어간 문장으로 구성되어 있다. 응시자는 빈칸에 들어갈 알맞은 한자를 쓴다.

76 정답 **慢**

호텔에서 병원까지 2km가 안 되는 길이 자전거로 30분이나 걸리니, 너무 (느리다)!

해설 거리에 대한 속도가 앞에 나오고, 괄호의 발음도 'màn'이니, 적당한 글자는 속도의 느림을 나타내는 "慢"이다.

단어 从…到… cóng…dào… ~로부터 ~까지
不到 bú dào ~가 되지 않는다
公里 gōnglǐ (도량형)킬로미터
骑 qí (자전거를)타다
太…了 tài…le 너무 ~하다

77 정답 **宜**

여기가 세차비용이 제일 (싸). 50위안이면 10번 세차할 수 있어.

해설 괄호 앞에 부사 "最"가 있으니 괄호에 형용사나 동사가 들어가야 한다는 것을 알 수 있다. 50원에 10번이라는 내용과 발음 'yi'를 종합해보면 '싸다'는 뜻의 "便宜"의 "宜"이 들어가야 한다.

단어 洗车 xǐchē 세차하다
便宜 piányi 싸다
次 cì 번, 횟수

78 정답 **哭**

그의 말을 듣고, 할머니께서 지나간 많은 일들을 떠올리시며, (울기) 시작했다.

해설 동태조사와 방향보어가 사용된 "了起来"를 보고 괄호에 동사가 들어가야 함을 알 수 있다. 할머니께서 과거를 회상하시며 취할 수 있는 행동들과 발음 'kū'를 종합해보면 동사 "哭"가 가장 적합하다.

단어 想起了 xiǎngqǐ le 생각나다

过去 guòqù 과거
事情 shìqing 일
起来 qǐlai (방향보어)~하기 시작하다

79 정답 **绩**

샤오장, 듣자하니 이번 시험이 많이 어려웠다던데, 네 (성적)은 어때?

해설 괄호 앞의 "你的"를 근거로 "成( )"가 한 단어의 명사임을 알 수 있다. 시험과 관련되고, 발음 'jì'와 일치하는 글자는 "绩"이다.

단어 特别 tèbié 매우
难 nán 어렵다
成绩 chéngjì 성적

80 정답 **累**

오랫동안 농구를 안 했더니, 10분 농구하고 바로 (지치네). 나 좀 쉬어야 겠어.

해설 괄호 앞의 부사 "就"가 있으므로 괄호 뒤에는 동사나 형용사가 와야 한다. 뒷부분에 쉬어야 한다고 말했으므로 괄호에는 피곤하거나, 힘들거나, 지친다는 내용이 와야 한다. 발음 'lèi'를 고려해 보면 적절한 글자는 "累"이다.

단어 打篮球 dǎ lánqiú 농구를 하다
让 ràng ~하게 하다
先 xiān 먼저
休息 xiūxi 쉬다
一会儿 yíhuìr 잠시

부록

新汉语水平考试
HSK
3级

필수 어휘 600

A

001	阿姨 āyí	[명] 이모
002	啊 a	[조] 구절 끝에 쓰여 놀람, 원망, 참을 수 없음 등을 나타냄
003	矮 ǎi	[형] (키가) 작다
004	爱 ài	[동] 사랑하다
005	爱好 àihào	[동] 애호하다 / [명] 취미
006	安静 ānjìng	[형] 고요하다

B

007	八 bā	[수] 8
008	把 bǎ	[양] 자루. 꾸러미
009	爸爸 bàba	[명] 아빠
010	吧 ba	[조] 구절 끝에 쓰여 제의, 명령, 재촉 등의 어기를 나타냄
011	白 bái	[형] 희다
012	百 bǎi	[수] 100
013	搬 bān	[동] 옮기다
014	班 bān	[명] 반
015	半 bàn	[수] ½, 반
016	办法 bànfǎ	[명] 방법
017	办公室 bàngōngshì	[명] 사무실
018	帮忙 bāngmáng	[이합동사] 돕다
019	帮助 bāngzhù	[동] 돕다
020	包 bāo	[동] 물건을 싸다
021	饱 bǎo	[형] 배부르다
022	报纸 bàozhǐ	[명] 신문
023	杯子 bēizi	[명] 잔. 컵
024	北方 běifāng	[명] 북쪽
025	北京 Běijīng	[명] 베이징
026	被 bèi	[명] 이불 / [개] …에게 …를 당하다
027	本 běn	[양] (책을 세는 단위) 권
028	鼻子 bízi	[명] 코
029	比 bǐ	[동] 견주다 / [개] …에 비해

030	比较 bǐjiào	[동] 비교하다 / [부] 비교적
031	比赛 bǐsài	[명] 시합
032	必须 bìxū	[부] 반드시 …해야 한다
033	变化 biànhuà	[동] 변화하다
034	表示 biǎoshì	[동] 표시하다
035	表演 biǎoyǎn	[동] 공연하다
036	别 bié	[형태소] 다르다
037	别人 biérén	[대] 다른 사람
038	宾馆 bīnguǎn	[명] 호텔
039	冰箱 bīngxiāng	[명] 냉장고
040	不客气 búkèqì	[경양어] 천만에요
041	不 bù	[부] 동사, 형용사와 기타 부사 앞에 쓰여 부정을 표시함

C

042	才 cái	[명] 재능 / [부] 막
043	菜 cài	[명] 채소
044	菜单 càidān	[명] 식단, 메뉴
045	参加 cānjiā	[동] 참가하다
046	草 cǎo	[명] 풀
047	层 céng	[양] 층, 겹
048	茶 chá	[명] (찻잎으로 만든 음료) 차
049	差 chà	[형] (의견이나 모양 등이 서로)다르다
050	长 cháng	[형] 길다
051	唱歌 chànggē	[이합동사] 노래하다
052	超市 chāoshì	[명] 슈퍼마켓
053	衬衫 chènshān	[명] 셔츠
054	成绩 chéngjì	[명] 성적
055	城市 chéngshì	[명] 도시
056	吃 chī	[동] 먹다
057	迟到 chídào	[동] 지각하다
058	出 chū	[동] (안에서 밖으로) 나가다
059	出现 chūxiàn	[동] 출현하다
060	出租车 chūzūchē	[명] 택시

061	除了 chúle [개] …를 제외하고
062	厨房 chúfáng [명] 주방
063	穿 chuān [동] (옷, 신발, 양말 등을) 입다, 신다
064	船 chuán [명] 배, 선박
065	春 chūn [명] 봄
066	词语 cíyǔ [명] 어휘
067	次 cì [양] 번, 차례
068	聪明 cōngming [형] 총명하다
069	从 cóng [개] …에서부터
070	错 cuò [동] 뒤섞이다

D

071	打电话 dǎ diànhuà [이합동사] 전화를 걸다
072	打篮球 dǎ lánqiú 농구를 하다
073	打扫 dǎsǎo [동] 청소하다
074	打算 dǎsuan [동] 계획하다
075	大 dà [형] 크다
076	大家 dàjiā [대] 모든 사람
077	带 dài [동] (몸에) 지니다
078	担心 dānxīn [이합동사] 걱정하다
079	蛋糕 dàngāo [명] 케이크
080	但是 dànshì [접속] 그러나
081	当然 dāngrán [형] 당연하다
082	到 dào [동] 도착하다
083	地 de [조] 동사나 형용사 앞에 쓰이는 구조조사
084	的 de [조] 정어(定語) 뒤에 쓰여 문법 관계를 나타내는 구조조사
085	得 de [조] 동사 뒤에 쓰여 가능, 허락을 표시함
086	灯 dēng [명] 등, 등불
087	等 děng [동] 기다리다
088	低 dī [형] (높이가) 낮다
089	地方 dìfang [명] 곳, 장소
090	地铁 dìtiě [명] 지하철
091	地图 dìtú [명] 지도

092	弟弟 dìdi [명] 남동생
093	第一 dì yī [수] 첫 번째
094	点 diǎn [명] 작은 방울
095	电脑 diànnǎo [명] 컴퓨터
096	电视 diànshì [명] 텔레비전
097	电梯 diàntī [명] 엘리베이터
098	电影 diànyǐng [명] 영화
099	电子邮件 diànzǐ yóujiàn [명] 전자메일
100	冬 dōng [명] 겨울
101	东 dōng [명] 동쪽
102	东西 dōngxi [명] 물건
103	懂 dǒng [동] 알다
104	动物 dòngwù [명] 동물
105	都 dōu [부] 모두, 다
106	读 dú [동] 소리 내어 읽다
107	短 duǎn [형] 짧다
108	段 duàn [양] 가늘고 긴 물건이 나눠진 토막을 세는 데 쓰임
109	锻炼 duànliàn [동] 단련하다
110	对 duì [형] 맞다
111	对不起 duìbuqǐ [동] 미안하다
112	多 duō [형] (수량이) 많다
113	多么 duōme [부] 의문문에 쓰여 정도나 수량을 물음
114	多少 duōshao [대] 수량을 물을 때 쓰임

E

115	饿 è [형] 배고프다
116	而且 érqiě [접속] 게다가
117	儿子 érzi [명] 아들
118	耳朵 ěrduo [명] 귀
119	二 èr [수] 2

F

120	发烧 fāshāo	[이합동사] 열나다
121	发现 fāxiàn	[동] 발견하다
122	饭馆 fànguǎn	[명] 식당
123	方便 fāngbiàn	[형] 편리하다
124	房间 fángjiān	[명] 방
125	放 fàng	[동] 놓아주다
126	放心 fàngxīn	[이합동사] 안심하다
127	非常 fēicháng	[부] 매우
128	飞机 fēijī	[명] 비행기
129	分 fēn	[명] 분(시간) / [동] 나누다
130	分钟 fēnzhōng	[명] 분
131	服务员 fúwùyuán	[명] 종업원
132	附近 fùjìn	[형] 부근의
133	复习 fùxí	[동] 복습하다

G

134	干净 gānjìng	[형] 깨끗하다
135	敢 gǎn	[조동] 감히 …하다
139	感冒 gǎnmào	[명] 감기
137	刚才 gāngcái	[명] 방금
138	高 gāo	[형] 높다
139	高兴 gāoxìng	[형] 기쁘다
140	告诉 gàosu	[동] (…에게 …를) 알리다
141	哥哥 gēge	[명] 형, 오빠
142	个 gè	[양] 특정한 양사를 가지지 않는 명사에 쓰임
143	给 gěi	[동] 주다
144	跟 gēn	[접속] …와/과
145	根据 gēnjù	[개] …에 근거하여
146	更 gèng	[부] 더
147	公共汽车 gōnggòngqìchē	[명] 버스
148	公斤 gōngjīn	[양] 킬로그램
149	公司 gōngsī	[명] 회사

H 열

150	公园 gōngyuán	[명] 공원
151	工作 gōngzuò	[동] 일하다
152	狗 gǒu	[명] 개
153	故事 gùshi	[명] 이야기
154	刮风 guāfēng	[이합동사] 바람이 불다
155	关 guān	[동] 닫다
156	关系 guānxi	[명] 관계
157	关心 guānxīn	[이합동사] 관심을 가지다
158	关于 guānyú	[개] …에 관해
159	贵 guì	[형] 비싸다
160	国家 guójiā	[명] 국가
161	果汁 guǒzhī	[명] 과일 주스
162	过 guò	[동] 지나가다
163	过 guo	[조] 동사 뒤에 쓰여 동작이 완결됨을 나타냄
164	过去 guòqù	[이합동사] 가다, 지나치다

H

165	还 hái	[부] 여전히
166	还是 háishi	[부] 여전히
167	孩子 háizi	[명] 아이
168	害怕 hàipà	[이합동사] 두려워하다
169	汉语 Hànyǔ	[명] 중국어
170	好 hǎo	[형] 좋다
171	好吃 hǎochī	[형] 맛있다
172	号 hào	[명] 호
173	喝 hē	[동] 마시다
174	河 hé	[명] 강
175	和 hé	[개] …와/과
176	黑 hēi	[형] 검다
177	黑板 hēibǎn	[명] 칠판
178	很 hěn	[부] 매우
179	红 hóng	[형] 붉다
180	后面 hòumiàn	[명] 뒤, 뒤쪽

181	护照 hùzhào [명] 여권		212	教 jiāo [동] 가르치다
182	花 huā [동] 쓰다, 소비하다		213	脚 jiǎo [명] 발
183	花园 huāyuán [명] 화원		214	角 jiǎo [명] 뿔
184	画 huà [동] (그림을) 그리다		215	叫 jiào [동] 외치다 / (…라고) 부르다
185	坏 huài [형] 나쁘다		216	教室 jiàoshì [명] 교실
186	欢迎 huānyíng [동] 환영하다		217	接 jiē [동] 연결하다 / 받다
187	还 huán [동] 돌려주다		218	街道 jiēdào [명] 큰길
188	环境 huánjìng [명] 환경		219	节目 jiémù [명] (문예나 방송 등의) 종목
189	换 huàn [동] 바꾸다		220	节日 jiérì [명] 기념일
190	黄 huáng [형] 노랗다		221	结婚 jiéhūn [이합동사] 결혼하다
191	回 huí [동] 돌아가다		222	结束 jiéshù [동] 끝나다
192	回答 huídá [동] 대답하다		223	解决 jiějué [동] 해결하다
193	会 huì [조동] …할 수 있다		224	姐姐 jiějie [명] 누나
194	会议 huìyì [명] 회의		225	借 jiè [동] 잠시 빌리다
195	火车站 huǒchēzhàn [명] 기차역		226	介绍 jièshào [동] 소개하다
196	或者 huòzhě [부] 아마		227	今天 jīntiān [명] 오늘
			228	进 jìn [동] (앞으로) 나아가다
			229	近 jìn [형] (공간적이나 시간적인 거리가) 가깝다

J

			230	经常 jīngcháng [형] 보통의
197	机场 jīchǎng [명] 비행장		231	经过 jīngguò [동] 지나다
198	机会 jīhuì [명] 기회		232	经理 jīnglǐ [동] 경영 관리하다
199	鸡蛋 jīdàn [명] 달걀		233	九 jiǔ [수] 9
200	几乎 jīhū [부] 거의		234	久 jiǔ [형] 길다
201	极 jí [형태소] 정점		235	旧 jiù [형] 옛날의
202	几 jǐ [수] 수를 묻는 데 쓰임		236	就 jiù [부] 바로
203	记得 jìde [동] 잊지 않고 있다		237	举行 jǔxíng [동] (어떤 행사나 활동 등을) 열다
204	季节 jìjié [명] 계절		238	句子 jùzi [명] 문장
205	家 jiā [명] 가정		239	觉得 juéde [동] …라고 느끼다
206	检查 jiǎnchá [동] 점검하다		240	决定 juédìng [동] 결정하다
207	简单 jiǎndān [형] 간단하다			
208	件 jiàn [양] 의류를 세는 데 쓰임			
209	健康 jiànkāng [형] 건강하다			
210	见面 jiànmiàn [이합동사] 서로 만나다			
211	讲 jiǎng [동] 말하다			

K

241	咖啡 kāfēi [명] 커피
242	开 kāi [동] 열다

부록 필수어휘600

133

243	开始 kāishǐ [동] 시작되다	
244	看 kàn [동] (눈으로) 보다	
245	看见 kànjiàn [이합동사] 보다, 보이다	
246	考试 kǎoshì [이합동사] 시험을 치다	
247	渴 kě [형] 목마르다	
248	可爱 kě'ài [형] 귀엽다	
249	可能 kěnéng [형] 가능하다	
250	可以 kěyǐ [조동] …할 수 있다	
251	课 kè [명] 수업	
252	刻 kè [동] 조각하다 / [양] 15분	
253	客人 kèrén [명] 손님	
254	空调 kōngtiáo [명] 에어컨	
255	口 kǒu [명] 입	
256	哭 kū [동] 울다	
257	裤子 kùzi [명] 바지	
258	块 kuài [명] 조각 / [양] 돈의 단위	
259	快 kuài [형] 빠르다 / [부] 빨리	
260	快乐 kuàilè [형] 즐겁다	
261	筷子 kuàizi [명] 젓가락	

L

262	来 lái [동] 오다
263	蓝 lán [형] 파란색의
264	老 lǎo [형] 늙다
265	老师 lǎoshī [명] 선생님
266	了 le [조] 동사 뒤에 쓰여 동작의 완성을 표시함
267	累 lèi [형] 피로하다
268	冷 lěng [형] 춥다
269	离 lí [동] 분리하다
270	离开 líkāi [이합동사] 떠나다
271	里 lǐ [명] 안, 속
272	礼貌 lǐmào [명] 예의
273	历史 lìshǐ [명] 역사

274	脸 liǎn [명] 얼굴
275	练习 liànxí [동] 연습하다
276	两 liǎng [수] 2
277	辆 liàng [양] (차량을 셀 때 쓰임) 대
278	了解 liǎojiě [동] 잘 알다
279	邻居 línjū [명] 이웃
280	零 líng [수] 0
281	六 liù [수] 6
282	楼 lóu [명] 건물
283	路 lù [명] 도로
284	旅游 lǚyóu [동] 여행하다
285	绿 lǜ [형] 녹색의

M

286	妈妈 māma [명] 엄마
287	马 mǎ [명] 말
288	马上 mǎshàng [부] 곧
289	吗 ma [조] 구절 끝에 쓰여 의문의 어기를 표시함
290	买 mǎi [동] 사다
291	卖 mài [동] 팔다
292	满意 mǎnyì [형] 만족하다
293	慢 màn [형] 느리다
294	忙 máng [형] 바쁘다
295	猫 māo [명] 고양이
296	帽子 màozi [명] 모자
297	没 méi [동] 없다
298	没关系 méi guānxi 문제 없다
299	每 měi [대] 매
300	妹妹 mèimei [명] 여동생
301	门 mén [명] 문
302	米 mǐ [명] 쌀
303	米饭 mǐfàn [명] 쌀밥
304	面包 miànbāo [명] 빵

305	面条 miàntiáo	[명] 국수
306	明白 míngbai	[동] 알다, 이해하다
307	明天 míngtiān	[명] 내일
308	名字 míngzi	[명] 이름

N

309	拿 ná	[동] 쥐다, 가지다
310	哪 nǎ	[대] 어느, 어떤
311	那 nà	[대] 그, 그것
312	南 nán	[명] 남쪽
313	难 nán	[형] 어렵다
314	难过 nánguò	[형] 괴롭다
315	男人 nánrén	[명] 남자
316	呢 ne	[조] 의문을 나타내는 문장의 끝에 쓰여 의문의 어기를 나타냄
317	能 néng	[조동] …할 수 있다
318	你 nǐ	[대] 너, 당신
319	年 nián	[명] 년, 해
320	年级 niánjí	[명] 학년
320	年轻 niánqīng	[형] 젊다
321	鸟 niǎo	[명] 새
322	您 nín	[대] ('你'의 존칭어)당신
323	牛奶 niúnǎi	[명] 우유
334	努力 nǔlì	[이합동사] 노력하다
335	女儿 nǚ'ér	[명] 딸
336	女人 nǚrén	[명] 여자

P

337	爬山 páshān	[이합동사] 산에 오르다
338	盘子 pánzi	[명] 쟁반
330	旁边 pángbiān	[명] 곁, 옆
331	胖 pàng	[형] 뚱뚱하다
332	跑步 pǎobù	[이합동사] 뛰다

333	朋友 péngyou	[명] 친구
334	脾气 píqi	[명] 성격
335	便宜 piányi	[형] 싸다
336	票 piào	[명] 표, 증서
337	漂亮 piàoliang	[형] 아름답다
338	苹果 píngguǒ	[명] 사과
339	葡萄 pútáo	[명] 포도
340	普通话 pǔtōnghuà	[명] (현대 중국어의) 표준어

Q

341	七 qī	[수] 7
342	妻子 qīzi	[명] 아내
343	骑 qí	[동] (동물이나 자전거 위에) 타다
344	其实 qíshí	[부] 실은
345	其他 qítā	[대] 기타
346	奇怪 qíguài	[형] 기괴하다
347	起床 qǐchuáng	[이합동사] (잠자리에서) 일어나다
348	千 qiān	[수] 천
349	铅笔 qiānbǐ	[명] 연필
350	钱 qián	[명] 돈
351	前面 qiánmiàn	[명] 전면, 앞쪽 면
352	清楚 qīngchu	[형] 분명하다
353	晴 qíng	[형] 날씨가 맑다
354	请 qǐng	[동] 부탁하다
355	秋 qiū	[명] 가을
356	去 qù	[동] 가다
357	去年 qùnián	[명] 작년
358	裙子 qúnzi	[명] 스커트

R

359	然后 ránhòu	[접속] 연후에, 이후에
360	让 ràng	[개] …에게 …당하다 / [동] 양보하다
361	热 rè	[형] (온도가) 높다, 뜨겁다, 덥다

362	热情 rèqíng [명] 열정
363	人 rén [명] 인류
364	认识 rènshi [동] 인식하다
365	认为 rènwéi [동] 생각하다
366	认真 rènzhēn [이합동사] 진지하게 생각하다
367	日 rì [명] 태양
368	容易 róngyì [형] 쉽다
369	如果 rúguǒ [접속] 만약

S

370	三 sān [수] 3
371	伞 sǎn [명] 우산
372	商店 shāngdiàn [명] 상점
373	上 shàng [명] 위
374	上班 shàngbān [동] 출근하다
375	上网 shàngwǎng [이합동사] 인터넷에 접속하다
376	上午 shàngwǔ [명] 오전
377	少 shǎo [형] 적다
378	谁 shéi [대] 누구
379	身体 shēntǐ [명] 몸, 신체
380	什么 shénme [대] 의문을 나타냄
381	生病 shēngbìng [동] 병이 나다
382	生气 shēngqì [이합동사] 화내다
383	生日 shēngrì [명] 생일
384	声音 shēngyīn [명] 목소리
385	十 shí [수] 10
386	时候 shíhou [명] 시간
387	时间 shíjiān [명] 시간
388	使 shǐ [동] (…에게) …하게 하다
389	是 shì [동] …이다
390	世界 shìjiè [명] 세계
391	事情 shìqing [명] 용무
392	手表 shǒubiǎo [명] 손목시계

393	手机 shǒujī [명] 휴대전화
394	瘦 shòu [형] (몸이) 여위다
395	书 shū [명] 책
396	舒服 shūfu [형] 편안하다
397	叔叔 shūshu [명] 숙부, 삼촌
398	树 shù [명] 나무
399	数学 shùxué [명] 수학
400	刷牙 shuāyá [이합동사] 이를 닦다
401	双 shuāng [형] (두 개로 된) 한 쌍의
402	水 shuǐ [명] 물
403	水果 shuǐguǒ [명] 과실
404	睡觉 shuìjiào [이합동사] 자다
405	说话 shuōhuà [이합동사] 말하다
406	司机 sījī [명] 운전사
407	四 sì [수] 4
408	送 sòng [동] 보내다, 배달하다
409	虽然 suīrán [접속] 비록 …일지라도
410	岁 suì [명] (연령을 세는 단위) 살, 세
411	所以 suǒyǐ [접속] 그래서

T

412	他 tā [대] 그
413	她 tā [대] 그녀
414	它 tā [대] 그, 저
415	太 tài [부] 매우
416	太阳 tàiyáng [명] 해, 태양
417	糖 táng [명] 설탕
418	特别 tèbié [형] 특별하다
419	疼 téng [형] 아프다
420	踢足球 tī zúqiú 축구를 하다
421	提高 tígāo [이합동사] 향상시키다
422	提 tí [동] 들다
423	体育 tǐyù [명] 체육

424	天气 tiānqì [명] 일기, 날씨
425	甜 tián [형] 달다
426	条 tiáo [양] 가늘고 긴 물건을 세는 데 쓰임
427	跳舞 tiàowǔ [이합동사] 춤을 추다
428	听 tīng [동] 듣다
429	同事 tóngshì [명] 동료
430	同学 tóngxué [명] 학우
431	同意 tóngyì [동] 동의하다
432	头发 tóufa [명] 머리카락
433	突然 tūrán [형] 갑작스럽다
434	图书馆 túshūguǎn [명] 도서관
435	腿 tuǐ [명] 다리

W

436	外 wài [명] 겉, 바깥쪽
437	完 wán [동] 마치다
438	完成 wánchéng [이합동사] 완성하다
439	玩 wán [동] 놀다
440	碗 wǎn [명] 그릇
441	晚上 wǎnshang [명] 저녁
442	万 wàn [수] 만
443	忘记 wàngjì [동] 잊어버리다
444	喂 wéi [감탄] (전화상에서) 여보세요
445	为 wèi [개] …을 위하여
446	为了 wèile [개] …하기 위하여
447	为什么 wèishénme [대] 왜
448	位 wèi [양] 사람의 수를 세는 단위
449	文化 wénhuà [명] 문화
450	问 wèn [동] 묻다
451	问题 wèntí [명] 문제
452	我 wǒ [대] 나
453	我们 wǒmen [대] 우리
454	五 wǔ [수] 5

X

455	西 xī [명] 서, 서쪽
456	西瓜 xīguā [명] 수박
457	希望 xīwàng [동] 기대하다
458	习惯 xíguàn [동] 습관이 되다
459	洗 xǐ [동] 씻다
460	洗手间 xǐshǒujiān [명] 화장실
461	洗澡 xǐzǎo [이합동사] 목욕하다
462	喜欢 xǐhuan [동] 좋아하다
463	夏 xià [명] 여름
464	下 xià [명] 밑, 아래
465	下午 xiàwǔ [명] 오후
466	下雨 xiàyǔ [이합동사] 비가 내리다
467	先 xiān [명] (어떤 정해진 시간이나 순서보다) 앞
468	先生 xiānsheng [명] 선생님, ~씨
469	现在 xiànzài [명] 현재
470	香蕉 xiāngjiāo [명] 바나나
471	相同 xiāngtóng [형] 같다
472	相信 xiāngxìn [동] 믿다
473	想 xiǎng [동] 생각하다
474	向 xiàng [동] 향하다
475	像 xiàng [동] …와 같다
476	小 xiǎo [형] 작다
477	小姐 xiǎojiě [명] 아가씨
478	小时 xiǎoshí [명] 시간
479	小心 xiǎoxīn [동] 조심하다
480	笑 xiào [동] 웃다
481	校长 xiàozhǎng [명] 교장
482	些 xiē [양] 조금
483	鞋 xié [명] 신발
484	写 xiě [동] 쓰다
485	谢谢 xièxie [동] 고맙습니다
486	新 xīn [형] 새롭다
487	新闻 xīnwén [명] 뉴스

부록 필수어휘 600

137

488	新鲜 xīnxiān [형] 신선하다	
489	信 xìn [동] 믿다 / [명] 편지	
490	星期 xīngqī [명] 주, 주일	
491	行李箱 xínglǐxiāng [명] 트렁크, 여행용 가방	
492	姓 xìng [명] 성, 성씨	
493	兴趣 xìngqù [명] 흥미	
494	熊猫 xióngmāo [명] 판다	
495	休息 xiūxi [동] 휴식하다	
496	需要 xūyào [동] (반드시) 필요로 하다	
497	选择 xuǎnzé [동] 선택하다	
498	学生 xuésheng [명] 학생	
499	学习 xuéxí [동] 학습하다	
500	学校 xuéxiào [명] 학교	
501	雪 xuě [명] 눈	

Y

502	颜色 yánsè [명] 색깔	
503	眼镜 yǎnjìng [명] 안경	
504	眼睛 yǎnjing [명] 눈	
505	羊肉 yángròu [명] 양고기	
506	要求 yāoqiú [동] 요구하다	
507	药 yào [명] 약	
508	要 yào [조동] 반드시 …하여야 한다	
509	爷爷 yéye [명] 할아버지	
510	也 yě [부] …도 또한	
511	一 yī [수] 1	
512	衣服 yīfu [명] 옷	
513	医生 yīshēng [명] 의사	
514	医院 yīyuàn [명] 병원	
515	一定 yídìng [부] 반드시	
516	一共 yígòng [부] 모두	
517	一会儿 yíhuìr [수량] 잠시	
518	一样 yíyàng [형] 같다	

519	以后 yǐhòu [명] 이후	
520	以前 yǐqián [명] 이전	
521	以为 yǐwéi [동] 여기다	
522	已经 yǐjing [부] 이미	
523	椅子 yǐzi [명] 의자	
524	一般 yìbān [형] 일반적이다	
525	一边 yìbiān [명] (사물이나 일 등의) 한쪽	
526	一起 yìqǐ [명] 한곳 / [부] 같이	
527	一直 yìzhí [부] 곧바로 / 줄곧	
528	意思 yìsi [명] 뜻, 의미	
529	阴 yīn [형] 흐리다	
530	因为 yīnwèi [접속] 왜냐하면	
531	音乐 yīnyuè [명] 음악	
532	银行 yínháng [명] 은행	
533	应该 yīnggāi [조동] 마땅히 …해야 한다	
534	影响 yǐngxiǎng [동] (주로 좋지 않은) 영향을 주다	
535	用 yòng [동] 사용하다	
536	游戏 yóuxì [명] 오락	
537	游泳 yóuyǒng [이합동사] 수영하다	
538	有 yǒu [동] 있다	
539	有名 yǒumíng [형] 유명하다	
540	又 yòu [부] 다시	
541	右边 yòubiān [명] 오른쪽	
542	鱼 yú [명] 물고기	
543	遇到 yùdào [동] 만나다	
544	元 yuán [양] 중국의 화폐 단위	
545	远 yuǎn [형] 멀다	
546	愿意 yuànyi [동] (어떤 상황을 되기를) 바라다	
547	越 yuè [동] 넘다	
548	月 yuè [명] 달 / 월	
549	月亮 yuèliang [명] 달	
550	云 yún [명] 구름	
551	运动 yùndòng [동] 운동하다	

Z

552	在 zài [동] 있다 / [부] 지금 (막) …하고 있다
553	再 zài [부] 다시
554	再见 zàijiàn [인사말] (헤어질 때 하는 인사) 안녕
555	早上 zǎoshang [명] (비교적 이른) 아침
556	怎么 zěnme [대] 어떻다
557	怎么样 zěnmeyàng [대] 어떻다
558	站 zhàn [동] 일어서다 / [명] 정거장
559	张 zhāng [양] 종이, 가죽, 표지 등을 셀 때 쓰임
560	长 zhǎng [동] 성장하다, 자라다
561	丈夫 zhàngfu [명] 남편
562	着急 zháojí [형] 초조하다
563	找 zhǎo [동] 찾다
564	照顾 zhàogù [동] 돌보다
565	照片 zhàopiàn [명] 사진
566	照相机 zhàoxiàngjī [명] 사진기
567	这(这儿) zhè(zhèr) [대] (비교적 가까이에 있는 것을 가리킴) 이
568	着 zhe [조] …하고 있다
569	真 zhēn [부] 정말
570	正在 zhèngzài [부] 마침
571	知道 zhīdao [동] (어떤 사실이나 도리에 대해) 알다
572	只 zhǐ [부] 단지, 다만
573	中国 Zhōngguó [명] 중국
574	中间 zhōngjiān [명] 중심, 중간
575	中午 zhōngwǔ [명] 정오
576	终于 zhōngyú [부] 결국
577	种 zhǒng [양] 종류
578	重要 zhòngyào [형] 중요하다
579	周末 zhōumò [명] 주말
580	主要 zhǔyào [형] 주요한
581	主意 zhǔyi [명] 주견
582	住 zhù [동] 거주하다
583	祝 zhù [동] 축복하다

584	注意 zhùyì [이합동사] 주의하다
585	准备 zhǔnbèi [동] 준비하다
586	桌子 zhuōzi [명] 탁자
587	字 zì [명] 글자
588	字典 zìdiǎn [명] 자전
589	自己 zìjǐ [대] 자기
590	自行车 zìxíngchē [명] 자전거
591	总是 zǒngshì [부] 항상
592	走 zǒu [동] 걸어가다
593	最 zuì [부] 제일
594	最近 zuìjìn [명] 최근
595	昨天 zuótiān [명] 어제
596	左边 zuǒbiān [명] 왼쪽
597	坐 zuò [동] 앉다
598	做 zuò [동] 하다
599	作业 zuòyè [명] 숙제
600	作用 zuòyòng [동] 작용하다

부록 필수어휘 600

139

저자 **쟈오위메이(焦毓梅)**

천진사범대학 졸업 문학석사
사천대학 졸업 문학박사
천진외국어대학 대외한어과 주임, 부교수
(현) 한국덕성여자대학교 중어중문과 외국인교수
저서 ▶ HSK30일 막판 스퍼트(북경대학출판사), HSK지름길고등모의고사(북경대학출판사) 외 다수

위펑(于鹏)

천진사범대학 졸업 문학석사
천진사범대학 졸업 교육학박사
무한대학 연구기관 대외한어과 수료
천진사범대학 국제교육교류학원 부교수
저서 ▶ HSK실용어법(감숙인민출판사), HSK고등모의고사(고등교육출판사) 외 다수

해설 **박은영**

산동중의약대학 대학원 의학석사
중국 유학 14년
HSK 11급(전 영역 11급, 초·중등 5회 400점 만점)
(전) 종로 차이나로 신 HSK 전문강사
(현) 서울 공자 아카데미 대입수시 수석강사
저서 ▶ 新 HSK 실전모의고사 – 3급/4급/5급/6급 – 해설 1급/2급 – 집필(제이플러스) 외 다수

쑨치엔(孙倩)

연변대학교학사
순천향대학교 교육대학원 국어교육 석사
천진외국어대학교 국제교류처 국제교류담당
천진외국어대학교 빈해외사학원 부원장
(현)천진외국어대학교 국제교육학원 부원장

한번에 합격!
新 HSK 3급 실전 모의고사

저자	쟈오위메이(焦毓梅), 위펑(于鹏)
해설	박은영, 쑨치엔(孙倩)
발행인	이기선
발행처	제이플러스
등록번호	제10-1680호
등록일자	1998년 12월 9일
개정1쇄	2020년 12월 25일
주소	서울시 마포구 월드컵로 31길 62
전화	(02)332-8320
팩스	(02)332-8321
홈페이지	www.jplus114.com
ISBN	979-11-5601-124-8(13720)

이 도서의 국립중앙도서관 출판예정도서목록(CIP)은
서지정보유통지원시스템 홈페이지(http://seoji.nl.go.kr)와 국가자료종합목록 구축시스템(http://kolis-net.nl.go.kr)에서 이용하실 수 있습니다.
(CIP제어번호 : CIP2020014370)

HSK（三级）答题卡

新 汉 语 水 平 考 试
HSK（三级）答题卡

姓名	

国籍	[1] [2] [3] [4] [5] [6] [7] [8] [9]
	[1] [2] [3] [4] [5] [6] [7] [8] [9]
	[1] [2] [3] [4] [5] [6] [7] [8] [9]

性别	男 [1] 女 [2]

序号	[1] [2] [3] [4] [5] [6] [7] [8] [9]
	[1] [2] [3] [4] [5] [6] [7] [8] [9]
	[1] [2] [3] [4] [5] [6] [7] [8] [9]
	[1] [2] [3] [4] [5] [6] [7] [8] [9]
	[1] [2] [3] [4] [5] [6] [7] [8] [9]

考点	[1] [2] [3] [4] [5] [6] [7] [8] [9]
	[1] [2] [3] [4] [5] [6] [7] [8] [9]
	[1] [2] [3] [4] [5] [6] [7] [8] [9]

年龄	[1] [2] [3] [4] [5] [6] [7] [8] [9]
	[1] [2] [3] [4] [5] [6] [7] [8] [9]

你是华裔吗？
是 [1] 不是 [2]

学习汉语的时间：
2年以下 [1] 2年—3年 [2] 3年—4年 [3] 4年—5年 [4] 5年以上 [5]

注意	请用2B铅笔这样写：▬

一、听力

1. [A] [B] [C] [D] [E] [F]   6. [A] [B] [C] [D] [E]
2. [A] [B] [C] [D] [E] [F]   7. [A] [B] [C] [D] [E]
3. [A] [B] [C] [D] [E] [F]   8. [A] [B] [C] [D] [E]
4. [A] [B] [C] [D] [E] [F]   9. [A] [B] [C] [D] [E]
5. [A] [B] [C] [D] [E] [F]   10. [A] [B] [C] [D] [E]

11. [√] [×]   16. [√] [×]   21. [A] [B] [C]
12. [√] [×]   17. [√] [×]   22. [A] [B] [C]
13. [√] [×]   18. [√] [×]   23. [A] [B] [C]
14. [√] [×]   19. [√] [×]   24. [A] [B] [C]
15. [√] [×]   20. [√] [×]   25. [A] [B] [C]

26. [A] [B] [C]   31. [A] [B] [C]   36. [A] [B] [C]
27. [A] [B] [C]   32. [A] [B] [C]   37. [A] [B] [C]
28. [A] [B] [C]   33. [A] [B] [C]   38. [A] [B] [C]
29. [A] [B] [C]   34. [A] [B] [C]   39. [A] [B] [C]
30. [A] [B] [C]   35. [A] [B] [C]   40. [A] [B] [C]

二、阅读

41. [A] [B] [C] [D] [E] [F]   46. [A] [B] [C] [D] [E]
42. [A] [B] [C] [D] [E] [F]   47. [A] [B] [C] [D] [E]
43. [A] [B] [C] [D] [E] [F]   48. [A] [B] [C] [D] [E]
44. [A] [B] [C] [D] [E] [F]   49. [A] [B] [C] [D] [E]
45. [A] [B] [C] [D] [E] [F]   50. [A] [B] [C] [D] [E]

51. [A] [B] [C] [D] [E] [F]   56. [A] [B] [C] [D] [E] [F]
52. [A] [B] [C] [D] [E] [F]   57. [A] [B] [C] [D] [E] [F]
53. [A] [B] [C] [D] [E] [F]   58. [A] [B] [C] [D] [E] [F]
54. [A] [B] [C] [D] [E] [F]   59. [A] [B] [C] [D] [E] [F]
55. [A] [B] [C] [D] [E] [F]   60. [A] [B] [C] [D] [E] [F]

61. [A] [B] [C]   66. [A] [B] [C]
62. [A] [B] [C]   67. [A] [B] [C]
63. [A] [B] [C]   68. [A] [B] [C]
64. [A] [B] [C]   69. [A] [B] [C]
65. [A] [B] [C]   70. [A] [B] [C]

三、书写

71. _____

72. _____

73. _____

74. _____

75. _____

76. ☐   77. ☐   78. ☐   79. ☐   80. ☐

HSK（三级）答题卡

新 汉 语 水 平 考 试
HSK（三级）答题卡

姓名	

国籍		[1] [2] [3] [4] [5] [6] [7] [8] [9]
		[1] [2] [3] [4] [5] [6] [7] [8] [9]
		[1] [2] [3] [4] [5] [6] [7] [8] [9]

序号		[1] [2] [3] [4] [5] [6] [7] [8] [9]
		[1] [2] [3] [4] [5] [6] [7] [8] [9]
		[1] [2] [3] [4] [5] [6] [7] [8] [9]
		[1] [2] [3] [4] [5] [6] [7] [8] [9]
		[1] [2] [3] [4] [5] [6] [7] [8] [9]

性别	男 [1] 女 [2]

考点		[1] [2] [3] [4] [5] [6] [7] [8] [9]
		[1] [2] [3] [4] [5] [6] [7] [8] [9]
		[1] [2] [3] [4] [5] [6] [7] [8] [9]

年龄		[1] [2] [3] [4] [5] [6] [7] [8] [9]
		[1] [2] [3] [4] [5] [6] [7] [8] [9]

你是华裔吗?
是 [1]　　　　不是 [2]

学习汉语的时间：
2年以下 [1]　　2年—3年 [2]　　3年—4年 [3]　　4年—5年 [4]　　5年以上 [5]

注意	请用2B铅笔这样写：■

一、听力

1. [A] [B] [C] [D] [E] [F]　　6. [A] [B] [C] [D] [E]
2. [A] [B] [C] [D] [E] [F]　　7. [A] [B] [C] [D] [E]
3. [A] [B] [C] [D] [E] [F]　　8. [A] [B] [C] [D] [E]
4. [A] [B] [C] [D] [E] [F]　　9. [A] [B] [C] [D] [E]
5. [A] [B] [C] [D] [E] [F]　　10. [A] [B] [C] [D] [E]

11. [√] [×]　　16. [√] [×]　　21. [A] [B] [C]
12. [√] [×]　　17. [√] [×]　　22. [A] [B] [C]
13. [√] [×]　　18. [√] [×]　　23. [A] [B] [C]
14. [√] [×]　　19. [√] [×]　　24. [A] [B] [C]
15. [√] [×]　　20. [√] [×]　　25. [A] [B] [C]

26. [A] [B] [C]　　31. [A] [B] [C]　　36. [A] [B] [C]
27. [A] [B] [C]　　32. [A] [B] [C]　　37. [A] [B] [C]
28. [A] [B] [C]　　33. [A] [B] [C]　　38. [A] [B] [C]
29. [A] [B] [C]　　34. [A] [B] [C]　　39. [A] [B] [C]
30. [A] [B] [C]　　35. [A] [B] [C]　　40. [A] [B] [C]

二、阅读

41. [A] [B] [C] [D] [E] [F]　　46. [A] [B] [C] [D] [E]
42. [A] [B] [C] [D] [E] [F]　　47. [A] [B] [C] [D] [E]
43. [A] [B] [C] [D] [E] [F]　　48. [A] [B] [C] [D] [E]
44. [A] [B] [C] [D] [E] [F]　　49. [A] [B] [C] [D] [E]
45. [A] [B] [C] [D] [E] [F]　　50. [A] [B] [C] [D] [E]

51. [A] [B] [C] [D] [E] [F]　　56. [A] [B] [C] [D] [E] [F]
52. [A] [B] [C] [D] [E] [F]　　57. [A] [B] [C] [D] [E] [F]
53. [A] [B] [C] [D] [E] [F]　　58. [A] [B] [C] [D] [E] [F]
54. [A] [B] [C] [D] [E] [F]　　59. [A] [B] [C] [D] [E] [F]
55. [A] [B] [C] [D] [E] [F]　　60. [A] [B] [C] [D] [E] [F]

61. [A] [B] [C]　　66. [A] [B] [C]
62. [A] [B] [C]　　67. [A] [B] [C]
63. [A] [B] [C]　　68. [A] [B] [C]
64. [A] [B] [C]　　69. [A] [B] [C]
65. [A] [B] [C]　　70. [A] [B] [C]

三、书写

71. _____

72. _____

73. _____

74. _____

75. _____

76. ☐　　77. ☐　　78. ☐　　79. ☐　　80. ☐

HSK（三级）答题卡

新 汉 语 水 平 考 试
HSK（三级）答题卡

姓名			国籍		[1] [2] [3] [4] [5] [6] [7] [8] [9]
					[1] [2] [3] [4] [5] [6] [7] [8] [9]
					[1] [2] [3] [4] [5] [6] [7] [8] [9]

			性别	男 [1]	女 [2]

序号		[1] [2] [3] [4] [5] [6] [7] [8] [9]	考点		[1] [2] [3] [4] [5] [6] [7] [8] [9]
		[1] [2] [3] [4] [5] [6] [7] [8] [9]			[1] [2] [3] [4] [5] [6] [7] [8] [9]
		[1] [2] [3] [4] [5] [6] [7] [8] [9]			[1] [2] [3] [4] [5] [6] [7] [8] [9]
		[1] [2] [3] [4] [5] [6] [7] [8] [9]			[1] [2] [3] [4] [5] [6] [7] [8] [9]
		[1] [2] [3] [4] [5] [6] [7] [8] [9]			

			你是华裔吗?		
年龄		[1] [2] [3] [4] [5] [6] [7] [8] [9]	是 [1]		不是 [2]
		[1] [2] [3] [4] [5] [6] [7] [8] [9]			

学习汉语的时间:				
2年以下 [1]	2年—3年 [2]	3年—4年 [3]	4年—5年 [4]	5年以上 [5]

注意	请用2B铅笔这样写：▬

一、听力	二、阅读

一、听力

1. [A] [B] [C] [D] [E] [F]　　6. [A] [B] [C] [D] [E]
2. [A] [B] [C] [D] [E] [F]　　7. [A] [B] [C] [D] [E]
3. [A] [B] [C] [D] [E] [F]　　8. [A] [B] [C] [D] [E]
4. [A] [B] [C] [D] [E] [F]　　9. [A] [B] [C] [D] [E]
5. [A] [B] [C] [D] [E] [F]　 10. [A] [B] [C] [D] [E]

11. [√] [×]　　16. [√] [×]　　21. [A] [B] [C]
12. [√] [×]　　17. [√] [×]　　22. [A] [B] [C]
13. [√] [×]　　18. [√] [×]　　23. [A] [B] [C]
14. [√] [×]　　19. [√] [×]　　24. [A] [B] [C]
15. [√] [×]　　20. [√] [×]　　25. [A] [B] [C]

26. [A] [B] [C]　31. [A] [B] [C]　36. [A] [B] [C]
27. [A] [B] [C]　32. [A] [B] [C]　37. [A] [B] [C]
28. [A] [B] [C]　33. [A] [B] [C]　38. [A] [B] [C]
29. [A] [B] [C]　34. [A] [B] [C]　39. [A] [B] [C]
30. [A] [B] [C]　35. [A] [B] [C]　40. [A] [B] [C]

二、阅读

41. [A] [B] [C] [D] [E] [F]　　46. [A] [B] [C] [D] [E]
42. [A] [B] [C] [D] [E] [F]　　47. [A] [B] [C] [D] [E]
43. [A] [B] [C] [D] [E] [F]　　48. [A] [B] [C] [D] [E]
44. [A] [B] [C] [D] [E] [F]　　49. [A] [B] [C] [D] [E]
45. [A] [B] [C] [D] [E] [F]　　50. [A] [B] [C] [D] [E]

51. [A] [B] [C] [D] [E] [F]　　56. [A] [B] [C] [D] [E] [F]
52. [A] [B] [C] [D] [E] [F]　　57. [A] [B] [C] [D] [E] [F]
53. [A] [B] [C] [D] [E] [F]　　58. [A] [B] [C] [D] [E] [F]
54. [A] [B] [C] [D] [E] [F]　　59. [A] [B] [C] [D] [E] [F]
55. [A] [B] [C] [D] [E] [F]　　60. [A] [B] [C] [D] [E] [F]

61. [A] [B] [C]　　66. [A] [B] [C]
62. [A] [B] [C]　　67. [A] [B] [C]
63. [A] [B] [C]　　68. [A] [B] [C]
64. [A] [B] [C]　　69. [A] [B] [C]
65. [A] [B] [C]　　70. [A] [B] [C]

三、书写

71. _____
72. _____
73. _____
74. _____
75. _____

76. ☐　77. ☐　78. ☐　79. ☐　80. ☐

HSK（三级）答题卡

新 汉 语 水 平 考 试
HSK（三级）答题卡

姓名	

国籍	[1] [2] [3] [4] [5] [6] [7] [8] [9]
	[1] [2] [3] [4] [5] [6] [7] [8] [9]
	[1] [2] [3] [4] [5] [6] [7] [8] [9]

序号	[1] [2] [3] [4] [5] [6] [7] [8] [9]
	[1] [2] [3] [4] [5] [6] [7] [8] [9]
	[1] [2] [3] [4] [5] [6] [7] [8] [9]
	[1] [2] [3] [4] [5] [6] [7] [8] [9]
	[1] [2] [3] [4] [5] [6] [7] [8] [9]

性别	男 [1]　　女 [2]

考点	[1] [2] [3] [4] [5] [6] [7] [8] [9]
	[1] [2] [3] [4] [5] [6] [7] [8] [9]
	[1] [2] [3] [4] [5] [6] [7] [8] [9]

年龄	[1] [2] [3] [4] [5] [6] [7] [8] [9]
	[1] [2] [3] [4] [5] [6] [7] [8] [9]

你是华裔吗?	是 [1]　　不是 [2]

学习汉语的时间：

2年以下 [1]　　2年—3年 [2]　　3年—4年 [3]　　4年—5年 [4]　　5年以上 [5]

注意　请用2B铅笔这样写：■

一、听力
1. [A] [B] [C] [D] [E] [F]
2. [A] [B] [C] [D] [E] [F]
3. [A] [B] [C] [D] [E] [F]
4. [A] [B] [C] [D] [E] [F]
5. [A] [B] [C] [D] [E] [F]
6. [A] [B] [C] [D] [E]
7. [A] [B] [C] [D] [E]
8. [A] [B] [C] [D] [E]
9. [A] [B] [C] [D] [E]
10. [A] [B] [C] [D] [E]

11. [√] [×]
12. [√] [×]
13. [√] [×]
14. [√] [×]
15. [√] [×]
16. [√] [×]
17. [√] [×]
18. [√] [×]
19. [√] [×]
20. [√] [×]
21. [A] [B] [C]
22. [A] [B] [C]
23. [A] [B] [C]
24. [A] [B] [C]
25. [A] [B] [C]

26. [A] [B] [C]
27. [A] [B] [C]
28. [A] [B] [C]
29. [A] [B] [C]
30. [A] [B] [C]
31. [A] [B] [C]
32. [A] [B] [C]
33. [A] [B] [C]
34. [A] [B] [C]
35. [A] [B] [C]
36. [A] [B] [C]
37. [A] [B] [C]
38. [A] [B] [C]
39. [A] [B] [C]
40. [A] [B] [C]

二、阅读
41. [A] [B] [C] [D] [E] [F]
42. [A] [B] [C] [D] [E] [F]
43. [A] [B] [C] [D] [E] [F]
44. [A] [B] [C] [D] [E] [F]
45. [A] [B] [C] [D] [E] [F]
46. [A] [B] [C] [D] [E]
47. [A] [B] [C] [D] [E]
48. [A] [B] [C] [D] [E]
49. [A] [B] [C] [D] [E]
50. [A] [B] [C] [D] [E]

51. [A] [B] [C] [D] [E] [F]
52. [A] [B] [C] [D] [E] [F]
53. [A] [B] [C] [D] [E] [F]
54. [A] [B] [C] [D] [E] [F]
55. [A] [B] [C] [D] [E] [F]
56. [A] [B] [C] [D] [E] [F]
57. [A] [B] [C] [D] [E] [F]
58. [A] [B] [C] [D] [E] [F]
59. [A] [B] [C] [D] [E] [F]
60. [A] [B] [C] [D] [E] [F]

61. [A] [B] [C]
62. [A] [B] [C]
63. [A] [B] [C]
64. [A] [B] [C]
65. [A] [B] [C]
66. [A] [B] [C]
67. [A] [B] [C]
68. [A] [B] [C]
69. [A] [B] [C]
70. [A] [B] [C]

三、书写
71.
72.
73.
74.
75.

76. 　　77. 　　78. 　　79. 　　80.

HSK（三级）答题卡

新 汉 语 水 平 考 试
HSK（三级）答题卡

姓名	

序号	[1] [2] [3] [4] [5] [6] [7] [8] [9]
	[1] [2] [3] [4] [5] [6] [7] [8] [9]
	[1] [2] [3] [4] [5] [6] [7] [8] [9]
	[1] [2] [3] [4] [5] [6] [7] [8] [9]
	[1] [2] [3] [4] [5] [6] [7] [8] [9]

年龄	[1] [2] [3] [4] [5] [6] [7] [8] [9]
	[1] [2] [3] [4] [5] [6] [7] [8] [9]

国籍	[1] [2] [3] [4] [5] [6] [7] [8] [9]
	[1] [2] [3] [4] [5] [6] [7] [8] [9]
	[1] [2] [3] [4] [5] [6] [7] [8] [9]

性别	男 [1] 女 [2]

考点	[1] [2] [3] [4] [5] [6] [7] [8] [9]
	[1] [2] [3] [4] [5] [6] [7] [8] [9]
	[1] [2] [3] [4] [5] [6] [7] [8] [9]

你是华裔吗?
是 [1] 不是 [2]

学习汉语的时间：
2年以下 [1] 2年—3年 [2] 3年—4年 [3] 4年—5年 [4] 5年以上 [5]

注意　请用2B铅笔这样写：■

一、听力

1. [A] [B] [C] [D] [E] [F]
2. [A] [B] [C] [D] [E] [F]
3. [A] [B] [C] [D] [E] [F]
4. [A] [B] [C] [D] [E] [F]
5. [A] [B] [C] [D] [E] [F]

6. [A] [B] [C] [D] [E]
7. [A] [B] [C] [D] [E]
8. [A] [B] [C] [D] [E]
9. [A] [B] [C] [D] [E]
10. [A] [B] [C] [D] [E]

11. [√] [×]
12. [√] [×]
13. [√] [×]
14. [√] [×]
15. [√] [×]

16. [√] [×]
17. [√] [×]
18. [√] [×]
19. [√] [×]
20. [√] [×]

21. [A] [B] [C]
22. [A] [B] [C]
23. [A] [B] [C]
24. [A] [B] [C]
25. [A] [B] [C]

26. [A] [B] [C]
27. [A] [B] [C]
28. [A] [B] [C]
29. [A] [B] [C]
30. [A] [B] [C]

31. [A] [B] [C]
32. [A] [B] [C]
33. [A] [B] [C]
34. [A] [B] [C]
35. [A] [B] [C]

36. [A] [B] [C]
37. [A] [B] [C]
38. [A] [B] [C]
39. [A] [B] [C]
40. [A] [B] [C]

二、阅读

41. [A] [B] [C] [D] [E] [F]
42. [A] [B] [C] [D] [E] [F]
43. [A] [B] [C] [D] [E] [F]
44. [A] [B] [C] [D] [E] [F]
45. [A] [B] [C] [D] [E] [F]

46. [A] [B] [C] [D] [E]
47. [A] [B] [C] [D] [E]
48. [A] [B] [C] [D] [E]
49. [A] [B] [C] [D] [E]
50. [A] [B] [C] [D] [E]

51. [A] [B] [C] [D] [E] [F]
52. [A] [B] [C] [D] [E] [F]
53. [A] [B] [C] [D] [E] [F]
54. [A] [B] [C] [D] [E] [F]
55. [A] [B] [C] [D] [E] [F]

56. [A] [B] [C] [D] [E] [F]
57. [A] [B] [C] [D] [E] [F]
58. [A] [B] [C] [D] [E] [F]
59. [A] [B] [C] [D] [E] [F]
60. [A] [B] [C] [D] [E] [F]

61. [A] [B] [C]
62. [A] [B] [C]
63. [A] [B] [C]
64. [A] [B] [C]
65. [A] [B] [C]

66. [A] [B] [C]
67. [A] [B] [C]
68. [A] [B] [C]
69. [A] [B] [C]
70. [A] [B] [C]

三、书写

71. _____

72. _____

73. _____

74. _____

75. _____

76. ⬚　77. ⬚　78. ⬚　79. ⬚　80. ⬚